新时代新理念职业教育教材·城市轨道交通系列

城市轨道交通概论

（第 2 次修订版）

主编 米玉琴 刘亚磊 齐 超

北京交通大学出版社

·北京·

内 容 简 介

本书按照专业认知过程，对城市轨道交通进行系统介绍。

全书共分 8 章：绪论、城市轨道交通线路、城市轨道交通车站、城市轨道交通车站机电设备、城市轨道交通车辆、城市轨道交通通信信号系统、城市轨道交通供电系统、城市轨道交通运营组织。

本书图例丰富、语言简洁、内容全面，可作为职业院校城市轨道交通运营管理专业及其专业群的教材或参考用书。

版权所有，侵权必究。

图书在版编目（CIP）数据

城市轨道交通概论/米玉琴，刘亚磊，齐超主编.—北京：北京交通大学出版社，2018.8（2023.8 修订）

ISBN 978-7-5121-3633-5

Ⅰ.①城… Ⅱ.①米… ②刘… ③齐… Ⅲ.①城市铁路-轨道交通-概论 Ⅳ.①U239.5

中国版本图书馆 CIP 数据核字（2018）第 169353 号

城市轨道交通概论
CHENGSHI GUIDAO JIAOTONG GAILUN

责任编辑：陈跃琴

出版发行：北京交通大学出版社　　　电话：010-51686414　http://www.bjtup.com.cn
地　　址：北京市海淀区高梁桥斜街 44 号　邮编：100044
印 刷 者：北京鑫海金澳胶印有限公司
经　　销：全国新华书店
开　　本：185 mm × 260 mm　印张：13　字数：325 千字
版 印 次：2023 年 8 月第 1 版第 2 次修订　2023 年 8 月第 4 次印刷
定　　价：49.00 元

本书如有质量问题，请向北京交通大学出版社质监组反映。对您的意见和批评，我们表示欢迎和感谢。
投诉电话：010-51686043，51686008；传真：010-62225406；E-mail：press@bjtu.edu.cn。

本书编委会

北京交通职业技术学院：米玉琴　刘亚磊　张　路　贾文婷
　　　　　　　　　　　李　淼　刘艳翠　高文秀　程晓旭
　　　　　　　　　　　周　蒨　马　超　徐国栋
北京地铁公司：　　　　齐　超　张　晶　于海涛
中航国铁：　　　　　　段向辉　李　杨

目 录

第 1 章 绪论 ··· 1

1.1 城市轨道交通的概念 ·· 1
    1.1.1 城市轨道交通的定义 ·· 1
    1.1.2 城市轨道交通的特点 ·· 1
    1.1.3 城市轨道交通系统组成 ····································· 2
1.2 城市轨道交通的类型 ·· 2
    1.2.1 地铁系统 ·· 2
    1.2.2 轻轨系统 ·· 3
    1.2.3 单轨系统 ·· 4
    1.2.4 有轨电车 ·· 4
    1.2.5 磁浮系统 ·· 5
    1.2.6 自动导向轨道系统 ··· 6
    1.2.7 市域快速轨道系统 ··· 7
1.3 城市轨道交通发展概况 ··· 7
    1.3.1 世界城市轨道交通的发展概况 ···························· 7
    1.3.2 我国城市轨道交通的发展概况 ···························· 14
    1.3.3 城市轨道交通系统发展展望 ······························ 18
思考与练习 1 ·· 19

第 2 章 城市轨道交通线路 ·· 20

2.1 线路 ·· 20
    2.1.1 线路的概念 ·· 20
    2.1.2 线路的种类及定义 ··· 20
    2.1.3 线路的平纵横断面 ··· 23
    2.1.4 线路标志 ·· 25
2.2 轨道 ·· 28
    2.2.1 钢轨 ·· 28
    2.2.2 轨枕 ·· 30
    2.2.3 道床 ·· 31
    2.2.4 联结零件 ·· 32

  2.2.5 防爬设备 …… 33
  2.2.6 道岔 …… 34
 2.3 路基和桥隧建筑物 …… 40
  2.3.1 路基 …… 40
  2.3.2 桥梁 …… 41
  2.3.3 隧道 …… 42
 思考与练习2 …… 46

第3章　城市轨道交通车站 …… 48

 3.1 车站概述 …… 48
  3.1.1 车站的概念 …… 48
  3.1.2 车站的分类 …… 48
  3.1.3 车站的组成 …… 50
  3.1.4 车站的建筑风格 …… 52
  3.1.5 车站的设计 …… 54
 3.2 换乘站 …… 60
  3.2.1 换乘站的特点 …… 60
  3.2.2 换乘方式 …… 60
 3.3 车站线路 …… 62
  3.3.1 车站配线 …… 62
  3.3.2 道岔及线路编号 …… 63
  3.3.3 站界 …… 64
 思考与练习3 …… 64

第4章　城市轨道交通车站机电设备 …… 66

 4.1 车站机电设备概述 …… 66
  4.1.1 车站机电设备的作用 …… 66
  4.1.2 车站机电设备的特点 …… 67
 4.2 安全门系统 …… 67
  4.2.1 安全门系统的功能 …… 67
  4.2.2 安全门系统的分类 …… 68
  4.2.3 安全门系统的设计原则 …… 70
  4.2.4 安全门系统的组成 …… 70
 4.3 电扶梯系统 …… 74
  4.3.1 电扶梯系统的功能 …… 74
  4.3.2 电扶梯系统的组成 …… 74
  4.3.3 电扶梯系统的设计原则 …… 74
  4.3.4 电梯 …… 75
  4.3.5 自动扶梯 …… 76
  4.3.6 自动人行道 …… 78

4.4 自动售检票系统 ……………………………………………………………… 78
    4.4.1 自动售检票系统功能 …………………………………………… 78
    4.4.2 自动售检票系统组成 …………………………………………… 79
    4.4.3 自动售检票车站终端设备 ……………………………………… 80
    4.4.4 自动售检票设备配置原则 ……………………………………… 81
4.5 通风空调系统 …………………………………………………………… 82
    4.5.1 通风空调系统功能 ……………………………………………… 82
    4.5.2 通风空调系统组成 ……………………………………………… 82
    4.5.3 通风空调系统控制 ……………………………………………… 85
4.6 给排水系统 ……………………………………………………………… 86
    4.6.1 给排水系统功能 ………………………………………………… 86
    4.6.2 给排水系统设计原则 …………………………………………… 86
    4.6.3 给排水系统组成 ………………………………………………… 86
    4.6.4 给排水系统控制 ………………………………………………… 88
4.7 消防系统 ………………………………………………………………… 89
    4.7.1 城市轨道交通消防系统概述 …………………………………… 89
    4.7.2 火灾自动报警系统 ……………………………………………… 92
    4.7.3 气体自动灭火系统 ……………………………………………… 97
    4.7.4 其他消防设备设施 ……………………………………………… 99
思考与练习 4 ………………………………………………………………… 101

第 5 章 城市轨道交通车辆 ……………………………………………… 103

5.1 城市轨道交通车辆概述 ………………………………………………… 103
    5.1.1 车辆的特点 ……………………………………………………… 104
    5.1.2 车辆的分类 ……………………………………………………… 104
    5.1.3 车辆选型的基本原则 …………………………………………… 105
    5.1.4 列车的编组与标识 ……………………………………………… 106
    5.1.5 车辆技术参数 …………………………………………………… 108
5.2 城市轨道交通车辆基本组成 …………………………………………… 109
    5.2.1 车体 ……………………………………………………………… 109
    5.2.2 转向架 …………………………………………………………… 110
    5.2.3 车辆连接装置 …………………………………………………… 112
    5.2.4 制动系统 ………………………………………………………… 113
    5.2.5 电气传动控制系统 ……………………………………………… 116
    5.2.6 风源系统 ………………………………………………………… 117
    5.2.7 受流装置 ………………………………………………………… 117
    5.2.8 辅助电源 ………………………………………………………… 118
    5.2.9 空调系统 ………………………………………………………… 118
    5.2.10 TCMS 监控系统 ……………………………………………… 118
5.3 车辆基地及车辆检修 …………………………………………………… 119

5.3.1　车辆基地 …………………………………………………………………… 119
　　　5.3.2　车辆检修 …………………………………………………………………… 121
5.4　其他车辆简介——磁浮列车 ……………………………………………………… 123
　　　5.4.1　磁浮列车简介 ……………………………………………………………… 123
　　　5.4.2　磁浮列车的优越性 ………………………………………………………… 123
　　　5.4.3　磁浮列车的原理 …………………………………………………………… 124
思考与练习5 ……………………………………………………………………………… 125

第6章　城市轨道交通通信信号系统 …………………………………………………… 127

6.1　信号系统的作用 …………………………………………………………………… 127
6.2　信号系统的发展历程 ……………………………………………………………… 128
6.3　信号系统的原理 …………………………………………………………………… 130
　　　6.3.1　进路控制 …………………………………………………………………… 130
　　　6.3.2　行车闭塞 …………………………………………………………………… 132
　　　6.3.3　超速防护技术 ……………………………………………………………… 135
6.4　信号系统的组成 …………………………………………………………………… 135
　　　6.4.1　ATP系统 …………………………………………………………………… 136
　　　6.4.2　ATO系统 …………………………………………………………………… 137
　　　6.4.3　ATS系统 …………………………………………………………………… 137
6.5　CBTC系统 ………………………………………………………………………… 139
　　　6.5.1　基本结构 …………………………………………………………………… 139
　　　6.5.2　优点 ………………………………………………………………………… 139
6.6　常见信号设备 ……………………………………………………………………… 141
　　　6.6.1　信号机 ……………………………………………………………………… 141
　　　6.6.2　转辙机 ……………………………………………………………………… 144
　　　6.6.3　轨道电路 …………………………………………………………………… 145
　　　6.6.4　查询-应答器 ………………………………………………………………… 148
　　　6.6.5　计轴器 ……………………………………………………………………… 149
　　　6.6.6　计算机联锁（CI）系统 …………………………………………………… 150
6.7　通信系统简介 ……………………………………………………………………… 152
　　　6.7.1　认识通信系统 ……………………………………………………………… 152
　　　6.7.2　电话系统 …………………………………………………………………… 153
　　　6.7.3　广播系统 …………………………………………………………………… 155
　　　6.7.4　闭路电视监控系统 ………………………………………………………… 156
　　　6.7.5　时钟系统 …………………………………………………………………… 157
思考与练习6 ……………………………………………………………………………… 158

第7章　城市轨道交通供电系统 ………………………………………………………… 160

7.1　供电系统概述 ……………………………………………………………………… 160
　　　7.1.1　供电系统的主要构成 ……………………………………………………… 160

7.1.2 供电系统的供电过程 ································ 164
7.2 变电所 ··· 165
 7.2.1 变电所分类 ································ 165
 7.2.2 变电所设备 ································ 166
 7.2.3 主变电所 ··································· 166
 7.2.4 牵引变电所 ································ 167
 7.2.5 降压变电所 ································ 168
7.3 接触网 ··· 169
 7.3.1 接触网概述 ································ 169
 7.3.2 架空式接触网 ···························· 170
 7.3.3 接触轨式接触网 ························· 171
7.4 杂散电流的危害与处理方式 ··················· 173
 7.4.1 杂散电流的成因 ························· 173
 7.4.2 杂散电流的危害 ························· 173
 7.4.3 杂散电流的处理方式 ·················· 174
思考与练习 7 ·· 175

第 8 章 城市轨道交通运营组织 ················ 176

8.1 运营组织与管理概述 ······························· 176
 8.1.1 城市轨道交通的运营功能 ··········· 177
 8.1.2 运营组织机构及岗位设置 ··········· 177
8.2 行车组织 ··· 182
 8.2.1 运输计划 ··································· 182
 8.2.2 列车运行图 ································ 183
 8.2.3 列车驾驶模式 ···························· 185
 8.2.4 行车闭塞法 ································ 185
8.3 行车调度组织 ·· 186
 8.3.1 行车调度工作的基本任务 ··········· 187
 8.3.2 行车调度控制方式 ····················· 187
 8.3.3 正常情况下行车组织 ·················· 188
 8.3.4 信号故障条件下行车组织 ··········· 188
8.4 客运组织管理 ·· 189
 8.4.1 站务管理 ··································· 189
 8.4.2 票务管理 ··································· 194
思考与练习 8 ·· 195

参考文献 ··· 196

第 1 章　绪　论

📖 【本章导学】

在城市发展过程中，城市交通起到了极其重要的作用。随着城市的不断发展，拥堵、事故、环保、能耗等城市交通问题日益突出。城市轨道交通以其无可比拟的优势，越来越赢得城市交通管理者和市民的青睐，正逐渐成为城市最主要的交通工具。目前，仍然有很多人对"地铁""轻轨""有轨电车"等概念混淆不清。本章将着重介绍城市轨道交通的基本概念及城市轨道交通的发展历史。

📑 【学习目标】

1. 能叙述城市轨道交通的定义。
2. 能指出城市轨道交通的优缺点。
3. 能描述不同类型城市轨道交通的概念和特征，并能有效区分。
4. 了解世界及我国城市轨道交通发展概况。

1.1　城市轨道交通的概念

1.1.1　城市轨道交通的定义

城市交通是城市发展的产物，是为城市服务的重要环节，是城市基础设施的重要组成部分，也是城市可持续发展的基本保障。城市轨道交通是城市公共交通的一个重要组成部分，随着城市的不断发展，它逐渐成为城市中最主要的交通工具。

我国国家标准《城市公共交通常用名词术语》将城市轨道交通定义为"通常以电能为动力，采取轮轨运输方式的快速大运量公共交通的总称"。在城市中使用车辆在固定导轨上运行并主要用于城市客运的交通系统均称为城市轨道交通。

1.1.2　城市轨道交通的特点

与其他交通方式相比较，城市轨道交通具有无可比拟的优势，主要体现在运能大、速度快、能耗低、污染少、可靠性高、舒适性好和占地面积少等方面。

城市轨道交通虽然有许多优点，但在具体的发展过程中还存在建设投资巨大、线路建成后不易调整、运营成本高、经济效益有限等局限性。

图 1-1 是城市轨道交通运营现场照片。

图 1-1　城市轨道交通运营现场照片

1.1.3　城市轨道交通系统组成

城市轨道交通系统犹如一台"大联动机"，各种设备相互联系、相互制约。只有城市轨道交通各种设备及其相互关系均处于正常状态，"大联动机"才能正常运转。

城市轨道交通必须具有线路设备，作为车辆和列车运行的基础。在城市轨道交通沿线还需设置各种类型的车站，作为办理乘客乘降作业的基地。拥有大量和质量良好的列车，作为运送乘客的工具。拥有完善的供电系统，作为列车的运行动力来源，为维持运营提供必要的动力和照明用电。同时，为了确保行车安全和提高运输效率，城市轨道交通又必须设置一套完备的、现代化的信号及通信设备，作为运输调度集中与统一指挥的工具。因此，城市轨道交通线路、车站、车辆、信号及通信设备就成为城市轨道交通运输的基本设备。城市轨道交通很多线路和车站在地下，需要大量的机电设备保证乘车环境，需要完备的监控系统保证运行安全。城市轨道交通还必须设置各种必要的检修场所，并配备相应的检修机具，以便对上述各项基本设备进行检修，使它们处于良好状态，确保运输工作顺利进行。

1.2　城市轨道交通的类型

城市轨道交通种类繁多，根据《城市公共交通分类标准》（GJJ/T114—2007），分为地铁系统、轻轨系统、单轨系统、有轨电车、磁浮系统、自动导向轨道系统、市域快速轨道系统。

1.2.1　地铁系统

地铁系统，又称为地下铁道，其原始含义是修建在地下隧道中的铁路。随着地下铁道的发展,其线路布置不再局限于地下隧道中,而是根据需要也可以布置在地面或采用高架的方式修建,但城区内的线路还是以地下为主。地铁系统如图1-2所示。

地铁系统是一种大运量的轨道运输系统,单向高峰小时最大断面客流量在3万~7万人次之间。一般情况下,线路实行全封闭,可实现信号控制的自动化,适用于客运量较大的城市中心区域。

图1-2 地铁系统

1.2.2 轻轨系统

轻轨的原始含义是指车辆运行的线路所使用的钢轨比重型地铁所使用的钢轨轻。由于钢轨铁路的钢轨较轻,其整体的技术标准也低于地铁,因而轻轨的运输能力也远远小于地铁,早期的轻轨一般是直接对旧式有轨电车系统改建而成。在20世纪70年代后期一些国家开始修建全新的现代轻轨系统,使得轻轨系统的行车速度、舒适程度得到了很大的改善。轻轨系统如图1-3所示。

图1-3 轻轨系统

轻轨系统是一种中运量的轨道运输系统，单向高峰小时最大断面客流量在1万~3万人次之间。轻轨系统主要在城市地面或高架桥上运行，线路采用地面专用轨道或高架轨道，遇繁华街区，也可进入地下或与地铁接轨。轻轨的服务范围主要连接市区与郊区，用于构建市区与重点郊区的大运能通道。

1.2.3　单轨系统

单轨系统是车辆或列车在单一轨道梁上运行的城市客运交通系统。单轨系统的线路通常采用高架结构，车辆则大多采用橡胶轮胎。从构造形式上单轨还可分为跨座式单轨与悬挂式单轨两种（如图1-4所示）。跨座式单轨是列车跨坐在轨道梁上运行的形式，而悬挂式单轨则是列车悬挂在轨道梁下运行的形式。

(a) 跨座式单轨　　　　　　　　(b) 悬挂式单轨

图1-4　单轨系统

单轨系统是一种中运量的轨道运输系统，适用于单向高峰小时最大断面客流量1万~3万人次的交通走廊。因其占地面积很少，与其他交通方式完全隔离，运行安全可靠，建设适应性较强。单轨系统的主要使用范围如下：

① 城市道路高差较大，道路半径小，线路地形条件较差的地区；
② 旧城改造已基本完成，而该地区的城市道路又比较窄；
③ 大量客流集散点的接驳线路；
④ 市郊居民与市区之间的联络线；
⑤ 旅游区域内景点之间的联络线、旅游观光线路等。

1.2.4　有轨电车

有轨电车是使用电车牵引、轻轨导向、1~3辆编组运行在城市路面线路上的轨道交通系统，如图1-5所示。有轨电车的轨道主要铺设在城市道路路面上，车辆与其他地面交通混合运行，根据街道条件，又可分为以下三种情况：

① 混合车道；
② 半封闭专用车道（在道路平交道口处，采用优先通行信号）；
③ 全封闭专用通道（在道路平交道口处，采用立体交叉方式通过）。

图 1-5　有轨电车

有轨电车是一种低运量的城市轨道交通系统，单向高峰小时最大断面客流量一般在 1 万人次以下。由于与其他车辆混合运行，运行速度较慢，一般在 10～20 km/h。目前，有些旧式有轨电车改造成了新式轻轨。

1.2.5　磁浮系统

磁浮系统起源于人们对速度的追求，轮轨极限速度一般认为是 300～380 km/h，要想超越这一速度运行，必须采取不依赖于轮轨的新式运输系统。1922 年，德国人提出了电磁悬浮原理，并于 1934 年申请了磁浮列车的专利——"通过磁场达到悬浮并沿铁路轨道行驶的无轮车辆组成的悬浮列车"。磁浮列车实际上是依靠电磁吸力或电动斥力将列车悬浮于空中，它的速度可达到 500 km/h 以上，是当今世界上最快的地面客运交通工具，有速度快、爬坡能力强、能耗低的优点。如图 1-6 所示。

图 1-6　磁浮系统

目前，磁浮系统主要有两种基本类型，一种是高速磁浮系统，其最高行车速度可达 500 km/h；另一种是中低速磁浮系统，其最高行车速度为 100 km/h。高速磁浮系统由于行车速度很高，通常适于站间距离不小于 30 km 的城市之间远程线路客运交通。中低速磁浮系统由于行车速度相对较低，对于城市区域内站间距大于 1 km 的中、短程客运交通线路较为适宜。

磁浮系统是一种中等运量的轨道运输系统，适用于单向高峰小时最大断面客流量在 1.5 万～3 万人次的交通走廊。磁浮系统列车主要在高架桥上运行，特殊地段也可在地面或地下隧道中运行。

由于磁浮系统在我国尚处新兴技术发展阶段，在城市轨道交通领域的应用经验还有待不断总结，选用这项技术方案时，应做充分的技术经济比较，图 1-7 为长沙磁浮列车示范线，其设计最高时速为 100 km，平均时速 65 km，全线设磁浮高铁站、磁浮榔梨站和磁浮机场站三座车站。

图 1-7 长沙磁浮列车示范线

1.2.6 自动导向轨道系统

自动导向轨道系统，是一种车辆采用橡胶轮胎在专用轨道上运行的系统（如图 1-8 所示）。日本较早采用自动导向轨道系统，1981 年开通的两条线路，一是神户新交通公司开通的三宫—中公园线路，全长 6.4 km；二是大阪市住之江公园—中埠头间的 6.6 km 线路。

自动导向轨道系统是一种中运量轨道运输系统，由于其列车沿着特制的导向装置行驶，车辆运行和车站采用计算机控制，可实现全自动化和无人驾驶技术，通常在繁华市区线路可采用地下线路，市区边缘或郊外宜采用高架线路。自动导向轨道系统适用于城市机场线或城市中客流相对集中的点对点运营线路，必要时中间可设少量停靠站。

图 1-8 自动导向轨道系统

1.2.7 市域快速轨道系统

市域快速轨道系统是一种大运量的轨道运输系统,客运量可达 20 万~45 万人次/日(一般不采用单向高峰小时最大客流量的概念)。市域快速轨道系统适用于城市区域内重大经济区之间中长距离的客运交通。市域快速轨道交通列车主要在地面或高架桥上运行,必要时也可采用隧道。由于市域快速轨道系统线路长、站间距大,可选用运行速度在 120 km/h 以上的快速专用列车。(如图 1-9 所示)

图 1-9 市域快速轨道系统

1.3 城市轨道交通发展概况

1.3.1 世界城市轨道交通的发展概况

1. 世界城市轨道交通的产生

城市轨道交通产生的原因主要表现在:

① 城市交通的运力与运量之间的矛盾日益突出；

② 城市出现了交通堵塞、交通事故、环境污染等各种交通问题，严重地影响和制约了城市的发展。

世界各国经过长期的探索后达成一种共识，即解决城市交通问题的根本途径是：建立一个以城市轨道交通为骨干，以公共交通为主体，多种交通方式相互协调的综合交通系统。

城市轨道交通产生的条件主要体现在：

① 城市出行需求是城市轨道交通产生的前提条件；

② 资金投入是城市轨道交通发展的必要条件；

③ 科学技术的发展是城市轨道交通产生与发展的有力保障。

2. 世界城市轨道交通的发展历史

城市轨道交通诞生前的1804—1863年，这一阶段的两大发明，为现代城市轨道交通的诞生打下了基础。

1804年2月29日，英国人理查德·特雷维塞克设计制造了第一辆蒸汽机车"新城堡号"，如图1-10所示。

图1-10 新城堡号

1832年，约翰·史蒂芬森在美国纽约建立了第一条市区有轨马车线路，由马匹牵引车辆在钢制轨道上滚动行驶，如图1-11所示。

图1-11 有轨马车

城市轨道交通的发展经历了一个曲折的过程，大致分为以下几个阶段。

1）初步发展阶段（1863—1924年）

1863年1月10日，用明挖法施工的世界上第一条地铁——"伦敦大都会铁路"在伦敦建成通车（见图1-12），列车用蒸汽机车牵引，线路全长约6.4 km，标志着世界城市轨道交通的诞生。

图1-12 世界第一条地下铁路

早期的地铁由蒸汽机车牵引，为了把烟雾排出，车站没有顶棚，虽然当时的地铁设施简陋，而且污染严重，但却受到了广大市民的普遍欢迎。1890年第一条电气化地铁开通，地铁开始进入电力牵引的发展时期，显示出强大的生命力。

1870年，美国第一条在曼哈顿格林尼治大街及第九大道的高架快速轨道交通线开始运营。

1881年，德国西门子公司在柏林近郊铺设了第一条电车轨道。

1890年12月8日伦敦首次用盾构法施工，建成用电力机车牵引长约5.2 km的另一条线路。从此，城市交通进入轨道交通时代。

1892年6月6日，芝加哥建成世界上第2条蒸汽驱动地铁；1895年5月6日芝加哥建成世界上第2条电气化地铁。

1896年，匈牙利布达佩斯修建了欧洲最早的电气化地铁，这是欧洲大陆上的第一条电气化地铁线路，在整个欧洲仅居英国之后。

1904年，美国纽约地铁巴尔蒙线（见图1-13）开通，被誉为"纽约地铁之父"。美国纽约成为美洲最早建立地铁系统的城市。

1913年，阿根廷的布宜诺斯艾利斯建成地铁系统，成为拉丁美洲最早建立地铁系统的城市。

2）停滞萎缩阶段（1924—1949年）

这一阶段，一方面是由于汽车工业的发展和世界大战的爆发，另一方面是由于城市轨道交通的投资大、建设周期长等原因，城市轨道交通的发展呈现出停滞、甚至萎缩的局面。特别是在地面行驶的有轨电车系统，在这一时期被大量拆除并由汽车所取代。

图1-13 美国纽约地铁巴尔蒙线

这一时期,仍然有一些国家修建了城市轨道交通系统:

1926年,澳大利亚悉尼开通了隧道电车;

1927年,日本东京开通了浅草至涩谷的地下铁道线,成为亚洲最早的地下铁道;

1935年,莫斯科第一条地铁通车运营。

3) 再发展阶段(1949—1969年)

这一阶段由于汽车的过度增加,造成城市道路交通速度下降,甚至趋于瘫痪,加之不断增大的石油资源消耗、空气和噪声污染,人们又把解决城市交通问题的注意力放在了占地面积小、污染小、运力大的城市轨道交通上来,许多城市又开始兴建城市轨道交通。

在这一阶段,一些新型的城市轨道交通形式相继出现:1959年,美国洛杉矶迪士尼游乐场跨座式单轨开始运营;1961年,单轨铁路在意大利世界博览会开始运营。苏联的圣彼得堡、基辅、巴库、第比利斯,加拿大的多伦多、蒙特利尔,意大利的罗马、米兰,美国的克利夫兰,瑞典的斯德哥尔摩,日本的名古屋,挪威的奥斯陆,葡萄牙的里斯本,德国的法兰克福,荷兰的鹿特丹,墨西哥的墨西哥城,以及中国的北京先后开通了地铁。

4) 高速发展阶段(1969年至今)

伴随着世界城市化进程的加快,人们的生活节奏也随之加快,对城市交通的要求越来越高,各国政府投入大量的人力、物力和财力来建设城市轨道交通。同时,轨道交通技术的不断发展,已成为新型城市轨道交通发展的有力保障。

在这一时期,出现了许多新型城市轨道交通运输方式。1981年,日本建成了自动导向轨道系统,即神户新交通系统;1983年,法国现代化轻轨电车线路在里尔市建成通车,它是世界上第一条无人驾驶的全自动地下铁道;1984年,英国在伯明翰建成低速磁浮铁路并投入使用。

3. 世界主要大城市轨道交通发展现状

国际化大都市大都有比较成熟与完整的轨道交通系统,客运量和建设规模比较大的城市有日本的东京、英国的伦敦、法国的巴黎、美国的纽约、俄罗斯的莫斯科等。

1）东京

就城市规划而言，"东京"这个词包含三个概念。"东京城区部"是指东京的中心城区，"东京都"是指东京的行政区域，而"东京都市圈"则指能够到东京上班、上学的地区范围，面积约13 000 km^2。东京交通系统的最大特征是四通八达的城市轨道交通网。

东京是亚洲最早修建地铁的城市，地铁主要布局在中心城区，线路总里程约300 km（如图1-14所示）。乘地铁出行人数约占东京都市圈轨道交通出行总人数的1/5。地铁之外在东京都市圈还有众多的由地面线或高架线组成的市郊铁路、市区横贯铁路等。城市轨道交通线网总运营里程在2 000 km以上。这些铁路可在高峰时段以两三分钟的间隔发出一列由8～15节车辆编组的列车，一条路线的单向客运能力有5万～10万人/h，而这样的线路有30多条。东京的轨道交通都是严格按照以秒为单位制定的时刻表来运行的。在东京都市圈，即便是去50 km以外的场所，在使用轨道交通工具的情况下，都可以按照当初预定的时刻到达目的地。

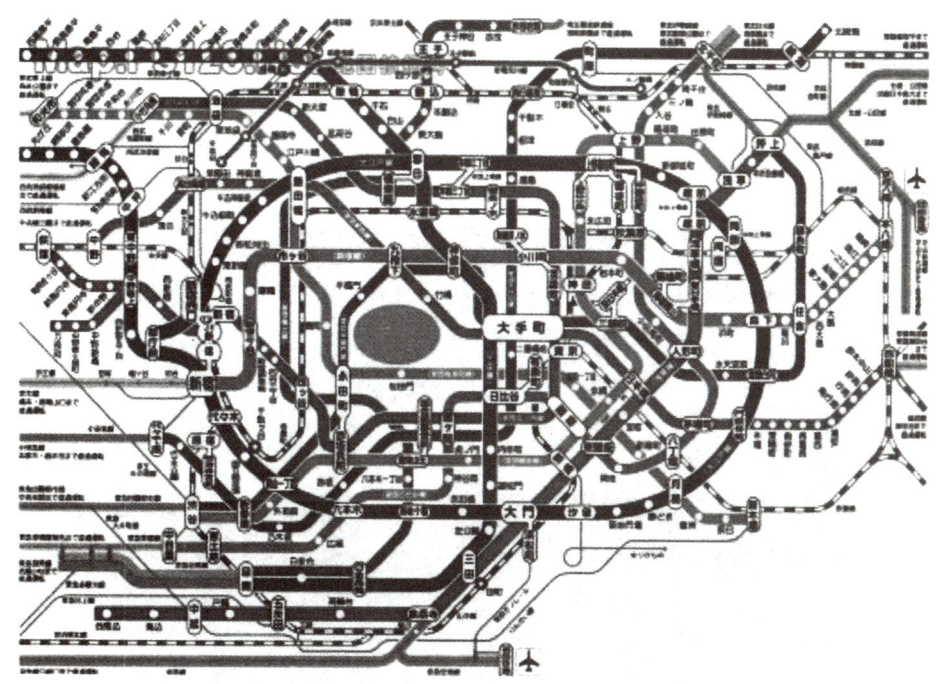

图1-14 东京地铁线路图

2）伦敦

伦敦由小到大可分为伦敦中心区包括33个区在内的大伦敦地区和包括大伦敦地区在内的东南地区。伦敦城市轨道交通采用多层次、多类型的交通模式，主要轨道交通系统分为地铁、快速轻轨（以地面或高架形式为主）以及高架独轨3种类型，并可再细分为7种不同层次、类型，从而组成一个综合的轨道交通系统。

伦敦城市轨道交通共有12条线路，加上高峰时间和星期日增开的3条线路，共计15条，各线路互相交错，四通八达。换乘时不用出站，在站内即可换乘其他线路，到达伦敦几乎所有地区。一些重要的公交车站和地铁车站，几乎都建在一栋建筑内，有三分之一的地铁车站和小汽车停车场结合在一起，许多地铁车站设置在人流集中的大商店或办公楼底部，形成十分方便的换乘体系。

伦敦是世界上第一个修建地铁的城市，地铁是伦敦中心区的主要交通形式。目前，伦敦拥有较为完善的地铁网络系统，线路全长461.6 km，每天运送旅客约300万人次，共有车站273座，年客运总量为8.15亿人次。

3）巴黎

巴黎的城市轨道交通承担着近70%的客运量，地铁、市域快速轨道系统、有轨电车，以及大巴黎的市郊铁路构成了整个900万巴黎人的主要交通工具。

从1900年1号线的开通到1998年14号无人驾驶地铁的正式运行，一个世纪以来，巴黎的地铁网络在地下不停延伸，地铁网络四通八达（如图1-15所示）。在巴黎街头，步行不出300 m，便一定能找到地铁站。巴黎的地铁带给人们的，不仅仅是快速便捷，更是一种艺术的享受。各车站独具特色的内部装饰、1900年法国建筑师设计的巴黎地铁入口标志性建筑、车站里卖艺的音乐家，无一不构成匆匆人流边一道道美丽的风景。

从建造第一条区域铁路线至今，巴黎区域铁路线的发展已经历了160多年。区域铁路线的主要功能是将巴黎市中心与其近郊连接起来，因此区域线是城市轨道交通最原始的骨架，是城市综合交通的主要轴线。伴随着技术的不断进步，区域轨道交通线已经成为巴黎的城际交通大动脉。

图1-15 巴黎地铁

4）纽约

1904年10月27日，纽约第一条永久性地铁诞生。目前地铁网（如图1-16所示）运营线路29条，全长443.2 km，设有504座车站，站间平均距离0.8 km，日客运量超过490万人次，地铁运量占纽约市全部公共交通系统运量的70%。

纽约地铁24 h运行，地铁线路四通八达，上下班高峰期很拥挤，是世界上使用效率最高的地铁系统。

图 1-16 纽约地铁线路图

5）莫斯科

莫斯科拥有一个跨及全市的立体交叉地铁网（如图 1-17 所示），总长 243 km，140 多座车站，由 1 条环线和 8 条放射线组成；每天运营 20 个小时，高峰时列车间隔为 75 s，时速 41 km，日客运量高达 800 多万人次，客运密度为每公里 1 400 多万人次。

图 1-17 莫斯科地铁线路图

莫斯科地铁一直被公认为是世界上最漂亮的地铁，地铁站的建筑造型各异、华丽典雅（如图1-18所示）。每个车站都由国内著名建筑师设计，建筑格局各不相同，各有其独特风格。莫斯科地铁站多用五颜六色的大理石、花岗岩、陶瓷和五彩玻璃，镶嵌各种浮雕、雕刻和壁画装饰，照明灯具十分别致，好像富丽堂皇的宫殿，享有"地下的艺术殿堂"之美称。

图1-18　莫斯科地铁站

1.3.2　我国城市轨道交通的发展概况

1. 我国城市轨道交通的产生与发展

1）早期的有轨电车

我国城市轨道交通系统的产生，是从有轨电车开始的。最早的有轨电车出现于北京，时间是1899年，由德国西门子公司修建，连接当时的马家堡火车站与永定门。1921年以后，北京逐步建立了有轨电车系统。

伴随着近代帝国主义瓜分中国的狂潮，受国外侵略势力的影响，一些城市开始兴建有轨电车。香港于1904年开通有轨电车，此后一些城市相继开通有轨电车，如天津于1906年、上海于1908年、大连于1909年、沈阳于1924年、哈尔滨于1927年、长春于1935年开通有轨电车。新中国成立后，鞍山于1950年开通了第一条通勤有轨电车。

由于有轨电车没有专用路权，具有容易与路面车辆冲突、速度慢、通行能力低等缺点，从20世纪50年代开始，各城市陆续拆除其有轨电车线路。至今仍运行有轨电车的城市只剩下大连、长春、鞍山，而大连、长春的有轨电车正在被改造为轻轨交通的一部分。北京前门大街目前已恢复有轨电车线路，但仅用于观光旅游。

2）真正的城市轨道交通

我国地铁建设起步较晚，第一条地铁线路是北京地铁1号线，1965年7月1日动工修建（如图1-19所示），主要是为战备而修建，历经4年时间，于1969年10月建成，全程28.07 km，于1971年1月15日开始试运营。由于属于战备工程，北京地铁在通车后很长一段时间不对公众开放，需凭介绍信参观及乘坐。

图 1-19　北京地铁 1 号线开工典礼

上海从 20 世纪 60 年代进行了地铁的研究和试验，并建成一个试验段，因受"文化大革命"的干扰，地铁建设基本停顿。1979 年 10 月，香港第一条地铁线路开始运营。

改革开放后，地铁的建设由服务于战备转为服务于经济发展和城市客运。伴随着经济的发展，继北京继续修建地铁外，天津地铁也于 1984 年 12 月建成通车，全长 7.4 km，共有 8 个车站。上海、广州也陆续修建了地铁。

进入 21 世纪，中国经济的迅猛发展为地铁建设带来了重大机遇，各大城市地铁项目竞相立项开工。我国城市轨道交通发展的速度之快、规模之大，是世界上所罕见的。《2017 年中国城市轨道交通运营线路统计与分析》指出，截至 2017 年年底，我国 33 个城市开通运营城市轨道交通，共计 161 条线路，运营线路总长度达 4 706 km。

《中国交通运输发展》白皮书指出："十三五"期间，我国要建设现代高效的城际城市交通。建设城市群中心城市间、中心城市与周边节点城市间 1~2 小时交通圈，打造城市群中心城市与周边重要城镇间 1 小时通勤都市圈。在城镇化地区大力发展城际铁路、市域（郊）铁路，形成多层次轨道交通骨干网络。实行公共交通优先，加快发展城市轨道交通、快速公交等大容量公共交通。到 2020 年，基本建成京津冀、长三角、珠三角、长江中游、中原、成渝、山东半岛城市群城际铁路网。加快 300 万以上人口城市轨道交通成网，新增城市轨道交通运营里程约 3 000 km。

2. 我国主要城市的城市轨道交通的发展

1）北京

北京是我国第一个修建地铁的城市，北京地铁 1 号线（一期工程）于 1971 年 1 月 15 日开始试运行，北京地铁 2 号线（二期工程）始于 1969 年，其线路沿北京内城城墙自建国门至复兴门，呈倒 U 形，设 12 座车站及太平湖车辆段，线路长度为 17.2 km。1981 年 9 月 15 日，北京地铁正式对外运营。

北京地铁复八线于 1992 年 6 月 24 日开工建设，1999 年 9 月 28 日通车试运营，2000 年 6 月 28 日与一线全线贯通。北京地铁 13 号线于 2002 年 9 月起分段开通，将霍营、回龙观和北苑等城北住宅区和上地信息产业基地与中心城区联系起来。八通线于 2003 年开通，对改善通州交通环境起重要作用。

2007 年 10 月 7 日，北京地铁 5 号线正式开通试运营，是第一条北京市南北轨道交通大动脉。5 号线全长 27.3 km，设太平庄停车场和宋家庄车辆段，也是北京地铁第一条加装屏蔽门的路线。

2008年7月19日，在北京奥运会开幕前夕，北京地铁10号线一期、奥运支线（北京地铁8号线一期）和机场线三条轨道交通新线正式通车。至此，北京轨道交通运营里程达到200 km，运营线路达到8条，北京轨道交通的网络效应已经初步显现。

2009年9月28日，随着地铁4号线的开通，北京地铁开通运营的线路包括1号线、2号线、4号线、5号线、8号线、10号线、13号线、机场快轨、八通线，运营总里程达到228 km。

2010年12月30日，北京地铁开通亦庄线、大兴线、房山线（苏庄至大葆台）、15号线（顺义线，一期首开段望京西到后沙峪）和昌平线（一期西二旗到南邵），北京地铁总长度达到336 km。

2016年12月，地铁3号线一期、八通线南延、昌平线南延一期、平谷线和新机场线一期共5条轨道交通线开工建设。2017年北京的轨道交通运营线路图如图1-20所示。

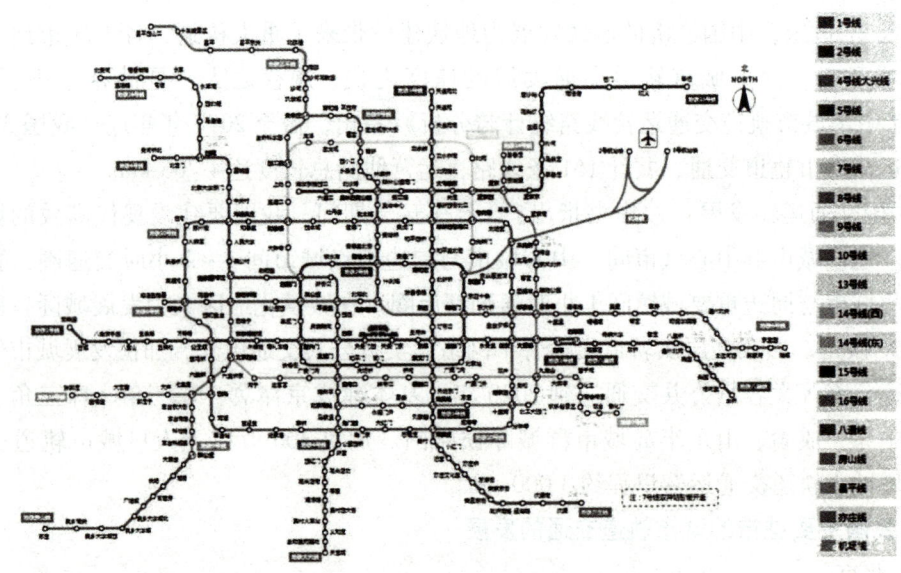

图1-20　北京2017年轨道交通运营线路图

除上述5条线路继续施工外，燕房线支线和CBD线也于2017年年底开工。在开通试运营方面，北京首条现代有轨电车西郊线、首条中低速磁浮线S1线，以及首条采用全自动无人驾驶系统的燕房线等3条线路也将开通试运营。按照"十三五"规划纲要，北京地铁开通运营总里程将达到900 km以上，未来几年将迎来轨道建设高峰期。

2）上海

上海轨道交通建设始于1990年初。1989年5月，中德双方正式签署了4.6亿马克的地铁专款贷款协议书，1990年3月7日国务院正式同意，上海地下铁道工程（新龙华站至上海新客站，即今锦江乐园站至上海火车站）开工兴建。经过地铁工程建设者不懈的努力，1993年5月28日，上海地铁第一条线路——1号线南段（徐家汇—锦江乐园）建成通车。1995年4月10日，上海轨道交通1号线全线（上海火车站—锦江乐园站）建成通车。

截至2017年12月31日，上海轨道交通共开通线路15条（不计磁浮），车站387座，全网运营总里程达672 km，运营线路图如图1-21所示。在世界城市地铁长度排名中高居榜首。

图1-21　上海2017年轨道交通运营线路图

3）广州

广州1号线于1993年12月正式动工，1997年6月起开始试运营，首段开通西朗—黄沙段，全线于1998年12月竣工，1999年6月28日正式通车，标志着我国继北京、天津及上海后，第4座城市建有地铁系统。

经过近20年的建设，现已建成开通一至九号线、十三号线、十四号线、知识城支线、APM、广佛线等，以及海珠区环岛新型有轨电车试验段（7.7 km），线网里程居全国第三，世界前十。目前，正全力推进八号线北延段、十一号线、十三号线二期、十四号线一期、十八号线、二十一号线、二十二号线、广佛线燕岗至沥滘段等新线建设。

截至2017年12月31日，广州共开通14条地铁运营线路，运营里程达376 km，运营线路图如图1-22所示。广州地铁的远期规划长度是600 km。

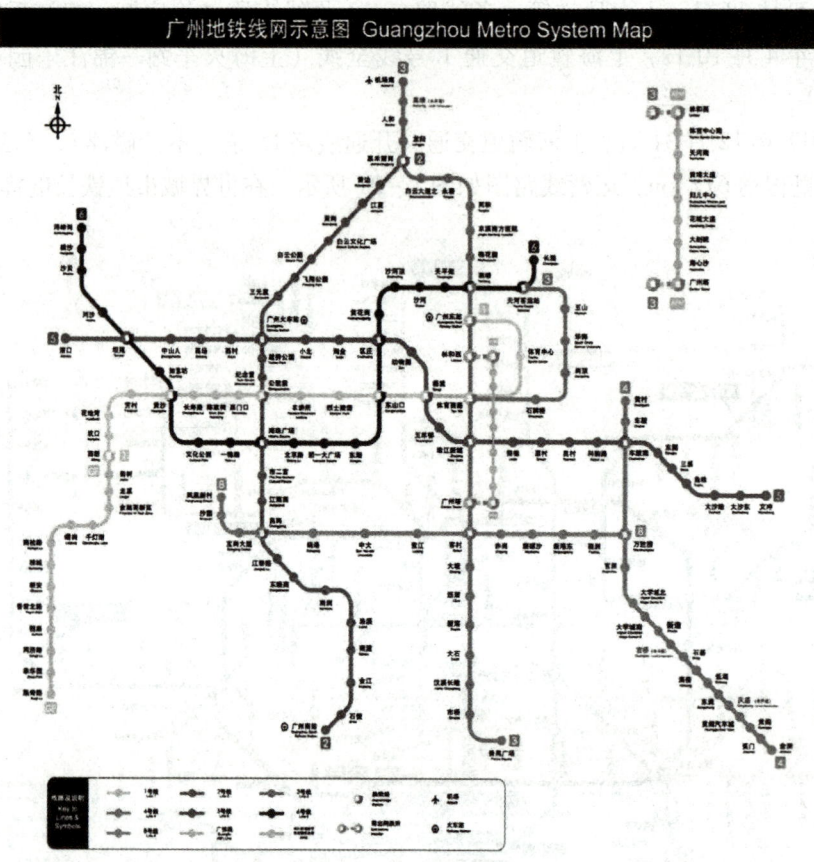

图1-22　广州2017年轨道交通运营线路图

1.3.3　城市轨道交通系统发展展望

随着世界经济和科学技术的不断发展,城市轨道交通在投资、建设、运营和管理等方面不断发展并走向成熟和完善。世界城市轨道交通主要呈现以下三大发展趋势。

1. 世界发达城市轨道交通投资多元化趋势

城市轨道交通发展之初,其投资主体比较单一,有的由私人主体来投资,有的由政府财政直接投资。随着轨道交通规模的越来越大,为了解决资金问题和提高轨道交通的效率,很多城市轨道交通都由政府和社会资本等共同投资。投资主体的多元化已成为世界轨道交通的发展趋势:轨道交通的准公共产品性质要求投资主体多元化;通过多元化投资来解决资金不足的问题;投资多元化可以提高城市轨道交通的运行效率。

上海、北京、广州等城市目前轨道交通也正朝向多元化投资方向发展,但多元化的领域仍不够宽、投资渠道还不够通畅。中国城市要努力创造条件,积极进行投融资体制机制创新,吸引更多的社会资本参与轨道交通的投资、建设和运营。

2. 世界发达城市轨道交通经营市场化趋势

在轨道交通的历史发展过程中,有的采取完全的国有垄断经营模式,有的采取市场化经营模式，有的介于这两者之间。现在，很多城市充分发挥市场作用以提高轨道交通的运行效率。在轨道交通运营上引入市场机制已成为一种发展趋势。

尽管上海、北京、广州等城市目前轨道交通经营越来越市场化，但某些可以通过市场化经营的领域还存在垄断经营的成分，总体上市场化程度还不够高。中国城市要进一步打破垄断，在市场化的经营监管、市场化的经营手段和方法等方面进一步创新，以全面提高经营效率。

3. 世界发达城市轨道交通管理法制化趋势

现在，很多城市轨道交通实行全面法制化管理以规范各方行为和维护各方利益，以法制化的管理来保障城市轨道交通持续、稳定和高效的运行。轨道交通的全面法制化管理也是世界轨道交通发展的重要趋势。

上海、北京、广州等城市在轨道交通管理方面，还存在一些不合理的人为干预现象，法制化程度不够。中国要着手制定国家法规和地方性法规，如轨道交通法等，在轨道交通的投资、建设、运营、管理等方面实现全面的法制化，全面提高法制化管理水平，以确保各方利益、降低风险、维护公平。

▶▶▶思考与练习1 ◀◀◀

一、简答题

1. 城市轨道交通的定义是什么？
2. 城市轨道交通的优势有哪些？
3. 城市轨道交通有哪些局限性？
4. 城市轨道交通包含哪些种类？
5. 地铁系统与轻轨系统的主要区别是什么？
6. 单轨系统的适用范围怎样？
7. 世界上第一条地铁建于什么时间？在哪个城市？
8. 我国第一条地铁修建于哪个城市？什么时间开始建设？什么时间建成通车？

二、实践题

1. 梳理我国某城市某条地铁的建设过程，通过现场调研或网络查询，对其线路走向、典型车站情况给予较详尽的介绍，并分析线路特点，完成3 000字以上的调研报告。
2. 在课余时间，利用纸张，制作出一种城市轨道交通形式的模型。

第 2 章　城市轨道交通线路

【本章导学】

线路是城市轨道交通的重要组成部分，是列车运行的基础。不同类型的轨道交通，其轨道线路类型有所不同，目前大多数国家和地区广泛采用的主要是由两根钢轨支撑列车运行的轮轨交通系统。在我国，目前除重庆采用跨座式单轨系统外，北京、上海、天津、广州、深圳等城市的轨道交通系统都采用由两根钢轨支撑列车运行的轮轨交通系统。本章我们一起来学习城市轨道交通线路的相关知识。

【学习目标】

1. 能说出线路的概念。
2. 能说出线路的种类和平纵横断面。
3. 能说出线路标志的种类和意义。

2.1　线路

2.1.1　线路的概念

线路是为了进行轨道交通运输所修建的固定路线，是列车运行的基础，是由路基、桥隧建筑物和轨道组成的一个整体工程，是城市轨道交通所有行车线路的总称，如图 2-1 所示。

路基是轨道的基础，它直接承受上部轨道重量和轨道传来的列车的压力。桥隧建筑物是线路为实现城市立体交通而修建的。轨道是用来引导车辆运行方向并直接承受车轮的巨大压力，使之传递、扩散到路基及桥隧建筑物上的整体工程结构，它由道床、轨枕、钢轨、联结零件、防爬设备和道岔等组成。

2.1.2　线路的种类及定义

1. 按照空间设置分类

按照空间设置分类，线路可以分为地下线、地面线和高架线三种方式。

图 2-1 轨道交通线路

1)地下线

地下线设置于隧道中,与地面交通完全分离,且不占城市地面和地上空间,基本上不受气候影响,但是需要较大投资、较高的施工技术、较先进的管理、完善的环控、防灾措施。

2)地面线

地面线设置于地面,所以施工造价较低,施工较方便,运营成本较低,线路调整与维护较容易,但是运营速度难以提高,占地较多,会在一定程度上影响城市道路交通,容易受气候影响,城市环境难以改善,有一定的负效应。

3)高架线

高架线设置于高架桥上,与地面交通无干扰,造价介于地下和地面之间,施工、维护、管理、环控、防灾等方面都较地下线方便,但也会占用城市用地,并有光照、景观、噪声等负效应,也受气候影响。

2. 按照在运营中的作用分类

按照在运营中的作用不同,城市轨道交通线路分为正线、车场线和辅助线。

1)正线

正线是指连接车站并贯穿或以直股道伸入车站的线路,贯穿所有车站、区间供列车日常运行。正线一般采用上下行分行,即双线单向使用,实施右侧行车惯例。正线分为区间正线和站内正线。站内正线兼作到发线。到发线即供列车在车站到达、通过、发出时使用的线路。

2)车场线

车场线主要是指车辆段和停车库的线路,如牵出线、存车线、检修线、出入库线、试车线、洗车线等。图 2-2 所示为某车辆段的布置图。

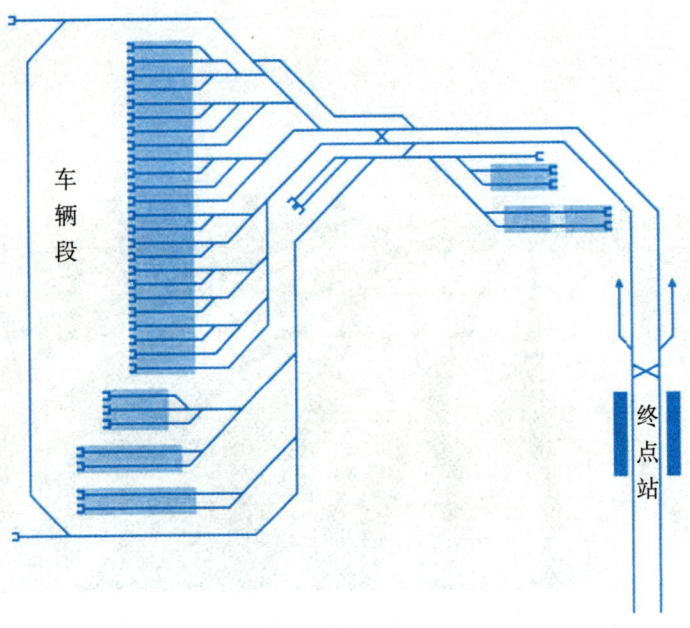

图 2-2 某车辆段布置图

3）辅助线

辅助线主要包括联络线、专用线、折返线、渡线等。

① 联络线 是指连接两条独立运营的线路或连接正线与车辆段的线路。如连接北京地铁 1 号线与 2 号线的长—礼联络线等。联络线因连接的两条轨道交通线路往往不在同一平面上，因而联络线的坡道坡度较大、曲线半径较小，列车在联络线上运行的速度有严格限制。

② 专用线 是指在区间或站（段）内接轨、通向地铁内外单位的专用线路，在该线内不设车站。

③ 折返线 是设置在线路两端终点站或准备开行折返列车的区间站，专供列车折返调头的线路。可以分为尽头式折返线和贯通式折返线两种。图 2-3 所示为尽头式折返线，图 2-4 所示为贯通式折返线。

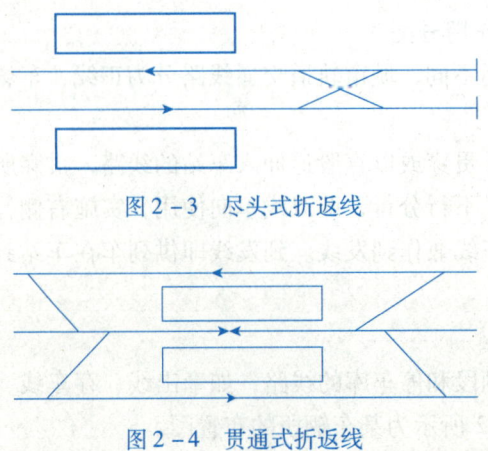

图 2-3 尽头式折返线

图 2-4 贯通式折返线

④ **渡线** 是连接上下行线路的线路，其作用在于使平行线路上的车辆能够从一条线路转至另一条线路。图 2-5 所示为渡线布置图。

图 2-5 渡线布置图

目前城市轨道交通既有线路中，车站内的正线兼作正线和到发线使用，终点站的折返线同时也是检修线和存车线。

2.1.3 线路的平纵横断面

城市轨道交通线路在空间的位置是用它的线路中心线表示的。线路中心线在水平面上的投影，叫作线路的平面，反映了线路的曲直变化和走向。线路中心线在垂直面上的投影，叫作线路的纵断面，反映了线路的起伏变化和高程。

从运营的观点来看，最理想的线路是既直又平的线路。但是由于地面存在地势高低起伏差异，以及其他各种建筑物，沿线的地形、地质、水文等自然条件千变万化，如果把线路修得过于平直，就会造成工程数量、工程造价过大，且工期漫长。

从工程观点来看，线路最好能够随地形条件而有适当的起伏和弯曲。这样，既可以减少工程数量、降低造价，又便于避开地形、地质和地物上的障碍。可这又会给运营造成很大的困难，甚至还会影响行车的平稳与安全。

1. 线路平面

城市轨道交通的线路平面是由直线和曲线组成的。曲线可分为圆曲线和缓和曲线两种。

列车在曲线线路运行时会产生附加阻力，所以列车通过曲线时会有速度限制。线路平面设计的主要技术要素有圆曲线半径、圆曲线长度、缓和曲线线型和长度、夹直线长度等。

由于直线与圆曲线间存在曲率半径的突变，圆曲线半径越大，这种突变程度就越小。当圆曲线半径超过 2 000 m 时，这种突变对轨道交通行车影响很小，而当正线上曲线半径不大于 2 000 m 时，则要在圆曲线与直线间加设缓和曲线，实现曲率半径的逐渐过渡，减少列车在突变点处的轮轨冲击。缓和曲线设置如图 2-6 所示。

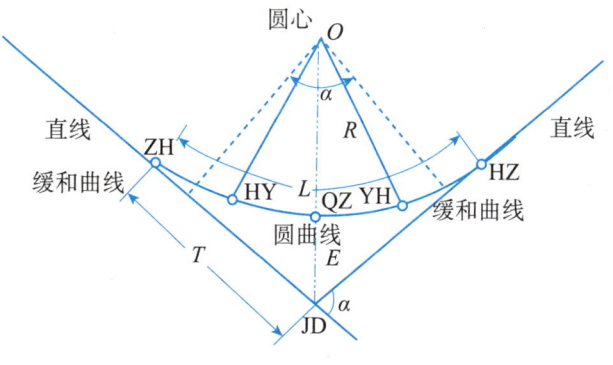

图 2-6 缓和曲线设置图

夹直线是指相邻曲线（有缓和曲线时，指缓和曲线；无缓和曲线时，指圆曲线）两端点间的直线，如图2-7所示。

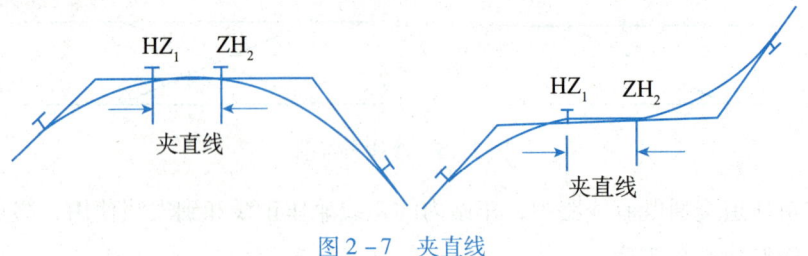

图2-7 夹直线

2. 线路纵断面

城市轨道交通的线路纵断面是由平道、坡道和连接相邻坡道的竖曲线组成的。

坡道的特征用坡度和坡段长度来表示。坡度是一段坡道变坡点高程与坡段长度的比值，用 $i‰$ 表示。图2-8所示为坡段长度与坡度的关系示意图。

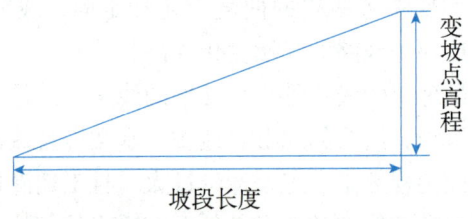

图2-8 坡段长度与坡度的关系示意图

在《地铁设计规范》规定：正线的最大坡度不宜大于30‰，困难地段可采用35‰，联络线、出入段的最大坡度不宜大于40‰。

平道与坡道、坡道与坡道的交点叫变坡点。列车经过变坡点时，坡度突然变化，车钩内产生附加应力；坡度变化越大，附加应力越大，容易造成短钩事故。变坡点对车钩的影响示意图如图2-9所示。

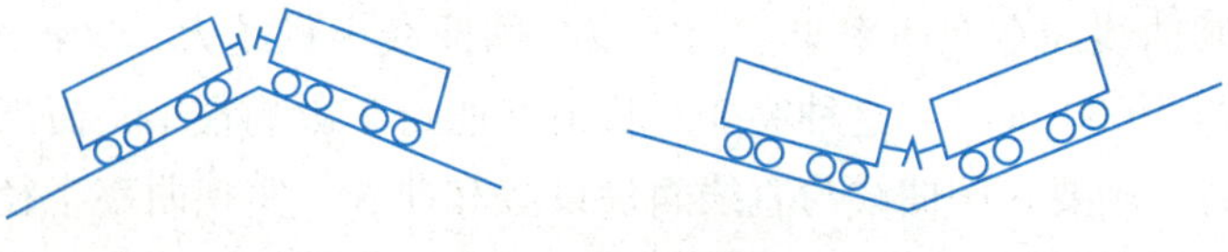

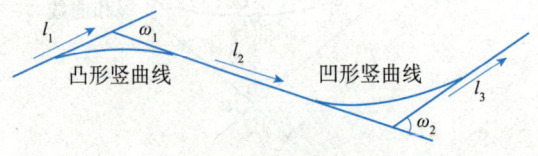

图2-9 变坡点对车钩的影响示意图

为了保证行车安全、舒适，以及视距的需要，需要在变坡处设置竖曲线。竖曲线的主要作用是缓和纵向变坡处行车动量变化而产生的冲击作用，确保道路纵向行车视距。竖曲线将平曲线恰当地组合起来，有利于路面排水，能改善行车的视线诱导和舒适感。图2-10所示为竖曲线示意图。

图2-10 竖曲线示意图

3. 线路横断面

线路横断面主要反映线路的路基、桥梁、隧道截面形状及列车安全运行的空间截面要求，以及双线及多线地段的线路间距。另外，通过线路横截面（尤其是桥梁、隧道的横截面）的设计，要确保列车有一个安全运行的空间，避免运行中的列车与线路两侧的建筑物和设备发生接触或碰撞。

为了确保列车在线路上运行安全，防止列车撞击邻近线路的建筑物和设备，而对列车车辆和接近线路的建筑物、设备所规定的不允许超越的轮廓尺寸线，称为限界。图 2–11 所示为限界示意图。

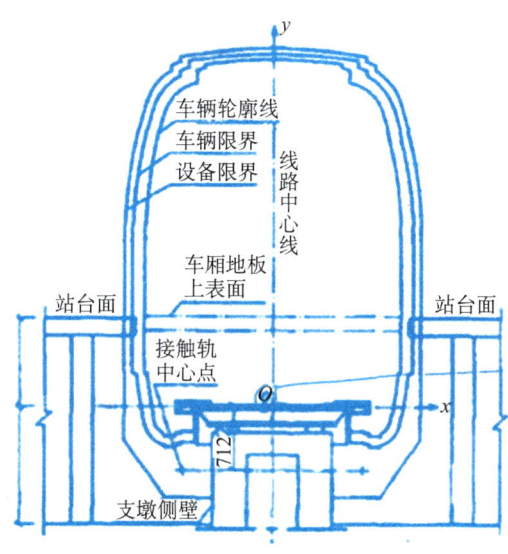

图 2–11　限界示意图

限界由内到外依次为车辆限界、设备限界、建筑限界。

① 车辆限界是为了确保行车安全，要求车辆本身不得超过规定的轮廓尺寸线。

② 设备限界是为保证轨道交通列车等移动设备在运营过程中的安全所需要的限界。设备限界要在车辆限界的基础上，考虑轨道出现状态不良而引起的车辆偏移和倾斜。此外，还要考虑适当的安全预留量。

③ 建筑限界也称建筑接近限界，是指在行车隧道和高架桥等结构物的最小横断面所形成的有效内轮廓线基础上，再考虑其施工误差、测量误差、结构变形等因素，为满足固定设备和管线安装的需要而必需的限界。

2.1.4　线路标志

为了线路的维修和养护，为了司机和车长等工作上的需要，在线路沿线设有各种线路标志和有关信号标志。线路标志包括百米标、曲线标、竖曲线标、坡度标。

1. 百米标

百米标设在列车运行方向的线路右侧，表示正线每百米距离该线路起点的长度。

百米标表示方法为“百米数 + 米”，如果百米标上面的数字如图 2 – 12 所示，则表示 27 百米 +60 米，该点距线路起点的距离为：27 × 100 + 60 = 2 760（m）。

与百米标相同道理的还有一种线路标志称为公里标，如图 2 – 13 所示。

27+60

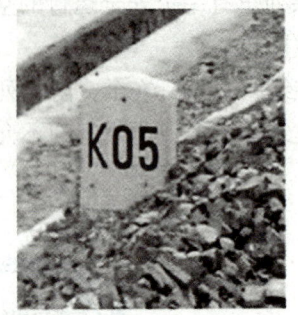

图 2 – 12　百米标示例图

图 2 – 13　公里标

公里标表示方法为“公里 + 米”，如果公里标上面的数字如图 2 – 13 所示，则表示此位置距离该线路起点的距离是 5 km，如果公里标上面显示“K05 + 376”，表示此位置距离该线路起点的距离是：5 km + 376 m，即 5. 376 km。

2. 曲线标

曲线标包括曲线要素标和曲线始、终点标。

曲线要素标设在曲线中点处列车运行方向右侧，标明曲线号、半径大小、曲线及缓和曲线长度、超高和加宽等，如图 2 – 14 所示。

图 2 – 14 所示的曲线要素标中，曲线号表示线路中的曲线编号；半径表示该曲线的圆曲线半径长度，以米为单位；缓和曲线表示该线路中缓和曲线的长度，以米为单位；曲线全长表示该线路中曲线的长度，以米为单位；列车在圆曲线上行驶时，受横向力或离心力作用会产生滑移，为抵消车辆在圆曲线路段上行驶时所产生的离心力，保证列车能安全、稳定、满足设计速度和经济、舒适地通过圆曲线，在该路段横断面上设置成外侧高于内侧的单向横坡，内外两侧的高差即为超高，以毫米为单位。

曲线号：	33
半径：	800
缓和曲线：	322
曲线全长：	3900
超高：	45
加宽：	0

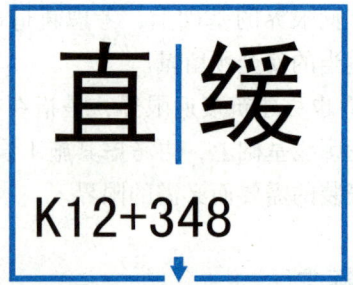

图 2 – 14　曲线要素标示例图

图 2 – 15　曲线始、终点标示例图

曲线始、终点标设在直缓、缓圆、圆缓、缓直各点处列车运行方向右侧，标明所向为直线、圆曲线和缓和曲线，如图 2 – 15 所示。

图 2 – 15 曲线标表示的含义为此位置距离该线路起点为 12. 348 km，此处开始由直线进入缓和曲线。

曲线标示意图如图 2-16 所示。

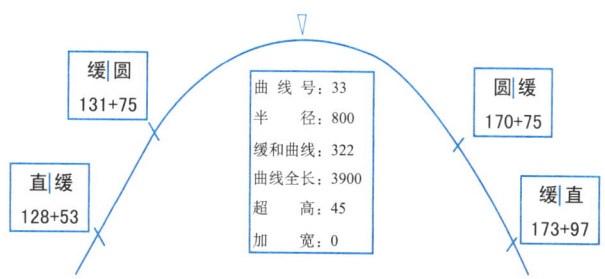

图 2-16 曲线标示意图

3. 竖曲线标

竖曲线标包括竖曲线起点标和竖曲线终点标，分别设在竖曲线起、终点处的列车运行方向右侧，用以表明竖曲线的起点和终点里程，如图 2-17、图 2-18 所示。

图 2-17 竖曲线起点标志

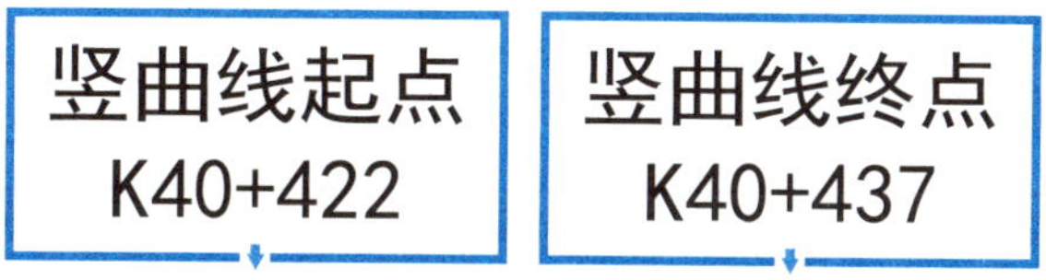

图 2-18 竖曲线标示例图

4. 坡度标

坡度标设在线路坡度和变坡点处列车运行方向右侧，标明其所向方向的上、下坡坡度值及长度，如图 2-19 所示。

图 2-19 坡度标示例图

图 2-19 所示的坡度标表示坡度为 3‰ 的下坡道，坡长为 665 m，变坡点距线路起点 14 675 m。

2.2 轨道

城市轨道交通的轨道是一个整体工程结构,也称为线路的上部结构。轨道可以引导列车安全、快速、平稳地沿着路线延伸的方向运行,同时把列车的重力及列车在运行过程中所产生的冲击力均匀地传递给路基或桥隧建筑物。

轨道通常由两条平行的钢轨、轨枕、道床、联结零件、防爬设备和道岔等主要部件组成。图 2-20 所示为轨道的结构图。

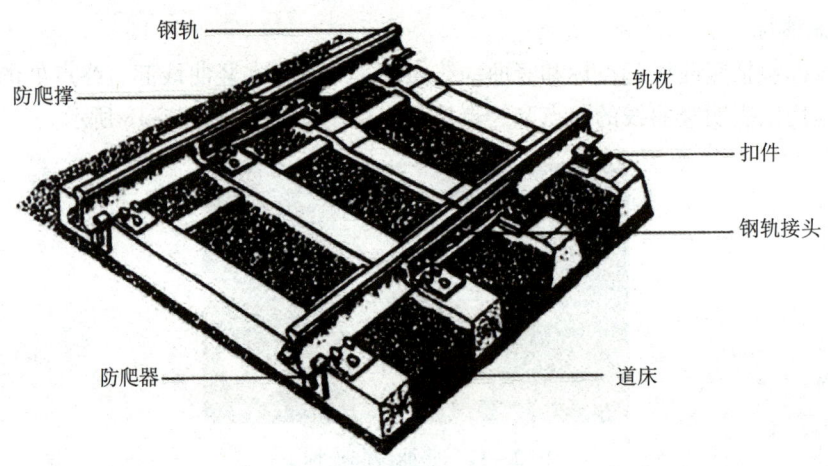

图 2-20 轨道的结构图

2.2.1 钢轨

1. 钢轨及其类型

钢轨固定在轨枕上,宽底且断面形状为"工"字形(如图 2-21 所示)。钢轨是支撑列车并引导车轮运行的轨道部件。轨距是钢轨头部顶面下 16 mm 范围内两股钢轨作用边之间的最小距离。我国轨道交通的标准轨距为 1 435 mm。

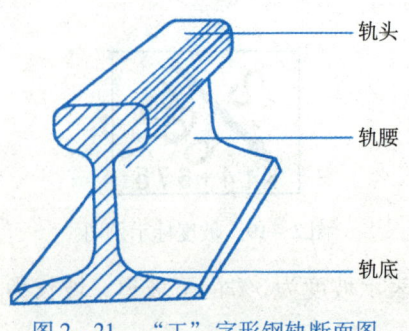

图 2-21 "工"字形钢轨断面图

在我国城市轨道交通线路上主要使用的钢轨类型为:正线 60 kg/m 或 50 kg/m,车场线 43 kg/m 或 38 kg/m（钢轨的强度以 kg/m 表示，数值越大表明其所能承受的压力越大）。我国钢轨的标准长度有 25 m 和 12.5 m 两种。钢轨与钢轨之间存在接头需要连接，传统的连接方法是把一节钢轨固定在轨枕之上，各节钢轨之间的接头（称为钢轨接头，亦称接缝）使用鱼尾板和螺栓接合，这样的连接方法容易造成列车运行到接头部分时产生颠簸，影响乘客乘坐舒适感。目前常用的方法是持续焊接钢轨，使原本一节一节的钢轨经焊接后成为无缝钢轨或长钢轨。

2. 护轨

列车在特殊的线路位置上运行时，需要对钢轨进行特别的设计，以确保列车安全、平稳通过。所以，需要在特殊位置线路的钢轨上加设护轨，本节主要介绍三种护轨：防脱护轨、桥上护轨、道岔护轨。

1）防脱护轨

在弯曲线路的内弯轨条处，通常会装设一段钢轨，这段附加的钢轨即为防脱护轨。它会比正常的轨道高些，以加强保护，如图 2-22 所示。

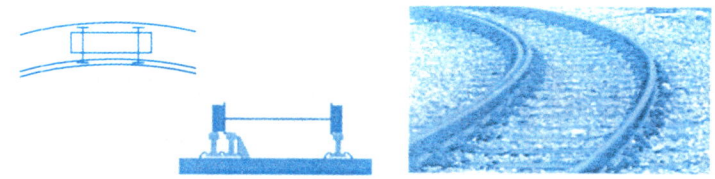

图 2-22 防脱护轨

2）桥上护轨

在高架桥或地势较高的线路上，通常在钢轨两侧分别装设两段钢轨，这两段钢轨即为桥上护轨，其作用是防止列车在桥上或高地出轨时继续向外冲，如图 2-23 所示。

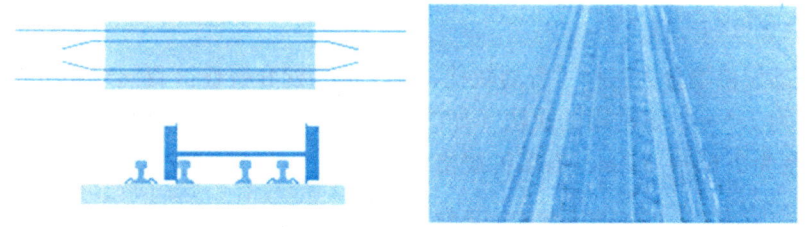

图 2-23 桥上护轨

3）道岔护轨

道岔护轨是在道岔区段防止车轮在道岔的岔心处进错路线而安装的护轨，如图 2-24 所示。

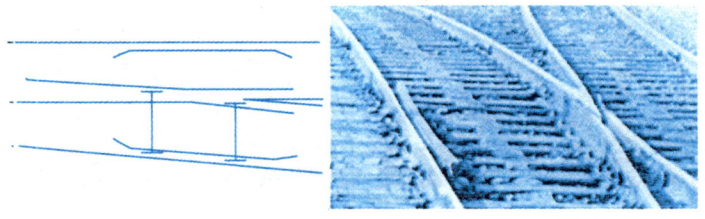

图 2-24 道岔护轨

2.2.2 轨枕

轨枕是固定钢轨、支撑钢轨并承受由钢轨传来的压力的轨道部件,如图2-25所示。

图2-25 轨枕

根据材质可以将轨枕分为木枕(如图2-26所示)和钢筋混凝土轨枕(如图2-27所示)。

图2-26 木枕

图2-27 钢筋混凝土轨枕

轨枕按铺设位置分为三种:普通轨枕、道岔区岔枕和桥枕。我国线路上普遍使用的轨枕,其长度为2.5 m。道岔用的轨枕(如图2-28所示)和桥梁用的轨枕(如图2-29所示),其长度为2.6~4.85 m,有多种规格。

图2-28 岔枕

图2-29 桥枕

2.2.3 道床

道床是铺设在路基之上的石砟（道砟）垫层。道床可以支撑轨枕、固定轨枕，并把从轨枕传来的压力均匀地传递给路基；同时可以缓和列车运行中的冲击力，从而具有一定的减震作用。图2-30所示为道床断面图。

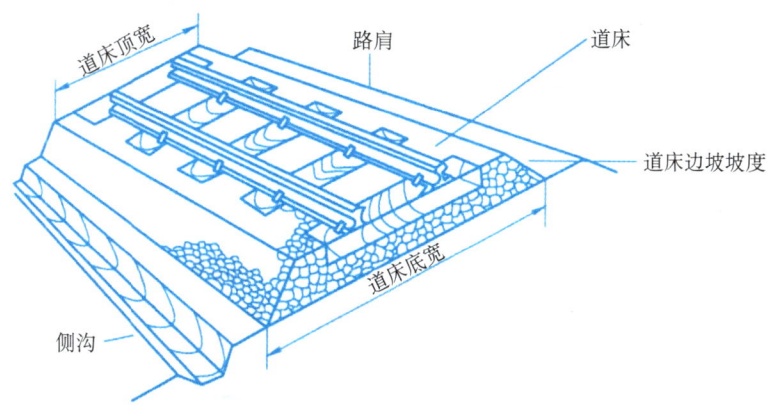

图2-30 道床断面图

道床通常有两种类型：碎石道床和整体道床。

碎石道床又称为有砟道床，通常由具有一定粒径、级配和强度的硬质碎石堆集而成，是一种比较常见的道床形式，如图2-31所示。碎石道床的石块与石块之间存在空隙和摩擦力，使得轨道具有一定的弹性，这种弹性不仅能吸收车辆的冲击和振动，使列车运行比较平稳，而且大大改善了车辆和钢轨、轨枕等部件的工作条件，延长了使用寿命，也有利于排水。

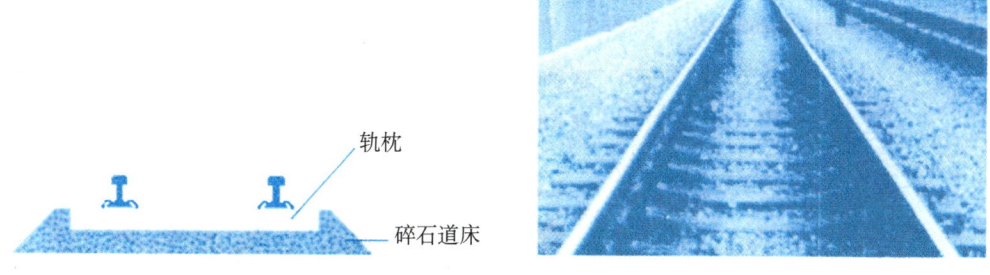

图2-31 碎石道床

整体道床又称混凝土整体道床，也称无砟道床，是现在城市轨道交通中常用的道床形式，如图2-32所示。整体道床整洁美观、坚固耐用、维修量少，但由于是整体浇筑，因而弹性较差。

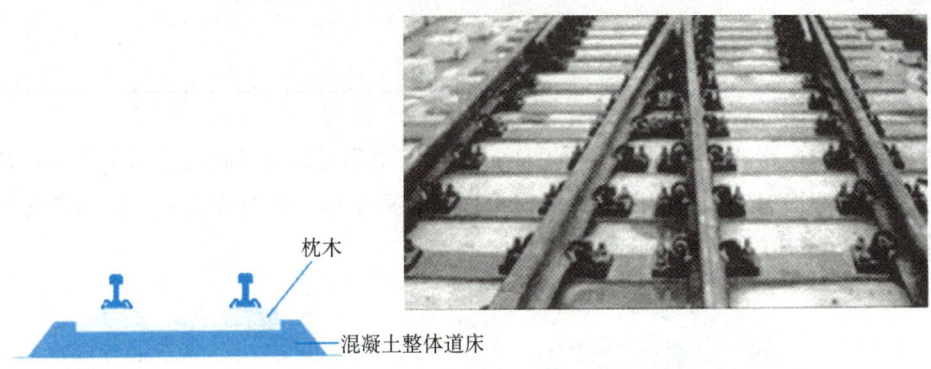

图 2-32 整体道床

2.2.4 联结零件

联结零件是用于固定钢轨、联结钢轨的部件,可分为接头联结零件和扣件两种。接头联结零件是用来实现钢轨与钢轨联结的部件,如图 2-33 所示。

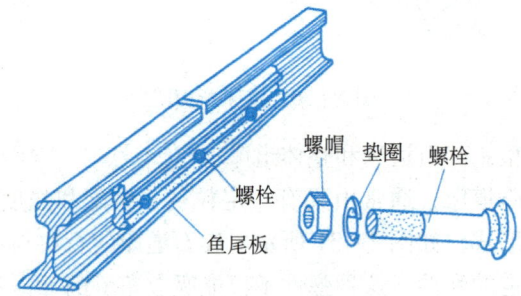

图 2-33 接头联结零件

扣件又称为中间联结零件,将钢轨牢牢地固定在轨枕之上,防止钢轨相对轨枕有纵向或横向的移动。钢筋混凝土轨枕的扣件可以分为:扣板式(如图 2-34 所示)、弹片式(如图 2-35 所示)和弹条式(如图 2-36 所示)三种。

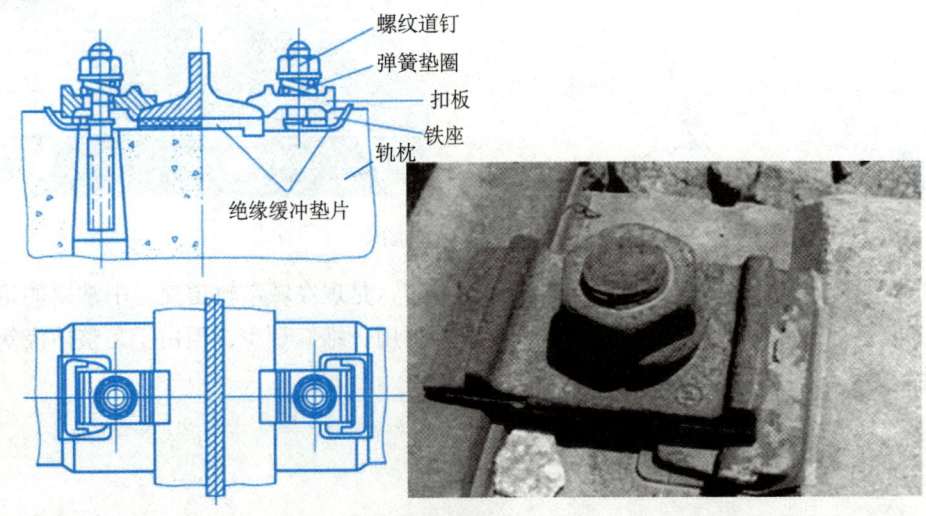

图 2-34 扣板式扣件

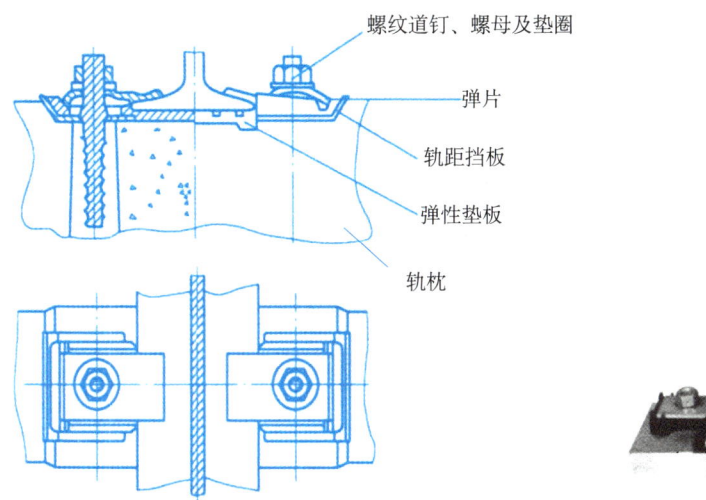

图 2-35 弹片式扣件

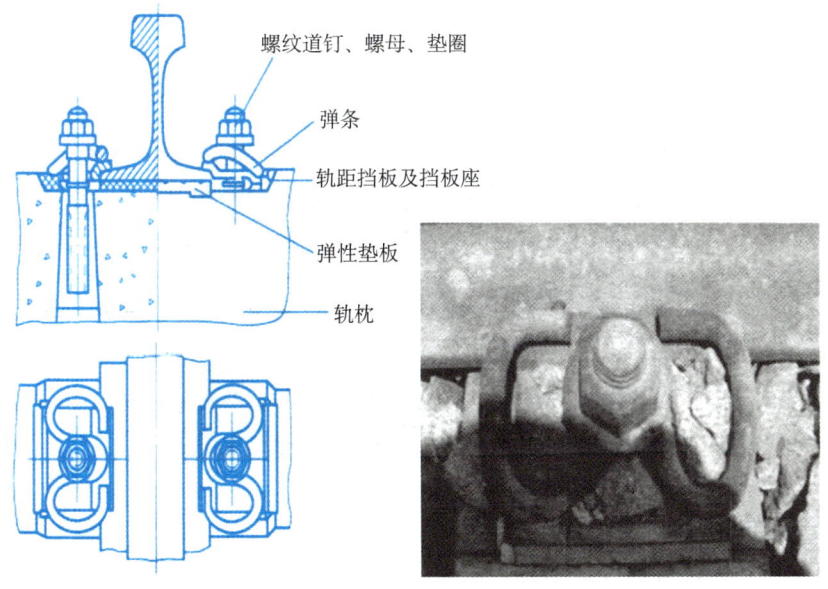

图 2-36 弹条式扣件

2.2.5 防爬设备

列车在线路上运行和制动时车轮会对钢轨产生一个纵向的作用力,该作用力会引起钢轨甚至轨枕的纵向移动,称为轨道爬行。防爬设备的作用是防止轨道爬行,主要有防爬器与防爬撑两种形式,如图 2-37 所示。

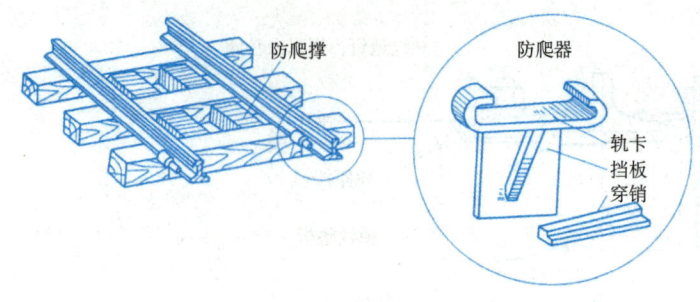

图 2-37 防爬器与防爬撑

2.2.6 道岔

道岔是轨道中很重要的一个结构，由于其在列车运行中发挥着至关重要的作用，下面对道岔进行详细的介绍。

1. 道岔的概念

把一条轨道分支为两条或两条以上的设备，称之为道岔。道岔结构复杂、零件多，养护较难，是线路上的薄弱环节。同时，道岔质量好坏也直接影响行车安全。图 2-38 所示为道岔实物图。

图 2-38 道岔实物图

2. 单开道岔的结构

单开道岔由转辙部分、连接部分、辙叉部分三部分组成。其中转辙部分由尖轨、基本轨、连接零件（包括连接杆、滑床板、垫板、轨撑、顶铁、尖轨跟端结构等）及转辙机械组成。连接部分由导轨、基本轨组成，它将转辙部分和辙叉部分连成一组完整的道岔。辙叉部分由辙叉心、翼轨、护轨等组成。道岔有两根可以移动的尖轨，尖轨的外侧是两根固定的基本轨。图 2-39 所示为单开道岔的结构示意图。

1）转辙部分

转辙部分包括两根尖轨、两根基本轨和转辙机械。尖轨是转辙部分的主要部件，通过连接杆与转辙机械相连，所以操纵转辙机械可以改变尖轨的位置，确定道岔的开通方向。

2）连接部分

连接部分包括两根直轨和两根导曲线轨。在导曲线上一般不设缓和曲线和超高，所以列车在侧向过岔时，速度要受到限制。

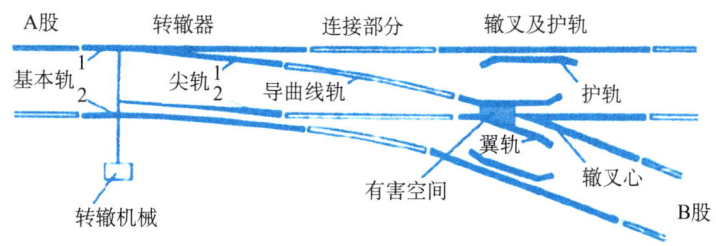

图 2-39　单开道岔结构示意图

3）辙叉部分

辙叉部分包括辙叉心、翼轨及护轨。它的作用是保证车轮安全通过两股轨线的相互交叉处。

从两翼轨最窄处到辙叉心实际尖端之间，存在一段轨线中断的空隙，叫作辙叉的有害空间。当列车通过辙叉有害空间时，轮缘有走错辙叉槽而引起脱轨的可能，因此必须设置护轨，对车轮的运行方向实行强制性的引导。

道岔上的有害空间是限制列车过岔速度的一个重要因素。为了消灭有害空间，适应列车高速运行的要求，国内外都发展了各种活动心轨道岔。一般来说，辙叉心轨和尖轨是同时被扳动的，当尖轨开通某一方向时，活动心轨的辙叉心轨就与开通方向一致的翼轨密贴，与另一翼轨分开，从而消灭了有害空间。

3. 道岔的位置状态

道岔有两根可以移动的尖轨，一根尖轨与基本轨密贴，另一根尖轨与基本轨分离，必须同时改变两根尖轨的位置，使原来密贴的尖轨分离，而原来分离的尖轨密贴，可见道岔有两个可以改变的位置。通常把道岔经常所处的位置叫作定位状态，简称定位，如图 2-40 所示。临时根据需要改变的另一个位置叫作反位状态，简称反位，如图 2-41 所示。为改变道岔的两个位置，在道岔尖轨处安装道岔转辙设备，这就是转辙机。

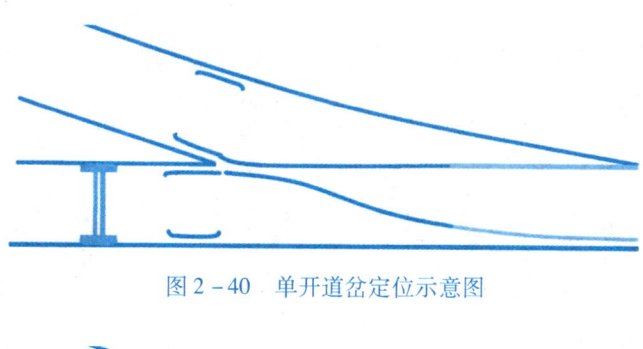

图 2-40　单开道岔定位示意图

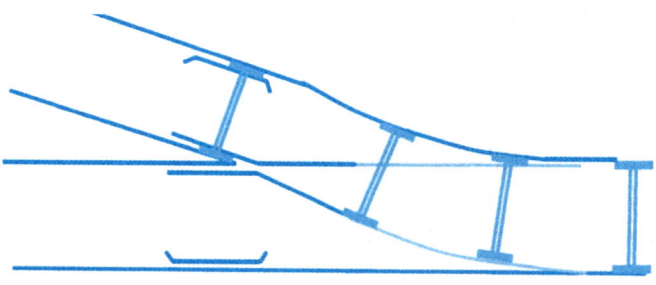

图 2-41　单开道岔反位示意图

尖轨与基本轨密贴的程度如何,对行车安全的影响很大,例如列车迎着尖轨运行时,如果尖轨与基本轨不密贴,其间隙超过一定限度(大于 4 mm),则车辆的轮缘有可能撞着或从间隙中挤进尖轨尖端,从而造成颠覆或脱轨的严重行车事故。因此,对尖轨和基本轨的密贴程度,有严格的标准,为了保证行车安全,当道岔尖轨和基本轨不密贴时,不能锁闭道岔,也不允许开放信号。

4. 道岔的分类

1)按列车运行方向分类

道岔的种类很多,按列车运行方向可分为顺向道岔和逆向道岔。使列车先经过岔心,后经过尖轨的道岔叫顺向道岔,如图 2-42 所示。使列车先经过尖轨,后经过岔心的道岔叫逆向道岔,如图 2-43 所示。

图 2-42 顺向道岔

图 2-43 逆向道岔

2)按道岔的几何形状分类

按道岔的几何形状可分为单式道岔和复式道岔。

(1)单式道岔种类

单式道岔分以下 4 种。

① 单开道岔　主线为直线方向,侧线由主线向左侧或右侧岔出,如图 2-44 所示。

图 2-44 单开道岔

② 单式对称道岔 把直线轨道分为左右对称的两条轨道，如图 2-45 所示。

图 2-45 单式对称道岔

③ 单式不对称道岔 把直线轨道分为左右不对称的两条轨道。
④ 单式同侧道岔 把直线轨道在同一侧分为两条轨道，如图 2-46 所示。

图 2-46 单式同侧道岔

37

(2）复式道岔种类

复式道岔分以下3种：三开道岔、不对称三开道岔、交分道岔。

① 三开道岔　主线为直线，用同一部位转辙器，将一条轨道分为三条，两侧对称分支，如图2－47所示。

图2－47　三开道岔

② 不对称三开道岔　主线为直线，在不同部位用两组转辙器，将一条轨道分为三条，两侧分支不对称。

③ 交分道岔　可保证车辆由一条线路进入或越过另一条线路。如图2－48所示。

图2－48　交分道岔

（3）其他类型道岔

① 交叉型道岔　两条线路平面相交，形成交叉。根据交角的大小，分为菱形交叉道岔（如图2－49所示）和直角交叉道岔。交叉角小于90°的称为菱形交叉，交叉角等于90°的称为直角交叉。

图 2-49　菱形交叉道岔

② 渡线　连接两条平行或近乎平行线路的线路称为渡线。渡线分单渡线和交叉渡线两种。当两条线路平行时，用两个号码相同的单开道岔，将两组单开道岔的岔尾直接连接，这样的渡线称作单渡线。把两条单渡线重叠起来，即形成交叉渡线，如图 2-50 所示。

图 2-50　交叉渡线

3）按照道岔转换时的控制方式分类

按照道岔转换时的控制方式分类，可以分为单动道岔和双动道岔。扳动一根道岔握柄（手动道岔的操纵元件）或按压一个道岔按钮（电动道岔的操纵元件），仅能使一组道岔转换，则称该道岔为单动道岔。如果能使两组道岔同时或顺序转换，则称为双动道岔。双动道岔有时也称为联动道岔。

4）按照道岔号数分类

道岔辙叉角的余切值叫作道岔号数或辙叉号码。

地铁线路常用的标准道岔有 7 号、9 号、12 号。正线及折返线上统一采用 9 号道岔。为了行车安全平稳，列车过岔速度应有一定的限制，如表 2-1 所示，其中车场内基本为 7

号道岔，其侧向允许通过最高速度为25km/h。

表2-1　道岔侧向允许通过速度

辙叉号	7	9	12
速度/（km/h）	25	30	50

5. 道岔位置不正确对行车安全的影响

道岔操作不当或道岔内部设备出现故障，可造成列车挤岔或掉道的事故。

挤岔即列车顺向经过道岔且道岔位置不正确，列车车轮挤过道岔，使尖轨与基本轨分开。

掉道即列车逆向经过道岔且道岔处于四开状态，车轮一个在直轨上，另一个在曲轨上，由于轨距加大，而造成车轮脱离钢轨事故。

2.3　路基和桥隧建筑物

城市轨道交通线路由路基、桥隧建筑物和轨道三部分组成。路基、桥梁与隧道是轨道的基础，又叫作线路的下部结构。在线路的修建过程中，总是在路基、桥梁和隧道修筑之后才铺设轨道。一般来说，为了减少占地，以及不与其他交通发生干扰，在市区多采用桥梁及隧道的形式来修建；而在郊区，为了减少工程量，降低工程造价，则多采用路基的形式来修建。

2.3.1　路基

路基是城市轨道交通工程的重要组成部分，直接承受轨道和车辆荷载。路基工程作为土工结构物，必须具有足够的强度、稳定性和耐久性。

在线路中心线的设计标高与自然地面标高相差不多的地段，往往通过填土或者挖土的方式来修筑路基。由于填挖方式不一样，路基的基本断面有路堤（如图2-51（a）所示）和路堑（如图2-51（b）所示）两种形式。当铺设轨道的路基面高于天然地面时，路基以填筑方式构建，这种路基称为路堤。当铺设轨道的路基面低于天然地面时，路基以开挖方式构成，这种路基称为路堑。此外还有其他形式的路基。

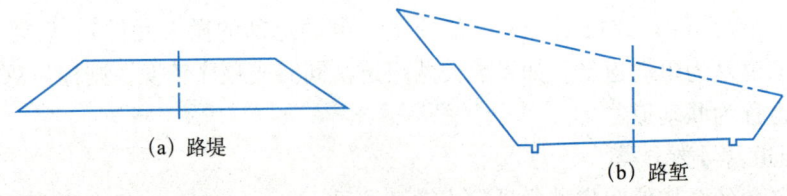

图2-51　路基的形式

在列车运行的作用和自然条件的长期影响下，不可避免地会引起路基土壤的力学性质发生变化，从而容易形成路基病害。路基的常见病害主要有翻浆冒泥、路基冻胀、滑坡和边坡塌方等。

为了避免路基病害的形成，保证路基状态的良好，路基排水以保持路基干燥是首先要解决的问题，尤其是路堑地段，不但要排地表水，还要排地下水；如果因路堤的修建影响了自然地表水的排泄，就需要在路堤之下修建涵洞，引导地表水通过线路，避免地表水在线路一侧汇集成水潭而对路基进行浸泡。另外，加固边坡，避免雨水冲刷造成坡面变形，从而保持路基的坚固和稳定，也是非常重要的。边坡加固的方法主要有种草、喷浆、抹面、砌石和修筑挡土墙等。

2.3.2 桥梁

1. 轨道交通高架桥的特点

桥梁的原始作用是跨越障碍物，使道路得以往前延伸。如今，桥梁除了仍然具备跨越障碍物的功能外，还具有在城市实现立体交通的功能。城市轨道交通的高架桥在改善城市交通的同时也在美化着城市。图 2-52 所示为上海城市轨道交通的某高架桥。

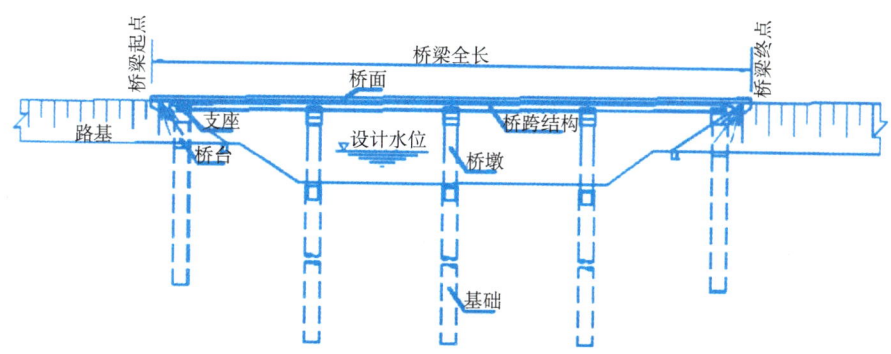

图 2-52 上海城市轨道交通的某高架桥

2. 桥梁的组成

桥梁由桥面、桥跨结构、支座系统、墩台及基础五大部分组成。

桥面是桥梁上铺设的轨道部分。桥跨结构又称为梁，是桥梁承受荷载、跨越障碍的部分。支座系统的作用是支承上部结构并传递荷载于桥梁墩台上，它应保证上部结构在荷载、温度变化或其他因素作用下所预计的位移功能。墩台是支承桥跨结构的部分，有桥墩和桥台两种形式，设于桥梁中部的支座称为桥墩，设于桥梁两端的支座叫作桥台。桥墩与桥台的底部为墩台的基础，基础是保证桥梁安全并将荷载传至地基的结构部分。

3. 墩台的形式

城市轨道交通高架桥的墩台，除具有足够的强度和稳定性以承受荷载外，还需要考虑美观，并与城市环境协调，一般有倒梯形、"T"形、单柱形、双柱形、"Y"形等形式，如图 2-53 所示。

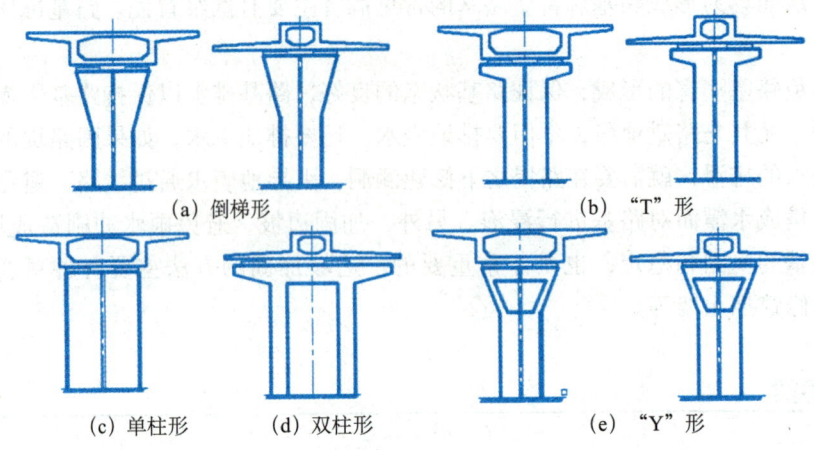

图 2-53 墩台形式

1) 倒梯形

倒梯形墩台如图 2-53（a）所示，其构造简单，施工方便，受力合理，具有较大的强度、刚度和稳定性。对于单箱单室箱梁和脊梁来说，选用倒梯形桥墩在外观和受力上均比较合理。

2) "T"形

"T"形墩台如图 2-53（b）所示，其自重小，节省材料，能减少占地面积，墩身可做成圆柱形、矩形、六角形等，具有较大的强度和刚度，其与上部结构轮廓线过渡平顺，受力合理。

3) 单柱形

单柱形墩台如图 2-53（c）所示，可使梁底宽同墩台横向宽度一致，从而使上下部浑然一体，显得挺拔有力，对墩高的变化适应性极强。其受力合理，材料节省，施工方便。

4) 双柱形

双柱形墩台如图 2-53（d）所示，其体积小，透空空间大，稳定性好，结构轻巧，所适用的上部结构较灵活。

5) "Y"形

"Y"形墩台如图 2-53（e）所示，其与"T"形墩台一样，体积小，占地小，外观简洁，桥下透空大。但其结构相对来说比较复杂，施工也比较麻烦。

与公路桥相比，轨道高架桥跨度比较窄，荷载比较大，多用实体墩。

2.3.3 隧道

1. 城市轨道交通隧道的特点

隧道是线路在翻越山岭时，为了避免开挖深路堑或修建很长的迂回线而常常用于穿越山岭的建筑物。隧道的功能除了穿越山岭，还能穿越江河、湖泊，甚至穿越海峡。而在城市轨道交通中，隧道的作用则是将城市轨道交通线路修建在地下，帮助城市轨道交通实现与其他交通方式的立体交叉。城市轨道交通隧道如图 2-54 所示。

图 2-54 城市轨道交通隧道

在市区修建城市轨道交通常常要开挖地下隧道。虽然修建地下铁道工程巨大、造价昂贵，但是地下铁道对于改善城市交通、树立良好的城市形象所创造的社会价值则更大。

2. 隧道的结构

城市轨道交通隧道包括区间隧道和车站区段隧道。区间隧道是连接相邻车站的建筑物，它在线路的长度与工程量方面均占有较大比重。区间隧道衬砌结构内应具有足够空间，以供车辆通行和铺设轨道、供电线路、通信和信号设施、电缆和消防装置、排水与照明装置。车站隧道结构与站台形式有关。

在双线区段，区间和车站地段隧道的横断面有许多形式，其典型横断面形状示意图如图 2-55 所示。不同的横断面形式对应不同的施工方法。

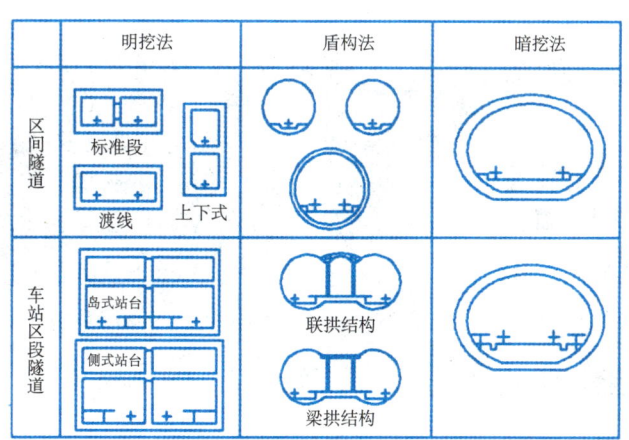

图 2-55 地下隧道典型横断面形状示意图

3. 隧道的施工方法

隧道的施工方法主要有明挖法、盾构法、矿山法和新奥法，盾构法和矿山法属于暗挖法。

1) 明挖法

明挖法是指挖开地面,由上向下开挖土石方至设计标高后,自基底由下向上顺序施工,完成隧道主体结构,最后回填基坑或恢复地面的施工方法。

明挖法是各国地下铁道施工的首选方法,在地面交通和环境允许的地方通常采用明挖法施工。浅埋地铁车站和区间隧道经常采用明挖法,明挖法施工属于深基坑工程技术。由于地铁工程一般位于建筑物密集的城区,因此深基坑工程的主要技术难点在于对基坑四周原状的保护,防止地表沉降,减少对既有建筑物的影响。明挖法的优点是施工技术简单、快速、经济,常被作为首选方案;但其缺点也是明显的,如阻断交通时间较长、噪声与震动对环境的影响等。

明挖法修建的隧道通常采用矩形截面。根据运营需要可做成单跨、双跨或多跨结构,单层、双层或多层结构。明挖法施工程序一般分为4大步:维护结构施工→内部土方开挖→工程结构施工→管线恢复及覆土,如图2-56所示。

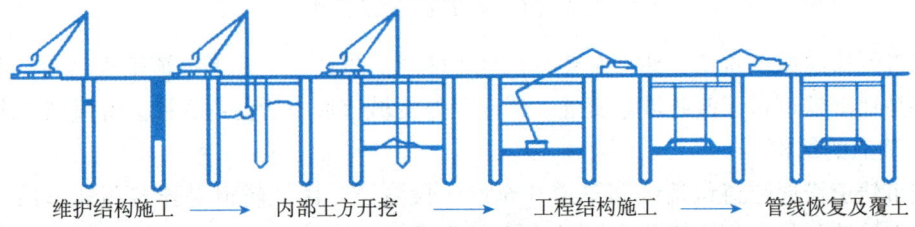

图2-56 明挖法施工程序

2) 盾构法

盾构法是暗挖法的一种形式,它是采用先进的隧道专用开挖工具——盾构机(如图2-57所示)进行开挖的,是目前地下铁道施工常用的一种方法。在松软含水地层或埋深达到10 m或更深时,可以采用盾构法。

图2-57 盾构机

盾构法在日本的最早采用是20世纪40年代,广泛应用则是在60年代。它包括三部分:前部的切口环、中部的支撑环及后部的盾尾。大多数盾构机的形状为圆形,也有椭圆形、半圆形、马蹄形及箱形等其他形式。

盾构施工方法如图2-58所示,由以下几个步骤组成:

① 在置放盾构机的地方打一个垂直井，再用混凝土墙进行加固；
② 将盾构机安装到井底，并装配相应的千斤顶；
③ 用千斤顶之力驱动井底部的盾构机往水平方向前进，形成隧道；
④ 将开挖好的隧道边墙用事先制作好的混凝土衬砌加固，地压较高时可以用浇铸的钢制衬砌代替混凝土衬砌加固。

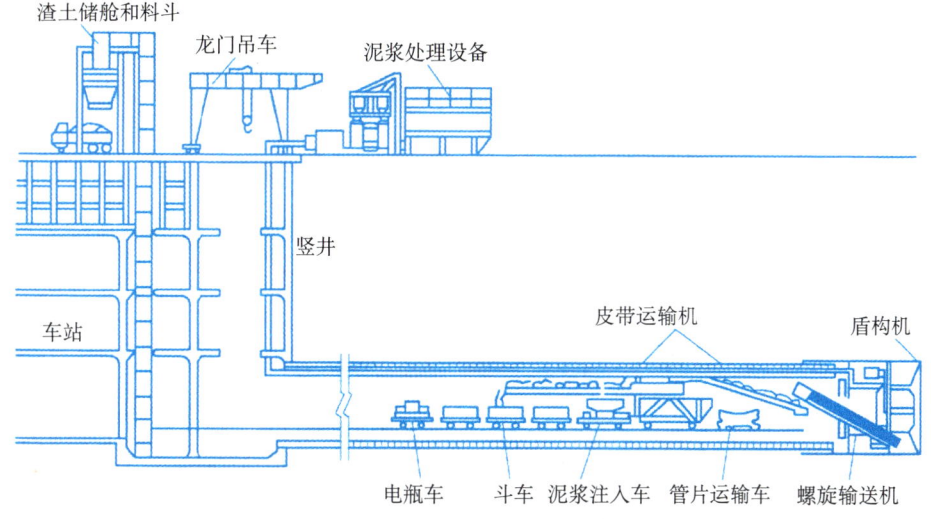

图 2-58 盾构法施工方法

盾构法施工的优点是施工速度快、振动小、噪声低等，且对隧道上方地面的副作用很少；在松软含水地层中及城市地下管线密布、施工条件困难地段，采用盾构法施工，其优点尤为明显。缺点是对断面尺寸多变的区段适应能力差。新型盾构机购置费昂贵，对施工区段短的工程不太经济。

3）矿山法

矿山法是暗挖法的另一种形式，采用矿洞开挖的方式施工，隧道一般采用拱形结构，其基本断面形式为单拱、双拱和多跨连拱。隧道衬砌的作用是加固围岩并与围岩一起组成一个有足够安全度的隧道结构体系，共同承受可能出现的各种荷载，防止地表下沉。

矿山法理论基础是传统力学，其基本假定与实际隧道的工作状态相差甚远，而且在施工过程中需要大量的钢和木材作为临时支撑，工人的劳动强度大，施工环境查，因而近年来已逐渐被新奥法所取代。

4）新奥法

新奥法是充分利用围岩的自承能力和开挖面的空间约束作用，采用锚杆和喷射混凝土为主要支护手段，对围岩进行加固，约束围岩的松弛和变形，并通过对围岩和支护的量测、监控，指导地下工程的设计施工。新奥法是针对埋置深度较浅、松散不稳定的上层和软弱破碎岩层施工而提出来的，如深圳地铁区间隧道大部分采用了新奥法施工。

新奥法的施工工艺可以概括为"管超前、严注浆、短开挖、强支护、快封闭、勤量测"18个字，其工艺流程如图 2-59 所示。

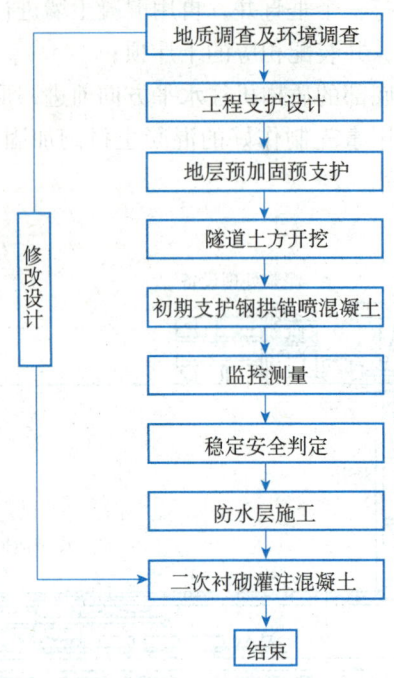

图 2-59 新奥法工艺流程

▶▶▶ 思考与练习 2 ◀◀◀

一、填空题

1. 轨道通常由_____、_____、_____、_____、_____和_____等组成。
2. 按照空间设置分类，线路可以分为_____、_____和_____三种方式。
3. 城市轨道交通线路按照其在运营中的作用不同，主要可以分为_____、_____和_____。
4. 限界由内到外依次为：_____、_____、_____。
5. 单开道岔由_____、_____、_____三部分组成。
6. 道岔的转辙部分由_____、_____、_____组成。连接部分由_____、_____组成，它将转辙部分和辙叉部分连成一组完整的道岔。辙叉部分由_____、_____、_____等组成。

二、名词解释

1. 线路
2. 限界

3. 百米标
4. 竖曲线标
5. 坡度标

三、简答题

1. 城市轨道交通线路由哪几部分组成？各部分有什么作用？
2. 城市轨道交通线路如何分类？
3. 线路平面有哪些构成要素？线路纵断面有哪些构成要素？
4. 什么是限界？限界的种类有哪些？
5. 线路标志有哪些？含义如何？
6. 轨道由哪几部分组成？
7. 轨道联结零件有哪几种？各自的作用如何？
8. 试绘出单开道岔示意图，并在其上标注各组成部分及主要部件的名称。
9. 何谓有害空间？如何消除有害空间？
10. 道岔位置不正确对行车安全有什么影响？

第 3 章　城市轨道交通车站

【本章导学】

车站是城市轨道交通运输工作的基层单位,是供乘客乘降列车的处所,大量的行车、客运设备均设在车站。车站除办理客运业务外,还办理列车到发及调车等行车作业。车站也是地铁内部各工种进行各项作业的汇合点。本章我们来学习城市轨道交通车站的相关知识。

【学习目标】

1. 能说出车站的概念、分类、组成。
2. 了解车站的规模、建筑风格。
3. 能说出换乘站的特点和换乘方式。

3.1　车站概述

3.1.1　车站的概念

车站是城市轨道交通运输工作的基层单位,是供乘客乘降列车的处所。大量的行车、客运设备均设在车站,车站除办理客运业务外,还办理列车到发及调车等行车作业。

3.1.2　车站的分类

1. 按空间位置不同分类

车站按空间位置不同可以分为地下车站、地面车站和高架车站,如图 3-1 所示。

2. 按建筑结构不同分类

车站按建筑结构不同可以分为双跨、三跨、四跨等形式,如图 3-2 所示。

3. 按站台形式不同分类

车站按站台形式不同可分为岛式车站、侧式车站和岛侧混合式车站,如图 3-3 所示。

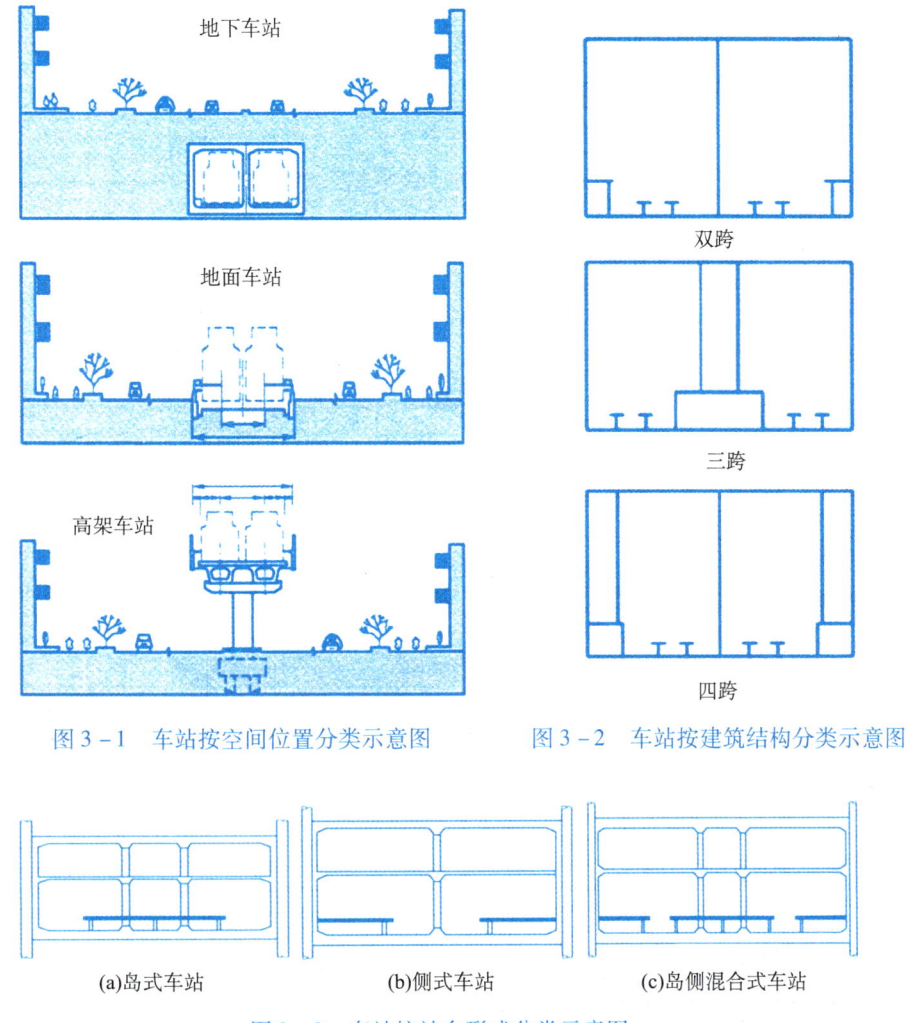

图 3-1　车站按空间位置分类示意图　　图 3-2　车站按建筑结构分类示意图

图 3-3　车站按站台形式分类示意图

1）岛式车站

岛式车站的站台位于上、下行行车线路之间，这种站台布置形式称为岛式站台。岛式车站是常见的一种车站形式，具有站台面积利用率高、能调剂客流、乘客中途改变乘车方向方便、车站管理集中、站台空间宽阔等优点，因此常用于客流量较大的车站。

2）侧式车站

侧式车站的站台位于上、下行行车线路的两侧，这种站台布置形式称为侧式站台。侧式车站站台上、下行乘客可避免相互干扰，正线和站线间不设喇叭口，造价低，改建容易，但是，站台面积利用率低，不可调剂客流，中途改变方向须经过地道或天桥，车站管理分散，站台空间不及岛式宽阔。因此，侧式站台多用于两个方向客流量较均衡（或流量不大）的车站及高架车站。

3) 岛侧混合式车站

岛侧混合式车站将岛式站台及侧式站台设在同一个车站内。岛侧混合式车站主要用于两侧站台换乘或列车折返。岛侧混合式站台可布置成一岛一侧式和一岛两侧式。

4. 按作业性质不同分类

车站按作业性质不同，可以分为中间站、换乘站、区域站、终点站等。

1) 中间站

仅供乘客上、下车之用，功能单一，是城市轨道交通路网中数量最多的基本站型。

2) 换乘站

位于两条及两条以上线路交叉点上的车站。除供乘客乘降之用外，还供乘客由一条线路的列车换乘到另一条线路的列车上去。在设计换乘站时，应尽可能将换乘客流和到发客流分开。

3) 区域站（折返站）

设在两种不同行车密度交界处的车站。站内设有折返线和设备，区域站兼有中间站的功能。

4) 终点站

线路两端的车站，除供乘客上、下车外，还能供列车折返、停留和临时检修用，终点站一般设有停车线。

3.1.3 车站的组成

对城市轨道交通系统来说，车站一般都由车站主体、出入口及通道、通风道及风亭（地下）和其他附属建筑物组成，如图3-4所示。

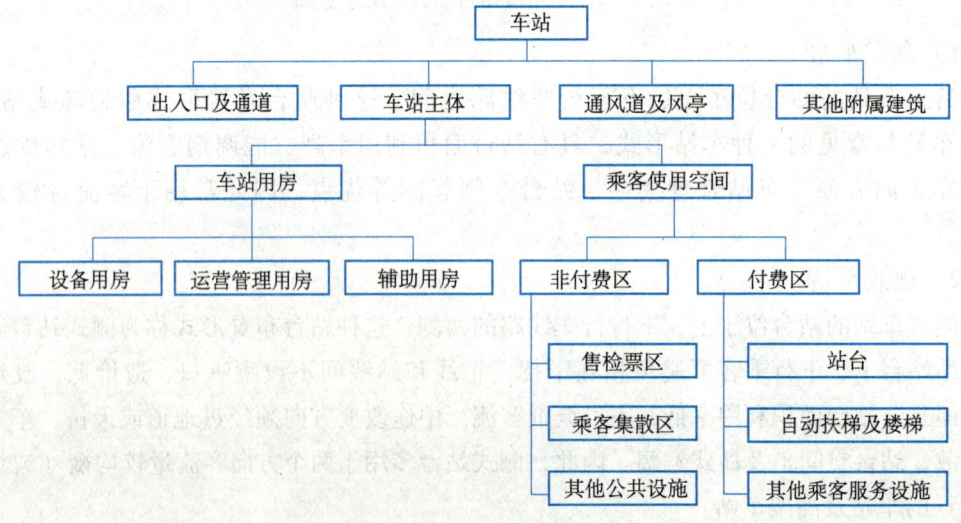

图3-4 车站的构成

车站主体是列车的停车点，它除了要供乘客上下车、集散、候车外，通常也是办理运营业务和设置运营设备的地方。

车站主体根据功能的不同，可分为以下两大部分：乘客使用空间，车站用房。

1. 乘客使用空间

乘客使用空间又可分为非付费区和付费区。

非付费区是乘客购票并正式进入车站前的活动区域，主要为站厅（如图 3 – 5 所示）。它一般应有较宽敞的空间、售检票设备，根据需要还可设银行、公共电话、小卖部等设施。非付费区的最小面积一般可以参照能容纳高峰小时 5 min 内聚集的客流量来推算。

图 3 – 5　站厅

付费区包括站台（如图 3 – 6 所示）、自动扶梯和楼梯、其他乘客服务设施等。它是为乘客提供候车服务的场所。对于一般的城市轨道交通车站来说，通常非付费区的面积应略大于付费区。

图 3 – 6　站台

乘客使用空间是车站设计的重点，设计时要注意人流流线的合理性，以保证乘客方便、快捷地出入车站。

2. 车站用房

车站用房包括设备用房、运营管理用房和辅助用房三部分。

设备用房是为保证列车正常运行、保证车站内环境条件良好和在灾害情况下保障乘客安全所需的用房,主要包括通风与空调用房、变电所、综合控制室、防灾中心、通信机械室、信号机械室、自动售检票室、冷冻站、配电室、公区用房。

运营管理用房是车站运营管理人员使用的办公用房,主要包括站长室、行车值班室、业务室、广播室、会议室和公安保卫室等。

辅助用房是为保证车站内部工作人员正常工作生活所设置的用房,主要包括卫生间、更衣室、休息室、茶水间等。

车站用房应根据运营管理需要设置,在不同车站只配置必要房间,尽可能减少用房面积,以降低车站投资。

3.1.4 车站的建筑风格

地铁出现之初,车站的建筑形态不是地铁涉及的基本内容。在不断的发展过程中,地铁已经逐渐摆脱单一的交通运输功能,艺术价值逐步显现。

以北京地铁车站为例,北京地铁车站建筑及装饰朴素大方、坚固耐用,从形式到色彩变化各有特点,并注意和所在区域的地面建筑相协调。车站建筑与装修,主要运用吊顶、灯具的形式变换柱形和饰面材料、颜色,或采用重点装饰等艺术处理手法,将我国传统的建筑思想与现代建筑工艺融为一体,形成北京地铁独特的建筑风格。近年来车站建筑秉承"记忆历史文脉,彰显城市文化,突出地域标志"的理念,将北京古老的城市文化融入车站的建筑风格中。

进入5号线雍和宫站,可以看到立柱全部采用正红色,护栏全部采用汉白玉雕花制成。雕花护栏在错层之间一字排开,图案包括龙、牡丹等中国传统图案,透着一种藏传佛教的神秘和庄重之美,与雍和宫的风格保持一致。图3-7所示为5号线雍和宫站。

图3-7 5号线雍和宫站

10号线北土城站，被誉为"最美青花瓷地铁站"，这里采用了体现中国文化的青花瓷图案作为装饰图案。屏蔽门上印满了中国古典元素的图案，白色吊顶则是仿中国古代藻井的形状。这里一曲一折，别样风韵；青白两色，暗藏乾坤。所有的图案都是寥寥几笔，却能勾勒天地，只一寸天地，却能胸怀天下。图3-8所示为10号线北土城站。

图3-8　10号线北土城站

6号线南锣鼓巷站，位于北京市保存最完整的四合院区，站内设计风格突出体现老北京民居特色与风俗文化。站内装饰仿照四合院的灰砖、檩条、砖雕等元素。内部装修是以灰色为主基调的北京传统民居胡同造型。站厅、站台墙壁装饰有以"城市记忆""时光绘印""南锣印象""北京·记忆"为题材的公共艺术设计作品。图3-9所示为6号线南锣鼓巷站。

图3-9　6号线南锣鼓巷站

4号线圆明园站，装修风格体现紧邻的圆明园遗址公园地区特色，站厅北侧墙壁上装饰圆明园内大水法遗迹的石材浮雕，浮雕上标注有圆明园历史上建园、烧园、毁园三个纪年,以及圆明园四十景。图3-10所示为4号线圆明园站。

图3-10 4号线圆明园站

城市轨道交通作为时代进步的产物,是在城市发展到一定阶段后产生的。在某种意义上,作为城市发展的标志和城市文明的象征,城市轨道交通逐步成为城市形象的名片。城市轨道交通车站建筑多设于城市交通便利之处,人流量大,位置明显,其建筑造型直接影响城市外部空间。因此,车站建筑是城市轨道交通与城市外部空间直接或间接产生互动的"媒介点",是推进周边地区体系发展的催化剂。

3.1.5 车站的设计

1. 车站设计原则

1) 站址选择

站址的选择应满足轨道线路设计及运营的要求,并且同时考虑城市公共交通组织和城市规划的要求。因此,需要轨道交通的主管部门、城建管理部门及设计部门相互协调,使站间距适宜。

在整个城市轨道交通系统中,地下铁道的车站土建投资所占的比重较大,同时又是客流汇集场所,要求具有良好的通风、照明和卫生设施,所以要合理设计好车站。

2) 车站规模

车站规模指车站外形尺寸大小、层数和站房面积多少,它直接决定着车站的外形尺寸及整个车站的建筑面积等。决定车站规模的主要因素是客流量,根据预测出的近期和远期客流量,来估算车站乘客的集散量和设备容量。

我国城市轨道交通车站的设计规模,通常按照该站远期的超高峰小时客流量来确定,超高峰小时客流量一般取高峰小时客流量的1.2~1.4倍。一般车站在高峰期1 h内,集中了全日乘降人数的10%~15%,但由于车站所在区域的不同,如居民区、商业区等,其乘降人数的集中程度也不相同,所以在规划时要充分做好预测工作,并考虑轨道交通启用后客流分布所发生的变化。

3）车站布置

车站布置要方便乘客使用，并且要有良好的通风、照明、卫生、防火等设备条件，以为乘客提供安全和舒适的乘降环境。

4）建筑设计

地面、高架和地下车站所处的位置不同，其建筑设计应各具特色，因地制宜地考虑建筑风格，力求与城市景观相协调。在设计时，应力求规范化和标准化，充分采用新技术、新工艺和新材料。

2. 地下车站设计

1）车站位置

城市轨道交通地下车站的位置选择主要考虑客流因素，其具体位置一般有以下三种形式。

（1）跨路口站位

跨路口站位如图3-11所示，它便于各个方向的乘客进入车站，减少了路口人流与车流的交叉干扰，而且与地面公交线路有良好衔接，在有条件时应优先选用。

（2）偏路口站位

偏路口站位如图3-12所示，站位位于偏路口一侧设置，施工时可减少对城市地面交通及对地下管线的影响，高架时较容易与城市景观相协调。

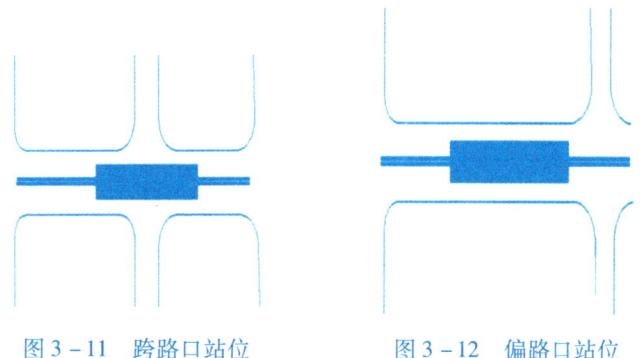

图3-11　跨路口站位　　　　图3-12　偏路口站位

偏路口站位的缺点是：路口客流较大时，容易使车站两端客流不均衡，影响车站的使用功能，一般在高架线或路口施工难度较大时采用。

（3）位于道路红线以外站位

典型的有设于火车站站前广场或站房下，以利客流换乘；与城市其他建筑同步实施，和新开发建筑物相结合；结合城市交通规划，建设城市综合交通枢纽等。

2）出入口

地面出入口是地下车站的门户，是客流集散的第一通道。

（1）设计原则

尽量设于地面交通车站、停车场附近，形成较佳的换乘组合；尽量与地面建筑物结合，可设在地面建筑物内，也可独立设置，但需与周围景观协调，通常可设在人行道、街心公园、绿化带中。当然，最重要的一点是要保证高峰时段客流通畅，乘客进出方便。

（2）设计要素

地面出入口必须满足高峰时段客流集散的要求，保证人流的有效流动。为此，根据《地铁设计规范》（GB 50157—2013）的规定，一个车站出入口通道总数不得少于两个。

出入口布置方式通常有"T"形、"一"字形、"L"形，如图 3 – 13 所示。

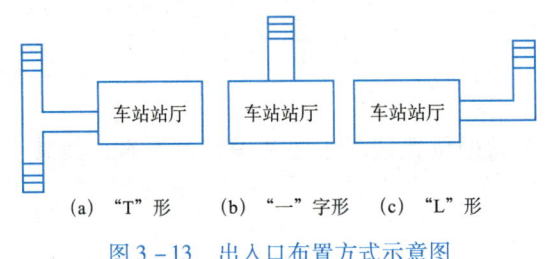

图 3 – 13　出入口布置方式示意图

地下车站的出入口通道还可以兼作人行过街设施，如图 3 – 14 所示。

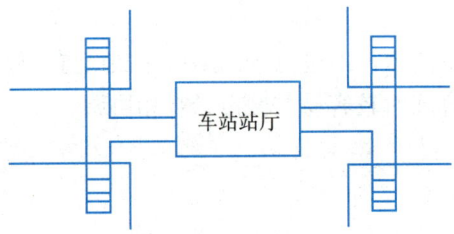

图 3 – 14　出入口兼作过街设施布置示意图

3）站厅

为了不占用地面空间，地下车站的站厅一般设在地下一层，其主要功能是集散客流、售检票、布置管理和设备用房。

（1）布置方式

① 分别在两端布置　站厅分为两个，分别布置在站台两端上层，如图 3 – 15 所示。

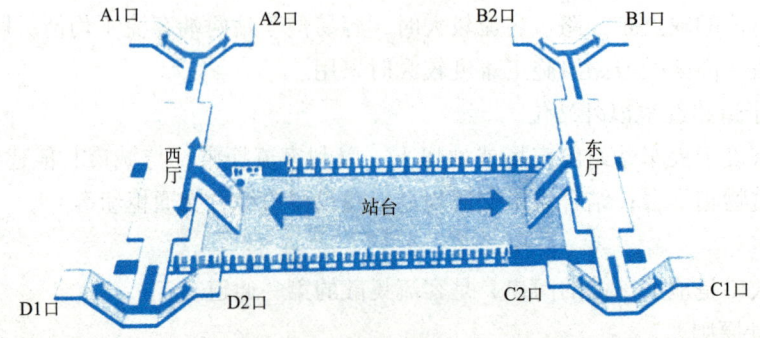

图 3 – 15　站厅在站台两端布置方式示意图

② 集中在中间布置　站厅集中布置在站台上层，如图 3 – 16 所示。

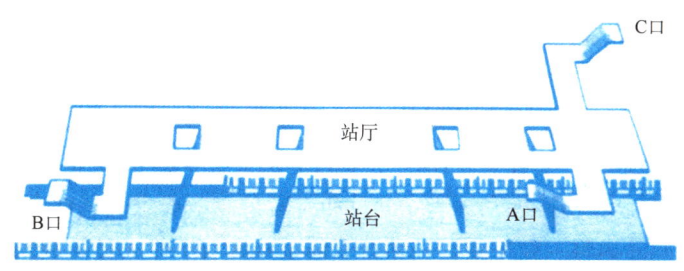

图 3-16　集中布置站厅示意图

（2）设计要素

① 足够的面积　须充分满足列车同时到达、乘客密集到发时客流移动、集散、售检票的需求，同时在条件允许的情况下提供服务面积。

② 良好的照明与环控　尽量接近地面环境的指标。

③ 便捷的与地面出入口联系方式　选择坡道、楼梯、自动扶梯等方式。

④ 特殊的装饰　车站所在地特色的主要表现，可采用适当的壁画、雕塑、广告等来表现。

4）站台

地下车站的站台一般设在地下二层，具有供列车停靠、乘客乘降的功能。

（1）站台类型

① 岛式站台　站台位于上下行两条线路之间。

② 侧式站台　站台分别位于线路两侧。

③ 混合式站台　岛式站台与侧式站台的组合。

各种站台形式如图 3-17 所示。

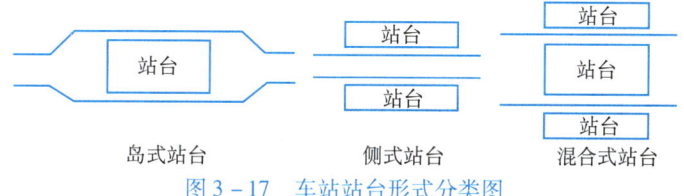

图 3-17　车站站台形式分类图

（2）站台长度

站台长度由列车长度决定，列车长度则是车辆长度与编组辆数的乘积。站台长度需要在列车长度的基础上预留 4 m 左右。地下站台一旦建成，基本上不可能延长改建，因此，在预测确定远期客流量后，需充分考虑足够的列车编组，来保证较大的运输能力。城市轨道交通列车运行的间隔较短、速度较快、机动性要求较高，因此，列车的编组辆数不可能很大，需确定一个合理的编组数。

（3）站台宽度

站台宽度应满足高峰时段客流候车、集散的需求。站台总宽度由站台乘降区计算宽度、柱宽、楼梯宽度及自动扶梯宽度组成。为了保证车站安全运营和安全疏散的基本要求，《地铁设计规范》中也规定了车站站台的最小宽度尺寸，岛式站台最小宽度为 8 m，侧式站台最小宽度为 2.5~3.5 m。

（4）站台高度

站台高度是指站台到轨顶面的高度，与车型有关。站台平面应与车辆车厢内地板尽量保持在同一水平面,称为高站台。城市轨道交通由于客流量大、车站停车时间短,因此适宜采用高站台形式。

5) 楼梯及通道设计

车站内的楼梯及通道,要在满足防灾要求的基础上,根据客流量来计算并确定其宽度。车站内所有人行楼梯、自动扶梯和通道宽度总和应满足以下要求:远期高峰小时设计客流量在紧急情况下,6 min 内将一列车乘客和站台上候车乘客及工作人员疏散到安全地区。

6) 车站辅助用房

① 运营用房　值班室、广播室、售票室和车站控制室等。

② 服务用房　工作人员休息室、厕所、盥洗室、茶炉室和储存室。

③ 电力用房　降压变电所、牵引变电所、照明配电室等。

④ 技术用房　通信、信号设备用房,环控与通风机房,蓄电池室,化学灭火间,消防水泵房,废水及污水泵房,防灾控制室,等等。

各种车站用房按其功能需要合理配置。

7) 风亭、风道及其他附建物

风亭、风道及其他附建物是为了满足地下车站通风要求而设置的。风亭、风道的面积取决于当地气候条件、环控通风方式和车站客流量等因素,由环控专业计算确定。风亭的位置应根据周边环境及城市规划要求进行合理布置。

此外,在地下车站还有照明、防灾、售检票系统、无障碍设施等很多设备设施,其设计及功能在其他章节中将涉及,在此不赘述。

3. 高架车站设计

1) 设置方案

① 方案 1　地面出入口,高架站厅,高架站台。

② 方案 2　地面出入口,地面站厅,高架站台。

主要选择依据:地面占地可能性条件、高架结构设置条件、投资条件和施工条件。

2) 设置位置

高架车站的设置位置主要有两种:

① 如图 3-18 的 A 位置所示,高架车站设在道路中部上空。该方案乘客上下车、过街比较方便,对街道景观影响较小,对环境比较有利,因此在高架车站中采用较多。但是这种方式占用道路面积,施工建设时对道路影响大。

② 如图 3-18 的 B 位置所示,高架车站设在人行道或慢行道上空,对一侧建筑物干扰小,但对另一侧建筑物干扰大,适用于道路两侧环境要求不一样的地区。

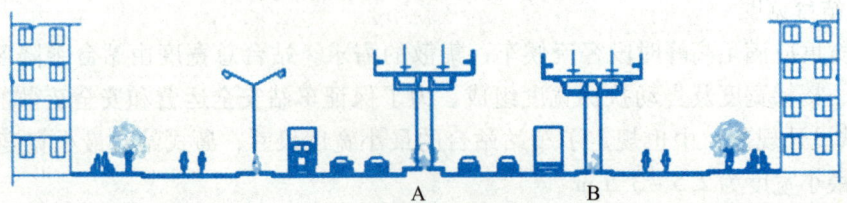

图 3-18　高架车站设置位置示意图

3）车站形式

高架车站主要是根据所在位置和设置的站房来确定车站形式，与采用的线路铺设方式有较大关系。高架车站也主要可分为岛式和侧式两种形式。岛式车站中，双向客流可以同站台乘降，站台利用率较高，但线路结构复杂，站台宽度也较侧式站台的任一侧要求要宽，从而需要较多的、集中的空间，可能造成地面土地利用的困难。在实际中，高架车站较多地采用侧式站台形式，以尽可能减少车站宽度，降低车站造价。

图 3-19 所示为某一设置在道路中间的高架车站示意图。

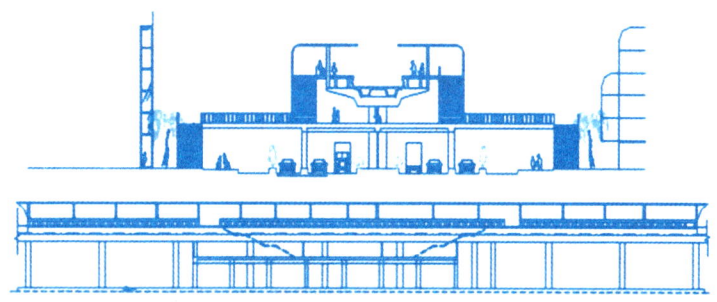

图 3-19　设置在道路中间的高架车站形式示意图

4. 地面车站设计

当城市轨道交通线路在市区边缘或郊区时，由于地面交通量不大，为降低成本，可以考虑将城市轨道交通车站设置在地面。

地面形式的城市轨道交通线路，主要是基于既有的街道，设计相对简单，重点是处理与道路交通的关系和先行权的问题。

地面车站设计的重点，是要考虑乘客及行人穿越道路时的干扰及安全问题。地面车站一般分为单层、双层或结合周围环境进行开发的多层车站。其形式主要根据功能要求和环境特点确定。

地面车站首先要解决好乘客进出车站的流线。在此基础上，应尽可能简洁，缩小站房面积，降低车站造价。图 3-20 所示是一个轨道交通地面车站的示例。

图 3-20　轨道交通地面车站示例

3.2 换乘站

3.2.1 换乘站的特点

换乘站位于两条及两条以上线路的交叉点上，是城市轨道交通线路网最重要的节点，在城市轨道交通线网中具有重要作用。它关系到城市轨道交通系统的吸引力，也影响着对乘客的服务水平，因此换乘通道长度不宜过长。

换乘站中客流较为复杂，包括进站客流、出站客流和换乘客流。因此，换乘站应当尽量缩短换乘距离；换乘路线要明确、简捷，尽量方便乘客；换乘客流宜与进、出站客流分开，避免相互交叉干扰。

换乘站结构一般比较复杂，而且一般不是一次建成的。因此，换乘设施的设置应满足换乘客流量的需要，且需留有扩、改建余地；应周密考虑换乘方式和换乘形式，合理确定换乘通道及预留口位置；同时，应尽可能降低工程造价。

3.2.2 换乘方式

根据乘客换乘的客流组织方式，可将车站换乘方式分为同站台换乘、结点换乘、站厅换乘、通道换乘、站外换乘和组合换乘。

1. 同站台换乘

同站台换乘是指两条不同线路的站线分设在同一站台的两侧，乘客可在同一站台由甲线换乘乙线。这种换乘方式使客流在同一站台即可实现换乘，乘客只要走到车站站台的另一边就可以换乘另一条线路的列车。对乘客来说，这当然是最佳方案，尤其是在客流很大的时候，但这种车站往往要花费较大的工程投资。由于这种换乘要求两条线具有足够长的重合段，近期需要把车站预留线及区间交叉预留处理好，工程量大，线路交叉复杂，施工难度大。因此，尽量选用在建设期相近或同步建设的两条线路的换乘站上。这种换乘方式的缺点是，只能实现部分方向的换乘，有些方向的换乘还要借助其他设备（如楼梯等）。

同站台换乘的布局可以设置成如图 3-21 所示的形式。

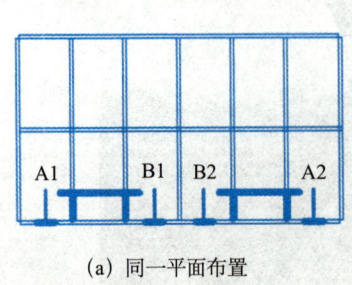

(a) 同一平面布置

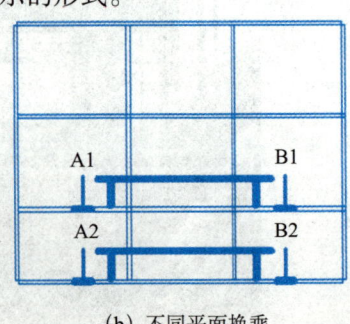

(b) 不同平面换乘

图 3-21　同站台换乘车站形式

2. 结点换乘

结点换乘是指在两线交叉处，将两线重叠部分的结构做成整体的结点，并采用楼梯（或自动扶梯）将两座车站站台连通，乘客通过该楼梯（或自动扶梯）进行换乘，换乘高度一般为 5~6 m。

结点换乘方式根据两站的站台型式不同，有多种组合形式。以"十"字形换乘为例，常用的换乘站类型如图 3-22 所示。

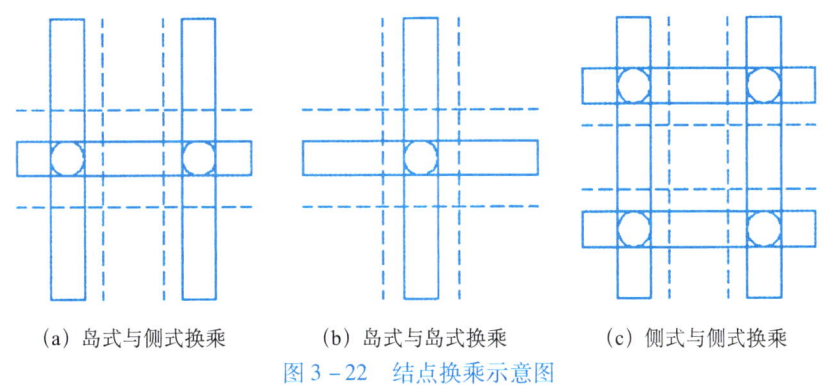

(a) 岛式与侧式换乘　　　　(b) 岛式与岛式换乘　　　　(c) 侧式与侧式换乘

图 3-22　结点换乘示意图

结点换乘方式的优点是换乘走行距离短，缺点是结点换乘站的换乘能力较小。在两个岛式站台之间采用这种换乘方式一般较为困难，因为楼梯宽度往往受岛式站台总宽度的限制，其通行能力难以满足换乘客流需求。结点换乘方式设计的关键是要注意上下楼的客流组织，避免进、出站客流与换乘客流的交叉紊乱。

3. 站厅换乘

站厅换乘是指乘客由一个车站的站台通过楼梯或自动扶梯经由另一个车站的站厅或两站的共同站厅到达另一车站站台的换乘方式。在站厅换乘方式下，乘客下车后，无论是出站还是换乘，都必须经过站厅，再根据导向标志出站或进入另一站台继续乘车。由于下车客流只朝一个方向流动，减少站台上的人流交织，乘客行进速度快，在站台上滞留时间减少，可避免站台拥挤，同时又可减少楼梯等升降设备的总数量，增加站台有效面积，有利于控制站台宽度规模。

站厅换乘一般用于相交车站的换乘，它的换乘距离比站台换乘要长。在很多情况下，乘客在垂直方向上要往返走行，带来一定的高度损失。

站厅换乘方式的关键在于楼梯宽度往往因受岛式站台总宽度的限制，使其通行能力不能满足换乘客流的需要，使该方式的适用范围受到限制。此方式一般适用侧式站台间换乘，或与其他换乘方式组合应用，可以达到较佳效果。

4. 通道换乘

在两线交叉处，车站结构完全分开，当车站站台相距稍远或受地形限制不能直接通过站厅进行换乘时，可以考虑在两个车站之间设置单独的连接通道和楼梯，供乘客换乘，这种换乘方式称为通道换乘。

连接通道一般设于两站站厅之间，也可以从站台上直接设置。通道换乘的布置较为灵活，对两线交角及车站位置有较大的适应性，预留工程少，甚至可以不预留，容许预留线位置将来可以少许移动。通道宽度按换乘客流量的需要设计。这种换乘方式最有利于两条线分期实施，预留工程最少，后期线路位置调整的灵活性大。

在下列两种情况下常采用通道换乘：

① 当两条轨道交通线路在区间相交时，构成 L 形，两线上的轨道交通车站均应靠近交叉点设置，并用专用的人行通道相连接，如图 3-23（a）所示；

② 当一条线路的区间与另一条线路的车站 T 形交叉时，可采用通道换乘的方式，如图 3-23（b）所示。

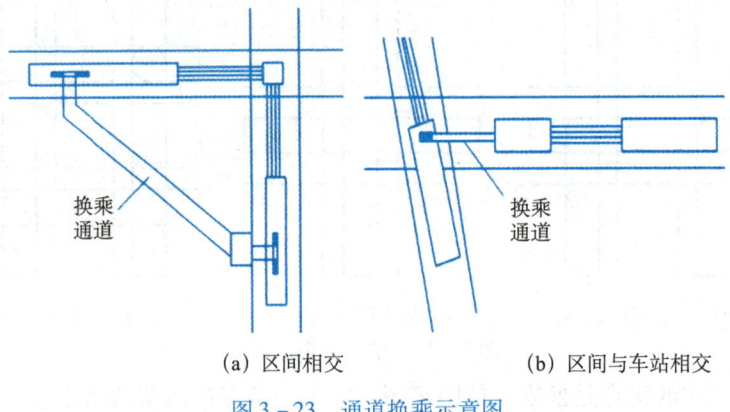

(a) 区间相交　　　　(b) 区间与车站相交

图 3-23　通道换乘示意图

5. 站外换乘

站外换乘是乘客在车站付费区以外进行换乘，实际上是没有专用换乘设施的换乘方式。它在下列情况可能会出现：

① 高架线与地下线之间的换乘，因条件所迫，不能采用付费区内换乘的方式；

② 两线交叉处无车站或两车站相距较远；

③ 规划不周，已建线未做换乘预留，增建换乘设施十分困难。

采用站外换乘方式，往往是缺乏轨道交通线网规划而造成的后遗症。由于乘客需要增加一次进出站手续，步行距离长，再加上在站外与其他人流混合，因而显得很不方便。对轨道交通自身而言，是一种系统性缺陷。因此，站外换乘方式在路网规划中应尽量避免。

6. 组合换乘

在换乘方式的实际应用中，若单独采用某种换乘方式不能奏效时，则可采用两种或多种换乘方式组合，以达到完善换乘条件、方便乘客使用、降低工程造价的目的。

例如，同站台换乘方式辅之以站厅或通道换乘方式，使所有的换乘方向都能换乘；结点换乘方式辅以通道换乘方式，可以减少预留工程量；等等。这些组合的目的，是力求车站换乘功能更强，既保证具有足够的换乘能力，又使得工程实施及乘客使用方便。

3.3　车站线路

3.3.1　车站配线

车站应设有正线，根据车站作业的需要还可能配置有各种用途的线路。

一般来说，中间站只设置上下行正线；终点站和折返站，应设置折返线或渡线，它的折返能力应与该区段的通过能力相匹配。当两折返站相距过远时，宜在沿线每隔 3~5 个车站在站端加设存车线。

以下选择北京地铁 13 号线（见图 3-24）的沿线车站来分析车站配线形式。

图 3-24　北京地铁 13 号线沿线运营车站

如图 3-25 所示，大钟寺站、五道口站、西二旗站、芍药居站、柳芳站作为功能单一的中间站，只设置上下行正线。西直门站、东直门站作为终点站，设置了折返线。霍营站与车场相连，通常会在此站安排区间车，所以设置了较复杂的折返线和车场连接线。此外，知春路站、回龙观站、立水桥站、望京西站也根据需要设置了渡线。

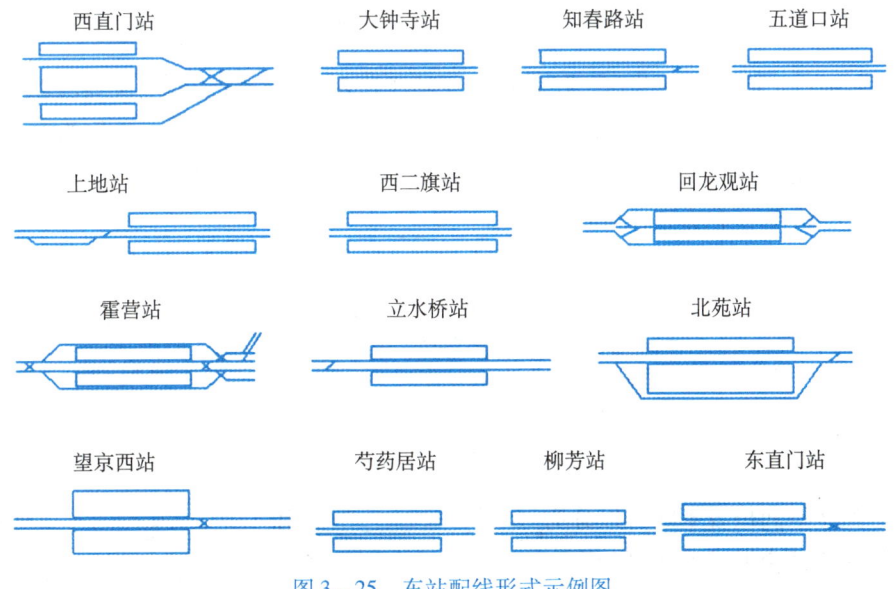

图 3-25　车站配线形式示例图

3.3.2　道岔及线路编号

为了便于车站作业的联系和对设备的维修管理，应对道岔和线路进行编号。同一车站内的道岔和线路不得有相同的编号。

1. 道岔编号原则

从列车到达方向起，由正线开始顺序编号，上行为双号，下行为单号；尽头式线路，向线路终点方向顺序编号；对称式的折返线，以上行列车到达方向为主顺序编为双号，另一侧编为单号，其号码与上行一侧相对应。

2. 线路编号原则

从车站正线起顺序编号，上行为双号，下行为单号；到发线设在正线之间者，其编号由运营公司确定，但编号应大于正线；折返线靠近上行正线者为双号，靠近下行正线者为单号，但编号应大于到发线。

道岔和线路编号示例如图 3-26 所示。

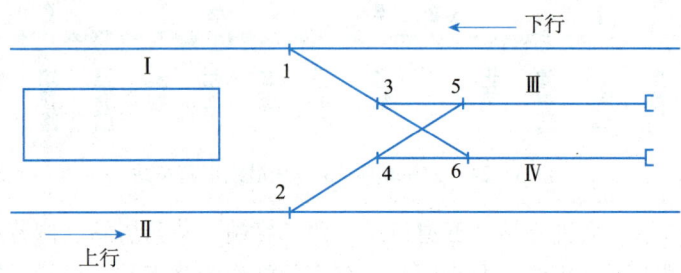

图 3-26　道岔和线路编号

3.3.3 站界

为了保证行车的安全和分清工作责任，车站线路和它两端所衔接的区间线路应有明确的界限，通常称为"站界"。在单线线路上，以进站信号机机柱的中心线作为车站与区间的分界线；在双线线路上，以车站同方向的进站信号机（或进站处的分界标）、出站信号机机柱的中心线作为车站与区间的分界线。

▶▶▶ 思考与练习3 ◀◀◀

一、填空题

1. 车站按空间位置不同可以分为_____、_____和_____。
2. 车站按站台形式不同可分为_____、_____和_____。
3. 车站按作业性质不同，可以分为_____、_____、_____、和_____。
4. 车站一般都由_____、_____、_____和其他附属建筑物组成。
5. 根据乘客换乘的客流组织方式，可将车站换乘方式分为_____、_____、_____、_____、_____和_____。

二、名词解释

1. 同站台换乘
2. 结点换乘
3. 站厅换乘

4. 通道换乘

5. 站外换乘

三、简答题

1. 城市轨道交通车站有哪些功能？
2. 车站按照空间位置、站台形式和车站作业性质如何分类？
3. 车站由哪些组成部分？
4. 车站的设计原则是什么？
5. 地下车站包含哪些部分？设计要素有哪些？
6. 城市轨道交通换乘车站有什么特点？换乘方式有哪些？
7. 城市轨道交通车站的道岔和线路如何编号？

第 4 章　城市轨道交通车站机电设备

【本章导学】

城市轨道交通是城市交通系统的重要组成部分，它担负着运送大量客流的任务。保证乘客迅速、安全、舒适地乘坐城市轨道交通，离不开安全门系统、电扶梯系统、自动售检票系统、通风空调系统、给排水系统、车站消防系统等车站机电设备的高效正常运转。本章重点介绍城市轨道交通机电设备的功能、组成及设计原则等。

【学习目标】

1. 掌握安全门系统结构组成及作用。
2. 掌握安全门系统的三级五种控制方式
3. 掌握电扶梯系统的构成、工作原理。
4. 掌握自动售检票系统的构成及终端设备的结构
5. 掌握通风空调系统的功能、工作原理和主要设备。
6. 掌握车站给排水系统的组成和功能以及主要设备的使用方法。
7. 掌握火灾自动报警系统的组成、功能和控制模式。
8. 掌握气体灭火系统常用灭火介质、气体灭火系统的工作原理。

4.1　车站机电设备概述

机电设备就是包含有电与其他能量相互转换的电气和机械设备的总称。城市轨道交通的机电设备包含在各个系统中，如供电、车辆、信号、通信系统中的很多设备，都属于机电设备。本章着重介绍其他系统中未涉及的车站机电设备，包括安全门系统、电扶梯系统、自动售检票系统、通风空调系统、给排水系统、消防系统等。

4.1.1　车站机电设备的作用

1. 环境控制

城市轨道交通因其相当多的线路与车站设施埋在地下，形成了相对封闭的空间环境。同时，由于城市轨道交通系统列车运行频率高，客流量大，地下设备运转频率高，环境质量容易变差，如温度、湿度上升，空气混浊等，导致乘客不适，设备受到侵蚀。因此，必须配备高标准的环境控制设备来保证车站和车厢的环境质量。有些机电设备就是为了环境控制而设置的，如通风空调系统、给排水系统、安全门系统等。

2. 运送乘客

城市轨道交通是城市交通系统的重要组成部分，它担负着运送大量客流的任务。将地面上需要乘坐城市轨道交通列车的乘客迅速、安全、舒适地送入地下站台或高架站台，以及将地下站台或高架站台下车的乘客送到地面，需要依赖电扶梯系统。

3. 自动售检票

为适应城市轨道交通运营管理部门自动化管理的需要，实现自动售票、自动检票、自动收费、自动统计等功能，还应设置自动售检票系统。

4.1.2 车站机电设备的特点

1. 设备种类繁多

车站的机电设备包括安全门系统、电扶梯系统、自动售检票系统、通风空调系统、给排水系统、消防系统等多种设备，设备繁多、复杂，涉及很多专业，因此其管理与维修也较为复杂。

2. 长时间高效运行

乘客对城市轨道交通系统的要求，不仅要高效、快捷、安全，而且还要舒适性好，这就对机电系统提出了较高的要求。为维持列车运行、乘客候车和乘车的良好环境，机电设备需要长时间高效运行，因而对机电设备本身的质量也提出了较高的要求。

3. 能耗大

机电设备中的通风空调系统、电扶梯系统等都是城市轨道交通设备中的能耗大户。城市轨道交通系统应在满足设备及人员安全和舒适性要求的前提下，控制运营成本，降低能耗。

4. 需要完善的监控系统

车站机电设备种类繁多，需要长时间高效运行，设备一旦出现问题，就会给运营带来较大的影响。因此，应建立完善的监控系统，监控机电设备的运行状况。

4.2 安全门系统

4.2.1 安全门系统的功能

安全门系统是现代化城市轨道交通工程的必备设施，它安装于站台边缘，将轨道与站台候车区隔离，并设有与列车门相对应、可多级控制开启与关闭的滑动门，因此也称为站台屏蔽门。

安全门系统的主要功能如下。

1. 保护乘客的安全

防止乘客跌落或跳下轨道而发生危险,让乘客安全、舒适地乘坐城市轨道交通出行,列车也可在较安全的环境下行驶,减少驾驶员的不安全感。

2. 改善站台候车环境

安全门能使站台乘客及员工与通过列车之间保持安全距离,降低列车进站或通过站台时所造成风压,减少噪声,隔音效果较佳,能在一定程度上防止列车将地面的灰尘、纸张等杂物带入站台,让乘客有一个较为舒服的候车环境。

3. 增加车站空调及广播利用率

安全门有效阻隔了站台候车侧与道旁侧,使站内的空气无法经站台外流至轨道侧,增加了整个站内空调系统的利用率。同时,由于安全门有较好的隔音效果,能有效增进站内广播系统功能。

4. 减缓火灾影响

站台侧或轨道侧发生火灾时,屏蔽门可隔绝火势及浓烟由轨道侵入站台或由站台延烧至道旁,且可延长其两侧相互影响时间,以增加乘客的疏散时间。

5. 广告宣传效果

安全门的门体是使用不锈钢管材焊接的框架粘接钢化玻璃制成的,安全门的玻璃明亮,具有精致时尚的外观造型,乘客透过钢化玻璃可以欣赏隧道内的广告灯箱,因而具有广告宣传效果。

4.2.2 安全门系统的分类

安全门系统从封闭形式上可分为全封闭式和开放式两种类型。全封闭式安全门又称屏蔽门,开放式安全门又分为全高和半高两种形式。

1. 全封闭式安全门

全封闭式安全门是一道自上而下的玻璃隔离墙和活动门,门体顶箱上部与站厅顶面之间由支撑结构和盖板密封,沿着车站站台边缘和两端头设置,能把站台候车区与列车进站停靠区完全隔离,如图4-1所示。这种全封闭式安全门系统既可以保证乘客

图4-1 全封闭式安全门

的安全，还可以隔断区间隧道内气流与车站内空调环境之间的冷热气流的交换，所以要求其气密性良好，这样才能使车站与区间的热交换降低到最低程度，达到节能的目的。

2. 开放式安全门

1）全高式安全门

与全封闭式安全门相比，两者结构形式基本相同，只是全高式安全门的门体顶部距离站厅顶面之间有一段不封闭空间，门体下部可以根据需要设置通风口，除了不能实现站台与轨道区间的密封隔离以外，全高式安全门与全封闭式安全门具有相同的优点，可以较容易地升级为全封闭式安全门系统。不具有密封性能的全高式安全门，总体高度为 2 050 mm，如图 4-2 所示。

图 4-2 全高式安全门

2）半高式安全门

主要安装于地面或高架车站，门体结构不超过人体高度，不具有密封性能，其总体高度一般为 1 200～1 500 mm，用于实现人车之间的隔离，如图 4-3 所示。

图 4-3 半高式安全门

4.2.3 安全门系统的设计原则

安全门设计原则如下：

① 满足所在地区的温度、湿度及地震烈度的工作环境；

② 满足列车行车要求，符合各种运营模式；方便乘客上下车；故障或灾害运营时能安全疏散乘客；

③ 门体具有足够的机械强度和刚度，能承受乘客对门体的挤压和冲击，及列车活塞风等作用；

④ 滑动门的开、关频率满足列车最小行车间隔的要求，有每年连续 365 天运行的能力；

⑤ 具有良好的接地和绝缘；

⑥ 无故障使用次数不低于 100 万次，系统使用寿命不低于 30 年；

⑦ 具有可靠性、可维护性、可用性和可扩展性，并遵循模块化和冗余设计的原则；

⑧ 原则上设置在车站有效站台长度范围内，以有效站台中心线为中心向站台两端对称布置。

提示：城市轨道交通车站需要面对大客流，安全门最大运行强度至少每 2 min 开闭 1 次，年开闭次数不少于 22 万次，每天连续运行 20 h，每年连续运行 365 d。

4.2.4 安全门系统的组成

安全门系统由机械和电气两部分构成，机械部分包括门体结构、门机系统，电气部分包括电源系统、控制系统。

1. 门体结构

安全门门体是车站站台公共区与列车轨行区的隔离屏障，门体结构主要由滑动门、固定门、应急门、端门和承重结构、门槛、顶箱等组成，如图 4-4 所示。

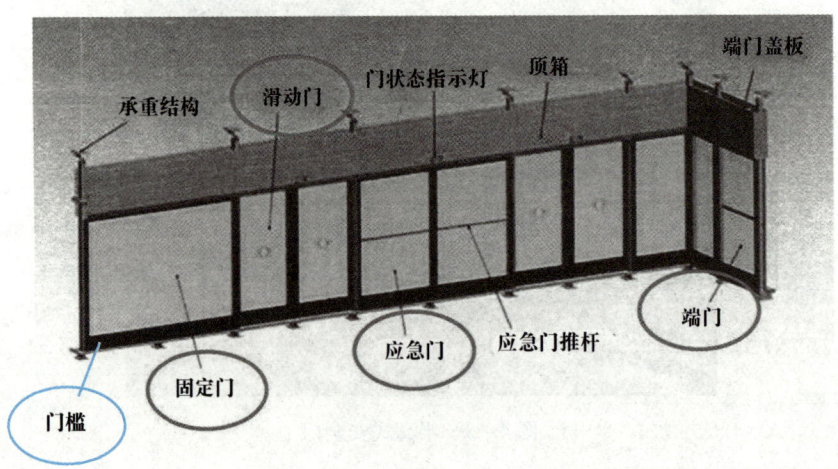

图 4-4 门体结构

1）滑动门（ASD）

滑动门在正常运行时是乘客上下车的通道，也是列车在车站、隧道内发生火灾或故障时乘客的疏散通道。

滑动门在轨道侧设有开门把手，当系统级控制和站台级控制失败时，乘客可从轨道侧用开门把手将门打开。滑动门在站台侧设钥匙孔，站台工作人员可用钥匙进行手动操作。滑动门的数量和开度与列车客室车门的数量及开度相匹配。

门开启时状态指示灯点亮，关闭或开启过程中门状态指示灯闪烁，门关闭时门状态指示灯熄灭。滑动门一般设有障碍探测功能，当滑动门关门受阻时，门操作机构能通过探测器检测到有障碍物的存在并立即释放关门力，停顿2 s后门全开，然后再次关门，若重复关门3次仍不能将门关闭，滑动门则全开并蜂鸣报警，等待工作人员处理。

滑动门是安全回路的一部分，即门开时安全回路断开，门关闭后安全回路接通。只有在安全回路接通时，列车才被允许离站。

2）固定门（FIX）

固定门为不可开启的门体，位于两滑动门之间，在满足门体结构的刚度、强度要求下，为提高通透效果，采用整体固定门。

3）应急门（EED）

应急门是紧急情况下列车进站无法对准滑动门时的乘客疏散通道。应急门上设门锁装置，可用钥匙从站台侧开启，也可在轨道侧使用紧急开门手柄将门向站台侧旋转90°平开。

应急门和滑动门一样，也是安全回路的一部分。

4）端门（MSD）

端门位于站台的两个端头，垂直于站台边线，设在列车司机门和客室门之间，将乘客区与设备区分隔开。

端门是列车在区间隧道火灾或故障时的乘客疏散通道，也是车站工作人员进出站台公共区的通道。端门上设门锁装置，其开启方式与应急门相同。

5）承重结构

安全门承重结构包括底部支承部件、门梁、立柱、顶部自动伸缩装置，其顶部和底部采用绝缘安装。

承重结构承受全高安全门的垂直荷载、隧道通风系统产生的风压、列车运行活塞风形成的正负方向水平荷载、乘客挤压力和地震、震动等荷载。

6）门槛

门槛有固定门门槛和滑动门门槛等。固定门门槛承受固定门的垂直荷载，滑动门门槛承受乘客荷载，门槛采用不锈钢材质。门槛结构中有滑动导槽，与滑动门配合滑动自如。门槛的作用是保护乘客经过时不发生摔倒，同时其与站台板进行绝缘固定，以防止乘客触电。

7）顶箱

顶箱内设置有门的驱动机构、锁紧及解锁装置、门控单元、配电端子箱、导轨、滑轮拖板组及顶梁等部件。顶箱对上述部件起密封保护作用，并便于安装调试和维护检修。顶箱的前盖板兼作车站导向指示牌和站台边缘光带反射板。

👉 **小贴士**：武汉地铁6号线江汉路站，安全门被设计成投影播放装置，主要用于播放公益宣传片、商业艺术广告等内容，当列车进站时，视频就停止播放。停止播放时屏蔽门会变成"镜面"，如同变成了一面"落地大镜子"。它区别于传统地铁站灯箱，把数字化和3D技术、投影技术融合起来，使未来地铁广告的形式多样化。如图4-5所示。

图4-5 江汉路地铁站的安全门

2. 门机系统

门机系统主要由门控单元、电机与减速箱组件、传动装置、锁紧装置等组成，其功能是控制滑动门的开、关。

① 门控单元（DCU） 滑动门电机的电子控制装置，每个滑动门均配置一个DCU，安装在门体上部的顶箱内。它具备自诊断功能，能与维护计算机连接，可进行测试、组态编程维护，从而实现信息化、智能化及集成网络控制。

② 电机与减速箱组件 采用直流无刷伺服电机，带有霍尔传感器或光电编码器，或由DCU使用矢量技术，实现闭环控制及位置控制。减速箱用于减速及提高输出驱动力矩。

③ 传动装置 包括驱动皮带和门悬挂设备，主要起到驱动滑动门开、关的作用。

④ 锁紧装置 包括闭锁检测开关、手动解锁检测开关、解锁电磁铁、凸轮、行走托架。

3. 电源系统

电源是由驱动电源和控制电源组成的。

驱动电源和控制电源用电为一级负荷；由动力照明系统通过设在安全门设备室内的双电源切换箱提供驱动电源（AC 380 V）和控制电源（AC 220 V）各两路（一主一备）。

驱动电源主要由三相隔离变压器、不间断电源（UPS）、馈线回路等构成，以完成馈电及外部电源故障后供电的功能，设计时考虑当外部电源中断供电时，蓄电池的容量满足交流断电后完成开、关安全门至少3次的要求。

控制电源主要由不间断电源（UPS）、单相隔离变压器、监控模块（带液晶显示屏）、绝缘监测模块、馈电单元及软件等构成，以完成外部电源停电后供电的功能。控制电源设计为当外部电源中断供电时，能为控制设备提供30 min的电力需求。

控制电源和驱动电源采用相互独立的不间断电源（UPS）。

4. 控制系统

安全门的控制系统具有控制功能和监测功能，主要是对安全门的开、关门进行控制，保证滑动门的开、关门与列车车门的开、关门动作一致。

控制系统主要由中央接口盘（PSC）、就地控制盘（PSL）、门控单元（DCU）、就地控制盒（LCB）、远程状态监视终端（PSA）及安全门上方的声光告警装置等设备组成。

每侧站台安全门由一套完整的子系统控制，一个完整的控制子系统包括安全门单元控制器（PEDC）、门控单元（DCU）组、就地控制盘（PSL）、远程状态监视终端（PSA）及与其他系统的接口。

安全门系统中，单个门单元的故障不会影响其他门单元的运动，整侧安全门的故障不会影响其他系统的运行。

控制系统具有系统级控制、站台级控制、手动级控制共三级五种控制方式，其中以手动操作控制优先级最高，系统级最低。只有在执行完高优先级的操作后，才可以进行低优先级的操作。安全门控制方式如图4-6所示。

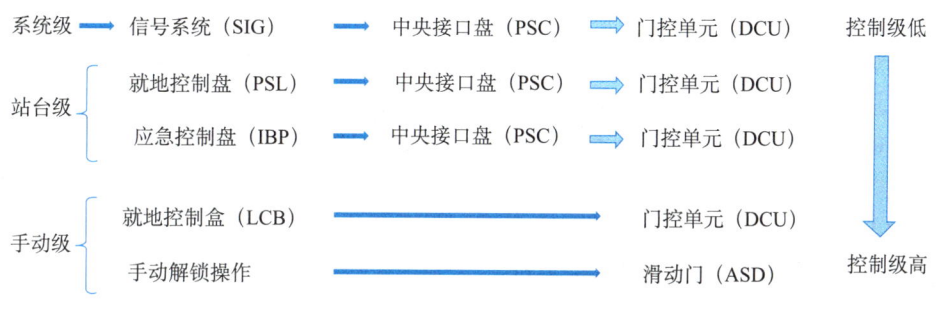

图4-6 安全门控制方式

① **系统级控制**　系统级控制是在正常运行模式下由信号系统直接对安全门进行控制的方式，根据驾驶模式的不同，可由驾驶员操作或ATO系统操作。在系统级控制方式下，列车到站并停在允许的误差范围内时（如±300 mm），信号系统向安全门每侧单元控制器发送"开/关门"命令，单元控制器通过门控单元对每扇滑动门进行实时控制，实现安全门的系统级控制操作。

② **站台级就地控制盘控制**　站台级控制是由列车驾驶员或站务人员在站台的就地控制盘（PSL）上对安全门进行"开/关门"操作的控制方式。当系统级控制不能正常实现时，列车驾驶员或站务人员可在站台的就地控制盘上通过"专用钥匙"及"开/关门按钮"对安全门进行"开/关门"操作，实现安全门的站台级控制操作。

③ **手动级手动解锁操作控制**　手动操作是由站台人员或乘客对安全门进行的操作。当控制系统电源故障或个别安全门操作机构发生故障时，站台工作人员可在站台侧用"专用钥匙"或乘客在轨道侧通过"开门把手"打开安全门。

④ **手动级就地控制盒控制**　在运营过程中，若某个安全门出现故障需要检修，站台工作人员可通过操作"隔离"开关，使此安全门与整个系统隔离开来，方便维修。另外，通过操作箱就地控制盒（LCB）上的"开门""关门"按钮可使滑动门动作，而不影响正常运行。

⑤ **站台级应急控制盘控制**　在隧道、车站发生火灾时，为了配合车站环控系统执行火灾模式，安全门系统必须接受控制，由车站工作人员通过设在车站控制室的应急控制盘（IBP）上的按钮对安全门系统进行紧急操作。

4.3 电扶梯系统

根据国家标准《电梯、自动扶梯、自动人行道术语》（GB/T 7024—2008）的电梯定义：电梯（lift，elevator），服务于建筑物内若干特定的楼层，其轿厢运行在至少两列垂直于水平面或与铅垂线倾斜角小于15°的刚性导轨运动的永久运输设备。

根据上述定义，我们平时在车站、商场见到的自动扶梯和楼梯升降机，并不能被称为电梯，它们只是垂直运输设备中的一个分支或扩充。在本书中我们将其统称为电扶梯系统。

4.3.1 电扶梯系统的功能

电扶梯是城市轨道交通车站最为重要的机电设备之一，属于特种设备，是乘客方便、快捷、舒适地进出车站的代步工具。它担负着运送大量客流的任务，具有以下功能。

① 将地面上需要乘坐城市轨道交通列车的乘客迅速、安全、舒适地送入地下站台或高架站台，以及将地下站台或高架站台下车的乘客送到地面，对客流及时疏散起到了至关重要的作用。

② 在设备更换维修时运输设备零部件。

4.3.2 电扶梯系统的组成

车站电扶梯系统主要由电梯（见图4-7）、自动扶梯（见图4-8）组成，楼梯升降机、自动人行道可根据需要设置。

图4-7 电梯

图4-8 自动扶梯

4.3.3 电扶梯系统的设计原则

城市轨道交通系统配置电梯、自动扶梯及楼梯升降机的基本原则如下。

① 站台至站厅间根据车站远期客流量设置上、下行自动扶梯；出入口与过街隧道根据人流量设置上、下行或上行自动扶梯。

② 为了保证人流疏散和服务质量，应设置自动扶梯。自动扶梯的设置条件参见表 4-1。

表 4-1　自动扶梯设置条件

提升高度 H/m	上行	下行	备用
$H \leqslant 6$	自动扶梯	—	—
$6 < H \leqslant 12$	自动扶梯	△	—
$12 < H \leqslant 19$	自动扶梯	自动扶梯	△
$H > 19$	自动扶梯	自动扶梯	自动扶梯

注：△表示重要车站也可设置自动扶梯。

③ 车站内设置电梯、自动人行道及楼梯升降机，以满足残疾人等特殊人群的需要，为它们提供出入城市轨道交通的一条无障碍通道。

提示：地铁车站需要面对大客流，电扶梯系统每天需要工作 20 h 或以上。在设计中，一般要求：每周工作 7 d，每天 20 h，以 100% 的制动载荷作为额定载荷，主要零部件的设计工作寿命为 140 000 h。

4.3.4　电梯

不同规格型号的电梯，其功能和技术要求不同，配置与组成也不同，在此我们以比较典型的曳引式电梯为例做介绍。

根据电梯运行过程中各组成部分所发挥的作用与实际功能，可以将电梯划分为 8 个相对独立的系统，表 4-2 列明了这 8 个系统的主要功能及主要构件与装置。

表 4-2　电梯 8 个系统的功能及主要构件与装置

系统名	功能	主要构件与装置
曳引系统	输出与传递动力，驱动电梯运行	曳引机、曳引钢丝绳、导向轮、反绳轮等
导向系统	限制轿厢和对重的活动自由度，使轿厢和对重只沿着导轨做上、下运动，承受安全钳工作时的制动力	轿厢（对重）导轨、导靴及其导轨架等
轿厢	用以装运并保护乘客或货物的组件，是电梯的工作部分	轿厢架和轿厢体
门系统	供乘客或货物进出轿厢时用，运行时必须关闭，保护乘客和货物的安全	轿厢门、层门、开关门系统及门附属零部件
重量平衡系统	相对平衡轿厢的重量，减少驱动功率，保证曳引力的产生，补偿电梯曳引绳和电缆长度变化转移带来的重量转移	对重装置和重量补偿装置

续表

系统名	功能	主要构件与装置
电力拖动系统	提供动力，对电梯运行速度实行控制	曳引电动机、供电系统、速度反馈装置、电动机调速装置等
电气控制系统	对电梯的运行实行操纵和控制	操纵箱、召唤箱、位置显示装置、控制柜、平层装置、限位装置等
安全保护系统	保证电梯安全使用，防止危及人身和设备安全的事故发生	机械保护系统：限速器、安全钳、缓冲器、端站保护装置等 电气保护系统：超速保护装置、供电系统断相错相保护装置、超越上下极限工作位置的保护装置、层门锁与轿门电气联锁装置等

4.3.5 自动扶梯

自动扶梯是带有循环运行梯级、用于向上或向下倾斜输送乘客的固定式电力驱动设备。

自动扶梯由一系列的梯级与两根牵引链条连接在一起，沿事先制作成形并布置好的闭合导轨运行，构成自动扶梯的梯路。各个梯级在梯路工作段和梯路过渡段必须严格保证水平，供乘客站立，扶梯两侧装有与梯路同步运行的扶手带装置，以供乘客扶持之用。为保证乘客搭乘自动扶梯的安全，在该系统内装设了多种安全装置。自动扶梯的结构组成如图4-9所示。

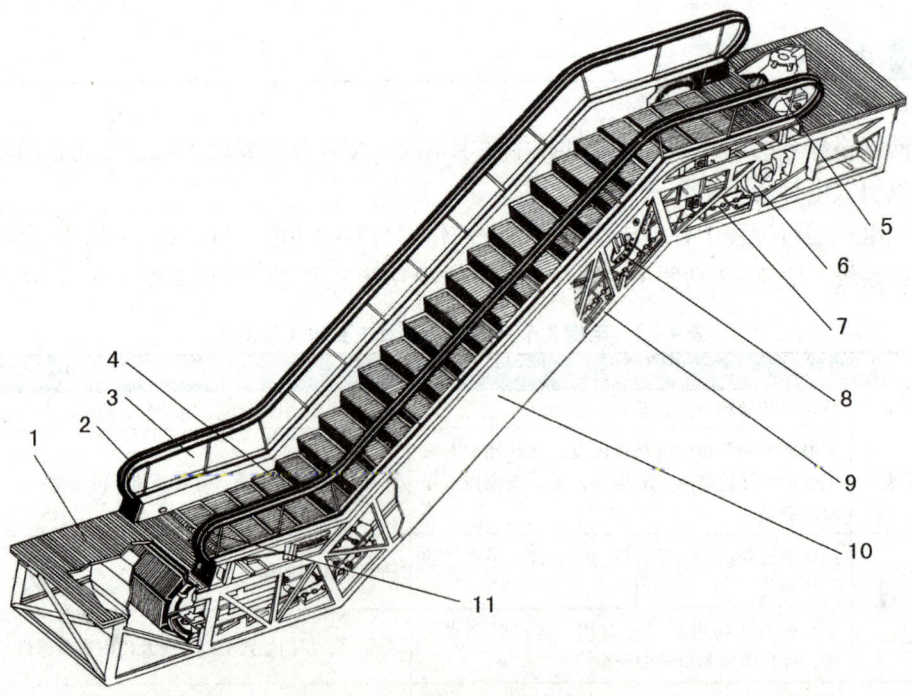

图4-9 自动扶梯的结构组成

1—楼层板；2—扶手带；3—护壁板；4—梯级；5—驱动装置；6—牵引链轮；7—牵引链条；
8—扶手带压紧装置；9—桁架；10—裙板；11—梳齿板

自动扶梯的具体组成分述如下。

1. 桁架

桁架是架设在建筑结构上的金属结构件，一般由角钢和方钢制作，用于支承踏板、梯级及运动机构等部件。

2. 驱动装置

驱动装置是指驱动扶梯运行的部件，它的作用是将动力传递给梯路和扶手装置，以完成梯路的提升和连续循环运转。驱动装置一般由电机、减速器、制动器、驱动链轮主轴、驱动链轮及传动链等组成。

3. 梯级

梯级是供乘客站立的部件，也是自动扶梯的主要承载部件，多个梯级通过牵引链条和牵引链轮在动力驱动系统的驱动下形成运动的梯路。梯路在桁架上沿着固定轨迹连续运行，完成对乘客的连续输送。梯级由踏板、踢板、支架及主辅轮组成。

4. 梯路导轨

梯路导轨的作用主要是引导梯级以一定的轨迹运行，防止梯级跑偏，并在梯路上、下分支上支承梯级主、辅轮载荷。

5. 安全装置

自动扶梯的安全装置包括急停开关、工作制动器、梯级塌陷保护装置、电机保护装置及梳齿板保护装置等。

6. 扶手装置

扶手装置设置在扶梯两侧，是一种便于乘客扶握且对乘客起到安全防护作用的部件，由扶手带、扶手栏杆及扶手驱动系统组成。扶手带位于扶手装置顶面，与梯级同步，当扶手带被拉长或过紧时，扶手带张紧装置可以调节其长度。

7. 裙板

裙板包括内裙板和外裙板。内裙板是梯级两边的界限，是与梯级两侧相邻的金属围板。外裙板覆盖桁架的外部，作用是防止有人触摸自动扶梯的运动部件，同时起到装饰的作用。

8. 盖板

盖板包括内盖板和外盖板。内盖板的一端装在裙板上，用于遮挡扶手装置的内部部件。外盖板用于遮挡扶手装置外缘。

9. 梳齿板

梳齿板位于运行的梯级出入口处，与梯级踏板相啮合，作用是方便乘客上下。

10. 控制柜

控制柜主要由主开关、主机板、接线端子、继电器、通信接口及接地保护装置等组成。

11. 驱动链

驱动链是传递运动并带动梯级运行的部件。

12. 自动润滑系统

自动润滑系统是保证自动扶梯正常运行及运行安全的重要系统。自动扶梯链条如果润滑不足，则使链轮和链条间产生干摩擦，加快磨损，导致链条伸长、寿命降低，甚至可能发生断链的严重事故；如果润滑油过多，不仅浪费，而且会造成环境污染。

4.3.6 自动人行道

自动人行道也是一种运载乘客的连续输送机械，它与自动扶梯的不同之处在于梯路始终处于平面状态（梯级运行方向与水平面夹角不大于 12°），两侧装设有扶手带装置，以供乘客扶持之用。如图 4-10 所示。

图 4-10　自动人行道

自动人行道与自动扶梯均具有在一定方向上大量连续地输送乘客的能力，并且具有结构紧凑、安全可靠、安装维修方便等特点。同时，自动扶梯与自动人行道还能够与外界环境相互配合补充，起到对环境的装饰美化作用。

4.4　自动售检票系统

4.4.1 自动售检票系统功能

自动售检票系统，简称 AFC（automatic fare collection）系统，它是基于计算机技术、网络技术、现代通信技术、自动控制技术、大型数据技术、机电一体化技术、模式识别技术、传感技术、精密机械技术等多项新技术于一体的大型系统。在城市轨道交通系统中，自动售检票系统以其高度的智能化设计，扮演着售票员、检票员、会计、统计、审计等角色，以数据收集和控制系统实现了票务管理的高度自动化。它可以精确记录乘客乘车的起点、终点，准确掌握客流时空分布规律，实时统计各线路及各车站的客流量，为城市轨道交通运营组织提供基础数据，应对客流变化，及时调整运力，缓解拥挤。

自动售检票系统总体功能主要包括：售检票作业处理、票务管理、运营管理、设备管理、财务管理、清算对账管理、统计查询管理、网络管理、数据管理、安全管理、用户权限管理，以及运营模式的监控管理等。

4.4.2 自动售检票系统组成

自动售检票系统的系统结构可分五层,如图 4-11 所示。

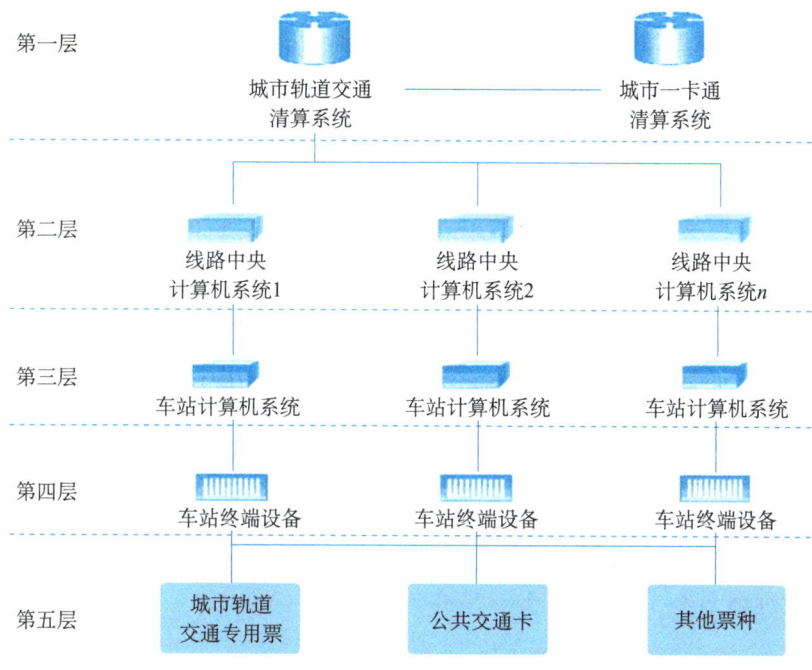

图 4-11 AFC 系统层次结构图

① 城市轨道交通清算系统(ACC) ACC 的基本功能应包括收集、统计、分析、查询运营数据;统一对车票进行初始化,进行车票调配及车票跟踪等;与 LC 清算对账、与一卡通系统清算对账;完成 ACC 内部及接入系统间的网络管理;提供与 LC 系统、一卡通系统及其他系统相连的接口;提供测试平台系统;系统维护;设置并下载票价表、费率表、车票种类、运营模式、联乘优惠率等参数;提供系统标准时钟;接收、生成、上传、下载黑名单;数据备份及恢复,系统灾难异地备份;建立安全密钥体系,生成系统密钥,进行密钥管理;制作、发行系统内使用的 SAM 卡,完成交易数据 TAC 码认证;入网设备注册、认证及授权;ACC 系统内用户权限管理等。

② 线路中央计算机系统(LC) LC 系统基本功能应包括:监视系统运行状态,收集、统计、分析、查询运营数据;接收 ACC 的车票调配指令,完成在本线路流通的车票调配;与 ACC 清算对账;设置站区功能。接收 ACC 下载的车票种类、票价表、费率表、运营模式等参数,并通过 SC 下载到终端设备;对线路间共用车站 AFC 设备的 SC 进行(协议)管理;接收时钟信号完成时钟同步;接收、上传、下载黑名单等。

③ 车站计算机系统(SC) SC 接收 LC 管理指令,管理本站系统运行。SC 基本功能应包括:监视和控制车站终端设备运行状态,根据需要启用紧急模式;接收 LC 车票调配指令,管理车站内车票流通;收集、传输、统计运营数据;接收并自动下载票价表、车票种类、运营模式等参数,接收时钟信号完成时钟同步;数据备份及恢复,用户管理。

④ **车站终端设备** 车站终端设备包括自动售票机（TVM）、自动检票机（AG）、半自动售/补票机（BOM）、便携式检票机（PAC）、自动查询机（TCM）等终端设备。终端设备的基本功能应包括：接收系统参数及指令，完成规定操作及信息提示，生成并上传全部交易数据、审核数据，生成日志数据；按要求存储数据；设备故障自诊断，设备故障提示；通信故障等条件下独立运行时，数据可通过外部媒介导出，故障恢复后数据自动上传。

⑤ **各种车票** 车票是售检票系统的主要信息载体，按照车票所使用的技术分主要有纸质车票、磁卡车票、接触式 IC 卡车票和非接触式 IC 卡车票，每一种车票对应着不同的售票、验票设备。

4.4.3 自动售检票车站终端设备

1. 自动售票机

自动售票机（见图 4-12）设置于非付费区，具备模拟显示线路的触摸屏和乘客显示屏，供乘客操作、显示票价和投币等信息。自动售票机具有储值票充值、硬币及纸币购买单程票和找零等功能。

2. 半自动售/补票机

半自动售/补票机（见图 4-13）设置于售票室内，由票务人员操作。车站工作人员通过半自动售/补票机对车票进行发售、分析、无效更新、充值、替换、退款、交易查询及收款记录等处理工作。

图 4-12 自动售票机

图 4-13 半自动售/补票机

3. 自动检票机

自动检票机（见图 4-14）包括进站检票机、出站检票机和双向检票机，用于隔离车站付费区与非付费区，控制乘客进入及离开付费区，满足地铁线路换乘的需求。

4. 便携式检票机

便携式检票机（见图 4-15）是一种离线式检票设备，由车站站务员或稽查人员手持，对乘客使用的电子车票进行扣款、验证和记录，为乘客提供进站检票、出站检票和在不同区域（付费区/非付费区）之间移动提供验票服务。便携式检票机可以读写轨道交通

图 4-14 自动检票机

的专用票和一卡通票的数据,在客流高峰时或自动检票系统出现故障时缓解自动检票机的工作压力。

5. 自动查询机

自动查询机(见图 4-16),安装在非付费区,供乘客自助查询车票的信息及有效性。读取过程不修改车票上的任何数据。

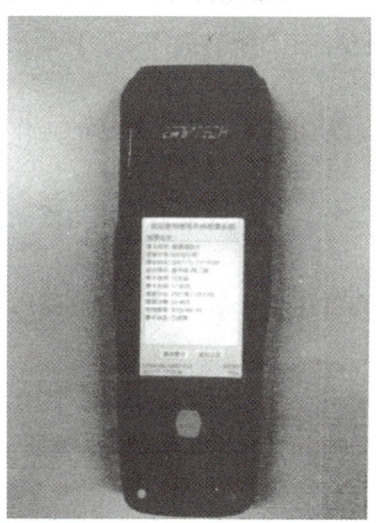

图 4-15 便携式检票机

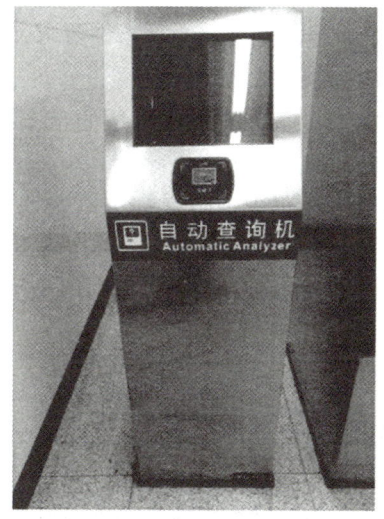

图 4-16 自动查询机

4.4.4 自动售检票设备配置原则

自动售检票设备配置原则如下:
① 设备按近期超高峰小时客流规格配置,并按远期超高峰小时客流规模预留;
② 根据客流早、晚高峰客流分向特点、车站型式,在部分车站考虑设置双向自动检票机;
③ 为方便坐轮椅的残疾人、带大行李的乘客和带小孩的乘客进出付费区,在每座车

站考虑设置宽通道双向自动检票机；

④ 为方便乘客对车票查询，结合车站型式，每座车站各设置1~2台自动查询机；

⑤ 为方便站务员或稽查人员对乘客使用的车票进行检查，以及在车站出现突发客流的情况下进行人工检票，在每座车站设置两台便携式检票机；

⑥ 自动检票机的配置应满足车站紧急疏散的要求；

⑦ 为方便管理，在控制中心和各车站设置工作站。

4.5 通风空调系统

高架线和地面线的车站和站台一般宜采用自然通风，地下线的内部空气环境应采用通风或空调系统进行控制。本节主要介绍地下线的通风空调系统。

4.5.1 通风空调系统功能

通风空调系统即城市轨道交通的内部空气环境控制系统，简称环控系统，环控系统应保证地下线内部空气环境的空气质量、温度、湿度、气流组织、气流速度和噪声等均能满足工作人员、乘客的生理及心理条件要求，以及设备正常运转的需要。具体来说，通风空调系统的功能有：

① 正常运行时为乘客提供舒适的乘车环境，为工作人员提供舒适的工作环境，为设备系统提供良好的运行环境；

② 阻塞运行时能保证阻塞列车空调器正常运行，为疏散乘客提供足够新风，并引导乘客安全疏散；

③ 当列车在区间隧道发生火灾事故或车站内发生火灾事故时，应具备防灾排烟通风功能。

4.5.2 通风空调系统组成

地下线的通风空调系统按控制区域分，由隧道通风系统和车站通风空调系统两部分组成。其中，隧道通风系统又分为区间隧道通风系统和车站隧道通风系统；车站通风空调系统又分为车站公共区通风空调系统（大系统）、车站设备管理用房通风空调系统（小系统）和车站制冷空调循环水系统（简称水系统）。如图4-17所示。

1. 区间隧道通风系统

区间隧道通风系统主要由可逆反式隧道风机、推力风机、射流风机、风阀、消声器、风室、风亭和风道等组成。风机机房一般布置在车站的两端，每端设置2台风机，分别对应上行线、下行线区间，风机前后设消声器及组合风阀，通过组合风阀的开关控制，实现多台风机串、并联运作或互为备用。主要通风设备如图4-18所示。

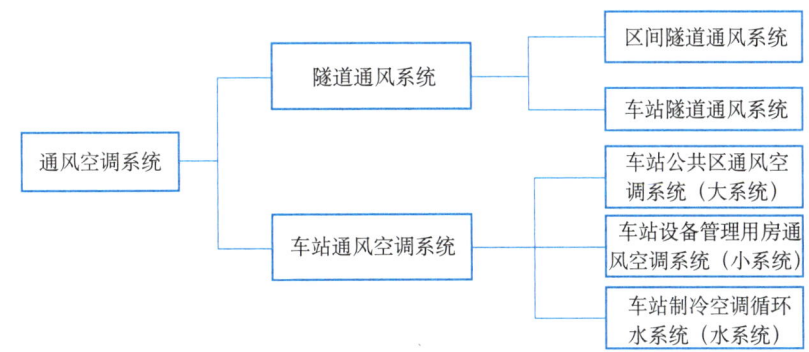

图 4-17 通风空调系统的构成

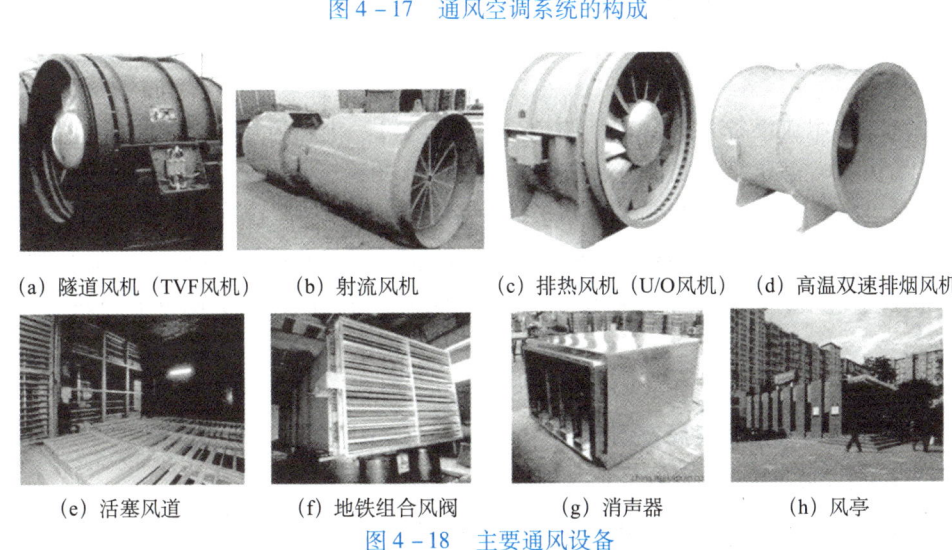

(a) 隧道风机（TVF 风机）　　(b) 射流风机　　(c) 排热风机（U/O 风机）　　(d) 高温双速排烟风机

(e) 活塞风道　　(f) 地铁组合风阀　　(g) 消声器　　(h) 风亭

图 4-18 主要通风设备

1）区间隧道通风系统正常运行工况下通风

正常运行工况时，充分利用列车在区间隧道运行时对隧道内空气前压后吸的活塞效应和活塞风井的吐纳作用，排除列车产生的余热、余湿，吸入地面的新鲜空气，对区间隧道进行通风换气，为乘客提供较舒适的乘车环境。每日地铁运营前 0.5 h 和运营结束后 0.5 h 运作 TVF 风机，做早晚清洁通风用，排除空气异味，改善空气质量，上海地铁采用这种模式等。

2）区间隧道通风系统列车阻塞工况时的通风

根据运行模式的要求进行正转或反转运行，以达到向隧道送风或排风的目的。

当列车阻塞在区间隧道内时，通过开启相关的射流风机、隧道风机及相应的风阀，按与列车一致的方向组织气流，向阻塞区间提供一定的送、排风量，保证列车通风与空调设备正常运行，维持列车内部乘客能接受的热环境条件。

3）区间隧道通风系统火灾时的通风和排烟

区间隧道内发生火灾事故时，通过开启相关的射流风机、隧道风机及相应的风阀，按预定的运行模式并与多数乘客撤离相反方向送风和排除烟气，形成一定的断面风速，迅速排除烟气，并向乘客、工作人员提供必要的新风量，以利人员疏散和消防员灭火救灾。

2. 车站隧道通风系统

车站隧道通风系统主要由排风兼排烟风机、站台及轨顶风量调节阀、防火阀及排风道组成。排风机房布置在车站两端的设备房区，且并联设置两台排风机，负责半个车站隧道的通风。

① 正常工况时，排除列车制动后带入车站隧道的热量及停站时车厢顶部的空调冷凝器和底部制动电阻的散热量，并兼顾站台和车行区排烟；

② 区间阻塞和火灾时，车站风机、车站和轨道排热风机（U/O 风机）与隧道风机联合运行，保证区间事故通风要求；

③ 车站站台发生火灾时，系统运行协助站台排烟。

车站排热风道设在站内车行区上部和站台下部，均采用土建结构风道。车行区上部排热风道风口正对列车空调冷凝散热器，站台下部排热风道风口正对列车制动电阻，有效排除列车停站散热。

3. 车站公共区通风空调系统

车站公共区（站厅、站台）通风空调设备组成的通风系统（兼排烟系统）习惯称之为"大系统"。

大系统主要组成设备有组合式空调柜、回/排风机、小新风机、通风管道、组合式电动风阀、防火阀、静压箱、混合室、新风井道、排风井道、消声器、全新风机等。

大系统主要设备一般集中对称地分布于车站站厅层两端的通风空调机房，机房内一般分别设置 1 台或 2 台空调机组，每台机组对应一台回/排风机。车站每端还设置一台空调小新风机。

① 正常情况下，空调季节为站厅、站台提供冷量和新风，非空调季节为站厅、站台通风换气；

② 站厅、站台火灾情况下，排除站厅或站台层的烟气，防止烟气蔓延。

4. 车站设备管理用房通风空调系统

车站设备管理用房通风空调系统（兼排烟系统）称为小系统。

小系统主要设备一般位于车站站厅两端的环控机房和小系统通风机房内，主要组成设备有空调柜、回/排风机、通风管道、电动风阀、消声器、放风阀、新风井道、排风井道等。图 4-19 所示为部分通风设备。

① 正常情况下，空调季节为站厅、站台层设备及管理用房提供冷量和新风，非空调季节为站厅、站台层设备及管理用房通风换气；

② 设备及管理用房火灾情况下，小系统可配合其他灭火系统完成灭火，排除设备管理用房的烟气和惰性气体，防止烟气蔓延。

图 4-19 部分通风设备

5. 车站制冷空调循环水系统

车站制冷空调循环水系统，简称水系统。水系统为车站公共区及车站设备管理用房空调器提供冷源。

1）系统组成

水系统由冷水机组、冷冻泵、冷却泵、冷却塔、蒸发器、冷凝器、膨胀阀、输水管等设备器件组成。其中冷水机组是中央空调系统的心脏，也是中央空调系统的耗能大户，控制模式的选择将直接影响制冷与节能效果。

空调系统通过三个循环（冷冻水循环、制冷剂循环、冷却水循环）把室内的热量传到室外。

2）工作原理

冷水机组、冷冻泵、冷却泵位于站厅层制冷机房。制冷剂在冷水机组里循环，经过压缩机时温度升高，这时用被称为冷却水的水将制冷剂温度降下来，冷却水通过冷水机组把制冷剂的热量带走，再经过冷却塔把热量释放到空气中，然后回到冷水机组，这样构成一个冷却水循环系统，在这个系统上的泵是冷却泵。制冷剂被降到冷却水的温度后，经过节流阀温度变得更低，这时制冷剂与被称为冷冻水的水进行热交换，使冷冻水温度降低，然后冷冻水回到空调系统末端与室内空气换热，冷冻水温度升高后再回到冷水机组与制冷剂进行热交换，这样构成冷冻水循环系统，在这个系统上的泵称为冷冻泵。

4.5.3 通风空调系统控制

1. 通风空调系统控制方式

1）中央级控制

中央级控制是最高一级控制，它负责监控城市轨道交通各车站的各系统设备运行。中央级控制主要是用来监控和调度全线通风空调系统设备的运行。

2）车站级控制

城市轨道交通自动化程度很高，通风空调系统正常情况下由设备监控系统来控制，实现自动运行。通风空调系统的车站级控制就是自动控制的一个平台，通过车站级控制，城市轨道交通通风空调系统可以按照预定的模式来运行。

3）就地控制

简单地说，就地控制就是在通风空调设备现场对其进行控制。这种控制主要是通过人工操作设在环控设备现场的电控箱上的启动/关停（或复位）按钮来实现。这种控制方式主要是为了通风空调系统的安装调试与维护维修。

2. 三级控制的关系

就地控制优先级最高，车站级控制次之，中央级控制优先级最低。

以上三个级别规定的含义为：设备处于最高级控制时，后两级控制不能控制设备的运行状态（开、关、复位）；设备处于车站级控制时，中央级控制不能控制设备的运行。

4.6 给排水系统

4.6.1 给排水系统功能

城市轨道交通给排水系统主要包括给水系统、排水系统和水消防系统。

① **给水系统** 满足车站和车辆段、控制中心、主变电站、集中冷站等附属建筑内工作人员的生活用水、厕所冲洗用水、通风空调系统的循环冷却、冷冻补充用水的水量、水压和水质的要求。

② **排水系统** 及时排除车站和车辆段、控制中心、主变电站等附属建筑内工作人员的生活污水、厕所冲洗水；及时排除地下区间的结构渗透水、冲洗水及消防废水；及时排除地下区间隧道出洞口敞开段、地下车站出入口、敞开式风亭、高架车站及区间的雨水。

③ **水消防系统** 满足车站和车辆段、控制中心、主变电站等附属建筑，以及地下区间的消火栓用水的水量、水质和水压的要求；同时满足自动喷水灭火系统用水的水量、水质和水压的要求。

4.6.2 给排水系统设计原则

① 城市轨道交通给水设计，必须满足生产、生活和消防用水对水量、水压和水质的要求，并应坚持综合利用、节能用水的原则。

② 城市轨道交通给水水源应优先采用城市自来水，当沿线无城市自来水时，应和当地规划等部门协商，采取其他可靠的供水水源。

③ 城市轨道交通排水系统，除生活污水及粪便污水应单独排放外，结构渗漏水、冲洗及消防废水、口部雨水等可以合流排放。生活及粪便污水的排放，必须符合当地和国家现行排水标准的规定。

④ 给排水设备的自动化程度，应根据运营管理的需要，结合当地具体条件，经过技术经济比较确定，但排水设备应按自动化管理设计。

4.6.3 给排水系统组成

1. 给水及水消防系统

1) 地下站、地下区间生产、生活给水及水消防系统

若城市供水管网有两路或呈环状管网，并且管网的供水能力能满足车站及相邻区间的要求，则各车站从城市供水管网的不同管网或环状管网上引入两根进水管，平时一开一闭，定期轮换供水。给水系统示意图如图4-20所示，图4-21所示为消防给水管道实物图。

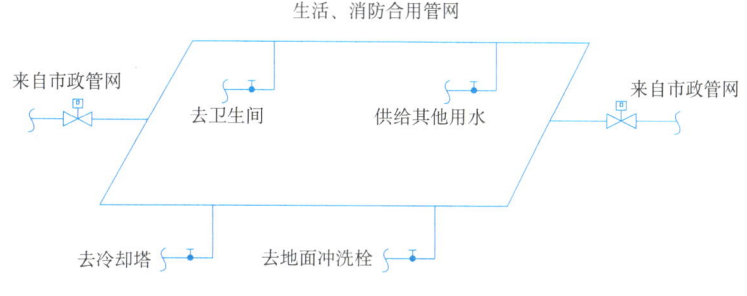

图4-20 给水系统示意图

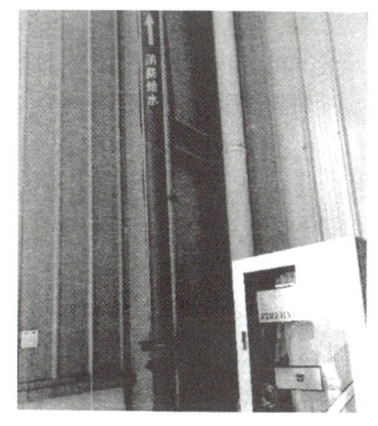

图4-21 消防给水管道实物图

2）高架站、高架区间生活、生产给水及水消防系统

每座高架车站从城市自来水管网或环形管网上引入两根给水管。生产、生活给水系统和水消防系统在站内分开，自成独立的系统。其中生产、生活给水系统利用市政供水压力直接供水，在车站内布置成枝状供水系统。若城市自来水管网的供水水压不能满足车站消防用水的要求，则在车站设置消防增压泵房和消防水池。消防栓系统通过水泵加压、稳压后，在车站纵向和横向分别连通，形成环状供水管网。若市政提供的供水压力可以满足消防要求，则可以不设置消防加压泵房，利用市政压力直接供水。在车站站台公共区、设备区（层）、管理用房区设置消火栓。高架区间消防利用市政现有的消火栓设备，不再另外设置消火栓给水系统。

3）车辆段、控制中心和主变电站等地面附属建筑生活、生产给水及水消防系统

地面附属建筑的给水水源采用城市自来水，当市政供水能力或水压不能满足生产、生活和消防用水的水量或水压的要求时，应设稳压、加压设施。

2. 排水

排水主要有粪便污水、结构渗漏水、事故水、凝结水、冲洗及消防废水，以及车站露天出入口、敞开风亭及洞口的雨水等。排水方式采用分流制排水方式，各类污水分类集中，就近排放，并最终排至城市排水系统。

排水泵站的设置有卫生间集水泵房、车站内主排水泵站、隧道区间主排水泵站、车站扶梯基坑排水泵站、风亭处雨水排水泵站等。

1）地下站、地下区间排水系统

① 地下站污水系统　在车站厕所下方设污水泵房，污水泵将污水直接提升至地面，

经化粪池处理后排入市政污水系统。

② 地下站废水系统　地下站结构渗漏水、生产废水、车站冲洗及消防废水，利用排水沟自流，排入车站废水泵房的废水池，废水通过废水泵抽升至市政雨水系统。

③ 地下区间废水系统　在地下区间线路坡度最低点设废水泵站，泵站内排水泵将废水抽升至市政雨水系统。

④ 雨水系统　在隧道出洞口处、车站敞口式出入口及风亭设排水沟和雨水泵站，泵站内排水泵将雨水抽升至市政雨水系统。

⑤ 局部排水系统　在地下人行通道自动扶梯底部、车站内局部低洼处、地下区间折返线、车辆检修坑端部设局部废水泵站，泵站内排水泵将废水抽升至市政雨水系统。

2）高架站、高架区间排水系统

① 高架站污水系统　车站的厕所及生活污水，自流至化粪池，再排入城市污水排水系统。

② 高架站废水系统　车站的冲洗水及消防废水，通过排水管道，利用重力流的形式，直接排入城市污水排水系统。

③ 高架站及区间雨水系统　高架站及区间的雨水，通过排水管道，利用重力流的形式，直接排入城市雨水系统。

3）车辆段排水系统

车辆段排水由生活污水、生产废水组成。其中生产废水主要来源于车辆外部洗刷、内部清洗和蓄电池检修充电等作业，废水中主要含油和洗涤剂等。车辆段生产废水经初步处理达标后直接接入市政污水管网，然后到污水处理厂进行深度处理。

4）控制中心、主变电站排水系统

控制中心、主变电站排水由生活污水、生产废水、冲洗水、消防废水和雨水组成。生活污水自流至化粪池，汇集其他废水排入城市污水排水系统，雨水利用重力流的形式接入城市雨水系统。

4.6.4　给排水系统控制

1. 给水系统控制方式

所有水泵均为一用一备，在车站两根给水引入管上安装电动蝶阀，两台水泵定期轮换工作，在消防时或发生事故时同时启用。水泵的控制方式为就地启动、车控室启动、控制中心启动等。在正常情况下，水泵按照自动控制方式启动：当集水坑内水位为启泵水位时，废水泵自动启动排水；当集水坑内水位为停泵水位时，废水泵自动停止排水。同时主废水泵站集水坑内设置有危险水位报警、低水位报警等。所有水泵的运行状态均在车控室、OCC 有显示。

2. 排水系统控制方式

（1）各地下车站的污水泵、废水泵、局部排水泵等除通过控制箱实现现场水位自动控制和就地手动控制外，由远程监控系统监控。

（2）在就近车站的车控室可以显示每台水泵的运行状态、故障状态和水位状态等，同时每台水泵有运行计时装置。

3. 消防栓系统控制方式

在车站车控室显示消防水泵的故障状态、运行状态和手动状态，FAS 在控制室可直接控制消防水泵的启停。

4.7 消防系统

4.7.1 城市轨道交通消防系统概述

城市轨道交通作为一种便利、快捷、载客量大的交通工具,深受广大市民的欢迎。城市轨道交通中可能发生的灾害主要有行车事故、火灾、水灾、雷击及地震等。对雷击和行车事故很难事先报警,只能在设计时采取预防措施,以提高运行的可靠性和安全性。对水灾、地震一般可直接接收有关部门的预报信息,不另设轨道交通专用的报警系统。火灾发生的概率高,且危害严重,损失大。例如,1991 年德国柏林发生地铁火灾,18 人送医院急救;2003 年 1 月英国伦敦发生地铁列车撞月台引起大火事故,至少造成 32 人受伤。

2003 年 2 月韩国大邱地铁站发生火灾,造成 198 人死亡,147 人受伤,图 4-22 为火灾现场图片。

惨痛的教训已经告诉我们,城市轨道交通消防安全不容忽视,为了尽早探测到火灾的发生并发出警报,在城市轨道交通中应设置消防系统,加强消防安全管理,完善消防设施。

图 4-22 韩国大邱地铁站火灾现场

1. 地铁火灾的特点

对地铁这种特殊地下建筑与交通工具来说,人员密度大、流量多是其最为显著的特征。地铁一旦发生火灾等灾害,与在地面建筑发生同样事故相比,其状况更加难以控制,后果也会更加严重。地铁发生火灾时的特点主要表现在以下几个方面。

① 疏散困难 发生火灾时,由于隧道的相对封闭性,大量的新鲜空气难以迅速补充,空气中氧气含量急剧下降,CO 等有毒、有烟气体大量产生,不仅降低了隧道内的可见度,同时加大了疏散人群窒息的可能性。同时,地下隧道热交换困难,高温热气浪的流动也给人员疏散造成很大困难。

② **救援难度大**　停电和浓烟让救援人员无法确定起火点；再加上地铁地下空间较大，呼吸器一般使用时间很短，所以不能在地下长时间进行救援。此外，地下空间封闭，救援人员的战术配合也很难展开。

③ **通信系统极易瘫痪**　地铁发生火灾的时候，由于高温与水流对各种通信器材的影响，消防员携带的对讲机不能工作，严重时造成整个通信系统瘫痪。

④ **火情探测和扑救困难**　地铁发生火灾的时候，无法直接观察火场，需要消防人员仔细研究地下工程作业图，分析可能发生火灾的部位和可能出现的情况，才能制定灭火方案。与此同时，地铁的出入口有限，且出入口有时也是火灾发生时的冒烟口，消防人员不容易靠近着火点，再加上地下工程对通信设施干扰较大，地面指挥人员和火灾扑救人员联络、通信困难，也为消防扑救灭火工作增加了许多障碍。

⑤ **隧道狭小拥挤，踩踏情况严重**　地铁区间隧道走行轨间疏散宽度有限，一旦发生事故，惊慌失措的逃难者乱冲乱撞，必然会造成跌倒踏伤事故。其中绝大多数人都是火灾时逃出车厢后分不清方向，你推我拉，乱成一团，最后相互踏伤，中毒窒息死亡。

2. 地铁火灾的原因

① 隧道维修施工过程中进行焊接、切割工作，或者机械碰撞、摩擦引起的火花，都有可能引燃易燃的装修材料而造成火灾。

② 乘客吸烟时的火星，或随便乱丢烟头，或携带易燃、易爆等违禁物品。

③ 人为故意纵火或恐怖袭击等原因。

④ 地铁工程及车辆材料选用不当，如车站建筑装修材料没有采用阻燃无烟材料，地铁列车车身和座椅材料没有进行防火处理，电缆电线没有采用耐火阻燃低烟无卤材料等。

⑤ 消防设施设置不当，如没有设置火灾探测器和报警器，缺乏足够的消防设备，导致对火情反应不灵敏而造成火势发展。

⑥ 附属设施及装备没有重视安全化处理，为了给乘客在乘车过程中提供便利，地铁内布置了很多附属设施，包括车站内的垃圾箱、公共厕所等，这些设施极易成为蓄意制造火灾和爆炸的渠道。

⑦ 地铁电气设备存在隐患，这多是由于设计存在缺陷、设备老化或没有定期检修所造成。

⑧ 自然环境变化，比如雷击、地震等不可抗拒的自然环境因素的影响，造成地铁系统设备受损发生事故。

⑨ 技术上存在缺陷，多体现在因设备设计不合理、检修不够而存在安全隐患的硬件设施管理上，或者地铁运营部门没有制定完善的安全管理和操作规范，操作流程存在安全隐患或员工违章操作等。

3. 火灾分类

火灾依据物质燃烧特性，可划分为 A、B、C、D、E、F、K 七类，如表 4-3 所示。

表 4-3　火灾分类

类别	性质	示例
A 类火灾	指固体物质火灾	这种物质通常具有有机物质性质，一般在燃烧后余烬灼热，如木材、煤、棉、麻、纸张等火灾
B 类火灾	指液体或可溶化的固体物质火灾	如煤油、柴油、原油、甲醇、乙醇、沥青、石蜡等火灾

续表

类别	性质	示例
C类火灾	指气体火灾	如煤气、天然气、甲烷、乙烷、丙烷、氢气等火灾
D类火灾	指金属火灾	如钾、钠、镁、铝镁合金等火灾
E类火灾	带电火灾	物体带电燃烧的火灾
F类火灾	烹饪器具内的烹饪物（如动、植物油脂）火灾	烹饪器具内的烹饪物（如动、植物油脂）火灾
K类火灾	食用油类火灾	通常食用油的平均燃烧速率大于烃类油，与其他类型的液体火相比，食用油火很难被扑灭，由于食用油具有很多不同于烃类油火灾的行为，所以被单独划分为一类火灾

4. 消防安全标志

消防安全标志是由安全色、边框、图像为主要特征的图形符号或文字构成的标志，用以表达与消防有关的安全信息。消防安全标志的颜色应符合有关规定。消防安全标志的应用领域要尽可能广泛地扩大到需要或者应该的一切场所，以向公众表明下列内容的位置和性质：

① 火灾报警和手动控制装置；

② 火灾时疏散途径；

③ 灭火设备；

④ 具有火灾、爆炸危险的地方或物质。

常见的消防安全标志如图 4-23 所示。

图 4-23 常见的消防安全标志

4.7.2 火灾自动报警系统

火灾自动报警系统（fire alarm system，FAS）是探测火灾早期特征、发出火灾报警信号，为人员疏散、防止火灾蔓延和启动自动灭火设备提供控制与指示的消防系统。

在火灾发生初期，系统通过设置在现场的感烟、感温和感光火灾探测器等火灾探测器件自动接收火灾燃烧所产生的烟雾、温度变化和热辐射等物理量信号，并将其变换成电信号输入火灾报警控制器，也可以通过手动报警按钮以手动的方式向火灾报警控制器通报火警。火灾报警控制器对输入的报警信号进行处理、分析，经判断为火灾时，立即以声、光信号等火灾警报装置发出火灾警报，并记录、显示火灾发生的时间和位置，同时联动各种防烟排烟系统、气体灭火系统，以及防火门、防火卷帘等防烟、防火设施，指挥人员疏散，控制火灾蔓延、发展。火灾自动报警过程如图4-24所示。

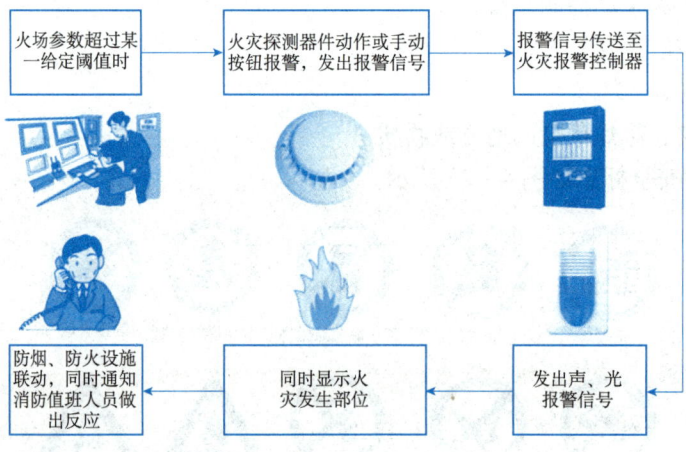

图4-24 火灾自动报警过程

1. 火灾自动报警系统的功能

城市轨道交通火灾报警系统分为中央级、车站级和就地级。各级功能如表4-4所示。

表4-4 火灾自动报警系统的各级功能

级别	功能
中央级	1. 接收、显示并储存全线主要火灾报警设备的运行状态 2. 接收由车站级设备传送的各探测点的火灾报警信号，显示报警部位并自动记录 3. 自动或人工手动确认火灾报警 4. 火灾事件历史资料存档 5. 选择预定解决方案，向消防控制室发出消防救灾指令和安全疏散指令 6. 控制中心通过无线发射台及时向市消防局119无线报警台进行火灾报警，向消防部门通报灾情

续表

级别	功能
车站级	1. 与 FAS 中央以及本车站 BAS 进行通信联络 2. 监视车站及所辖区间消防设备的运行状态 3. 接收车站及所辖区间火灾报警或重要系统、设备的报警，并显示报警部位 4. 向中央级报告火灾报警信息，接收中央级发出的消防救灾和安全疏散指令，发布火灾联动控制指令
就地级	1. 采集辖区火灾报警信息、FAS 现场设备和 FAS 监控的消防联动设备的状态信息，并将其发送至车站级 FAS 2. 执行车站级 FAS 发出的指令，实现对相关消防设备的联动控制 3. 火灾工况下，用车控室的消防联动柜中的设备进行手动控制

2. 火灾自动报警系统的组成

火灾自动报警系统由 FAS 控制中心、车站系统和现场系统组成，如图 4-25 所示。

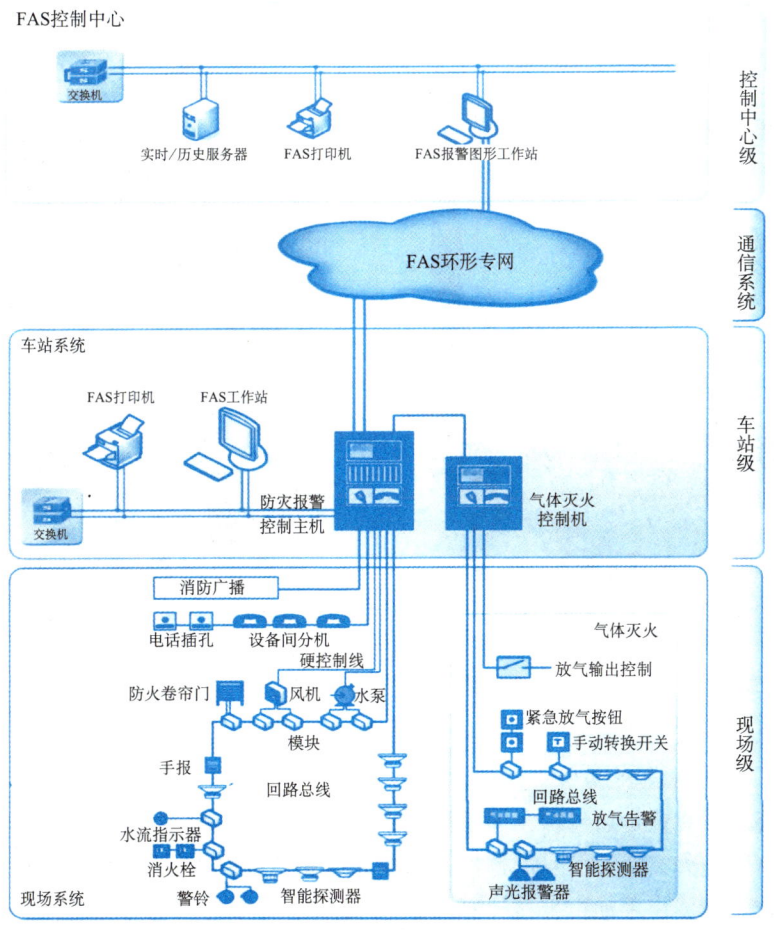

图 4-25　火灾自动报警系统的组成

1) FAS 控制中心

控制中心的图形控制中心（GCC）配置两台计算机，分别为监控管理操作终端和历史资料存档管理操作终端，其界面如图 4-26 所示。监控管理操作终端采用高质量、高性能的个人计算机或高性能工业级计算机。历史资料存档管理操作终端配置高性能、高容量的磁带机，用于历史资料的存储备份。

2) 车站系统

车站由网络设备、值班员工作站、服务器（实时服务器和历史服务器）、UPS 电源等组成。值班员工作站具有与图形控制中心计算机相同的软件和功能，但只能监视本站范围内的火灾报警信息。

在车站控制室、主变电站、集中供冷站、车辆段等各主要建筑的消防控制室，各设置一台火灾报警控制主机（FAS 主机）。火灾报警控制主机是火灾自动报警系统的核心，担负着整个系统监视、报警、控制、显示、信息记录和档案存储等功能。FAS 主机柜如图 4-27 所示。

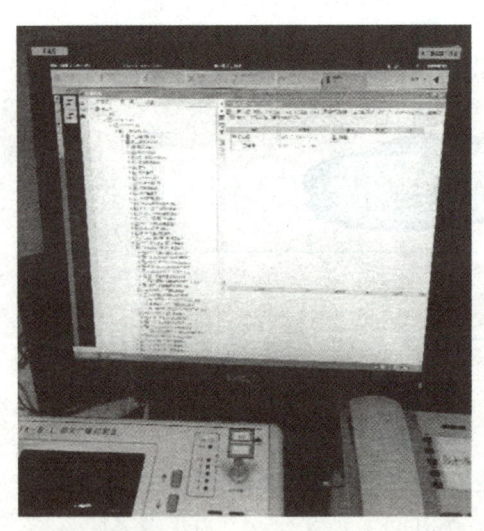

图 4-26　GCC 工作站界面

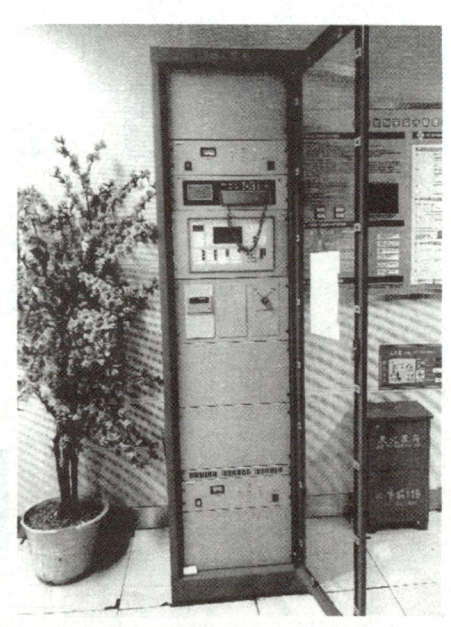

图 4-27　FAS 主机柜

3) 现场系统

现场系统由火灾报警触发装置、火灾警报装置、消防广播及消防通信设备等组成。

（1）火灾报警触发装置

火灾报警触发装置是通过探测周围环境中与火灾相关的物理或化学现象的变化，向火灾报警控制器传送火灾报警信号的器件，包括光电感烟探测器、红外光束探测器、感温电缆、感温火灾探测器、手动报警按钮等。

① 光电感烟探测器。

光电感烟探测器［见图 4-28（a）］是利用起火时产生的烟雾能够改变光的传播特性这一基本性质而研制的。根据烟粒子对光线的吸收和散射作用，光电感烟探测器又分为遮光型和散光型两种，一般的点型光电感烟探测器属于散光型的。发生火灾时，探测器发出火警信号，火灾指示灯（红色）点亮，并启动蜂鸣器报警。

② 感温火灾探测器。

感温火灾探测器［见图 4-28（b）］主要是利用热敏元件来探测火灾的。在火灾初始阶段，一方面有大量烟雾产生，另一方面物质在燃烧过程中释放出大量的热量，周围环境温度急剧上升。探测器中的热敏元件发生物理变化，响应异常温度、温度变化率、温差，从而将温度信号转变成电信号，并进行报警处理。

③ 红外光束探测器。

红外光束探测器［见图 4-28（c）］为长区间型反射式线型红外光束感烟探测器，由一对发射器和接收器组成。当探测器光路上出现烟雾时，会使到达接收器的信号减弱，当减光率达到预设阈值时，探测器就会产生报警信号；当光束全被挡住时，会产生故障信号，以防止非火灾的遮挡引起的误报。红外光束探测器主要用于不适宜安装点式探测器的大空间环境，如厂房、库房、影剧院等。

④ 感温电缆。

感温电缆又名线形感温火灾探测器［见图 4-28（d）］，主要用于监测电缆、廊道、区间、隧道等恶劣环境的火灾报警信息，它通过感温电缆的阻值变化或导通与否，监测现场温度是否达到或超过设定报警温度，及时报警。

⑤ 吸气式火灾探测器。

吸气式火灾探测器又叫空气采样火灾探测器［见图 4-28（e）］，就是通过在防护空间布置空气采样管网，并在采样管网上打采样孔，通过采样孔把保护区的空气吸入探测器进行分析，从而进行火灾探测的早期预警探测器。传统感烟探测器都是等待烟雾飘散到探测器的侦测范围内才能被探测到，而吸气式感烟探测器主动对空气进行采样探测，当保护区内的空气样品被吸气式感烟探测器内部的吸气泵吸入采样管道送到探测器进行分析时，如果发现烟雾颗粒，即发出报警。吸气式火灾探测器广泛地应用于城市轨道交通的各个位置，包括站台、车辆段与检修平台、控制柜/高低压电柜、列车车厢、自动扶梯等。

⑥ 手动报警按钮。

手动报警按钮［见图 4-28（f）］用来以手动的方式报告火警。每个防火分区应至少设置一只手动报警按钮。从一个防火分区内的任何位置到最邻近的手动报警按钮的步行距离不应大于 30 m。手动报警按钮宜设置在疏散通道或出入口处。列车上设置的手动报警按钮，应设置在每节车厢的出入口和中间部位。手动报警按钮应设置在明显和便于操作的部位。当采用壁挂式安装时，其底边距地面高度宜为 1.3～1.5 m，且应有明显的标志。

（2）火灾警报装置

火灾警报装置是在火灾情况下能够发出声和/或光火灾警报信号的装置，又称声和/或光警报器。常见的设备有声光报警器、警铃，如图 4-29、图 4-30 所示。

 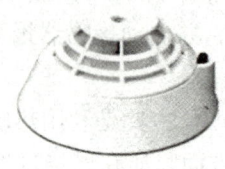 

(a) 光电感烟探测器　　　　　(b) 感温火灾探测器　　　　　(c) 红外光束探测器

(d) 感温电缆　　　　　　(e) 吸气式火灾探测器　　　　　(f) 手动报警按钮

图 4-28　常见的火灾报警触发装置

图 4-29　火灾声光报警器　　　　　图 4-30　警铃

（3）消防广播

FAS 在车站和车辆段与通信系统共用一套广播系统，平时为车站广播用，火灾时能在消防控制室将广播音响强行切换到火灾事故广播状态，火灾事故广播具有优先权。当设有火灾声警报装置和消防应急广播时，火灾声警报应与消防应急广播交替循环播放。集中报警系统和控制中心报警系统应设置消防应急广播。图 4-31 所示为防灾广播控制盒。

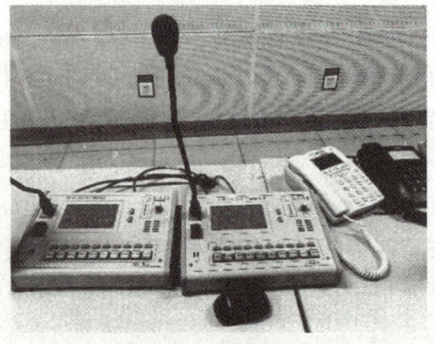

图 4-31　防灾广播控制盒

（4）消防通信设备

消防指挥中心设有专用电话，用于向公安消防部门报警。FAS 在城市轨道交通各地面建筑内及地下车站内设置消防报警电话插孔（见图 4-32），消防报警电话插孔与手动报警按钮并排设置。在区间隧道则利用轨旁电话系统实现火灾报警。FAS 在高压室、低压室、通信设备室、屏蔽门设备室等自动灭火系统保护房间门外的墙上，以及在消防水泵房和通风空调机房内设置能与各消防控制室直接通话的消防壁挂电话（见图 4-33）。OCC 设置调度电话总机，各消防控制室设置调度分机。OCC 的调度员可对设于各消防控制室的分机进行单呼、组呼、全呼；分机可对中心调度员进行一般呼叫和紧急呼叫。FAS 与行车调度共用一套闭路电视监控系统，火灾时进行火灾灾情监视。

图 4-32　手动报警按钮旁的消防报警电话插孔　　图 4-33　消防壁挂电话

3. 火灾自动报警系统的控制方式

在城市轨道交通系统中，火灾报警系统一般为两级管理、三级控制模式。一级管理为城市轨道交通控制中心（OCC）的消防指挥中心，二级管理为在各车站、车辆段、主变电所等处设置的防灾控制室。三级控制分别为主控制级、分控制级和就地级。

4.7.3　气体自动灭火系统

在城市轨道交通工程中，自动灭火系统保护的火灾类型主要包括国家标准中的 A 类和 E 类火灾，即固体物质火灾和带电火灾，主要用在城市轨道交通的主变电站、变配电站、信号设备室及车站控制室等车站的重要部位。

常用的气体自动灭火系统为烟烙烬惰性气体系统，是通过降低燃烧物周围的氧浓度的物理作用灭火的。

烟烙烬气体由 52% 氮气、40% 氩气和 8% 二氧化碳组成，该气体是自然存在的惰性气体组合，安全环保，不破坏臭氧层，在大气中的存活寿命为零，对所保护的设备和人员没有任何的危害，同时烟烙烬气体也不会产生任何酸性化学分解物，对精密贵重的设备无任何腐蚀作用，因此该系统成为目前世界上最流行的气体灭火系统。

1. 系统功能

气体灭火系统在每一防护区采用独立的控制系统完成整个报警灭火操作，监视防护区平时的状态，探测器一般采用一路感烟、一路感温，避免误报发生。一旦监测到满足两个回路的触发条件，随即触发相应的气体灭火系统联动管路及药瓶喷放装置，实现灭火药剂的喷放及浸润，迅速扑灭防护区内的火灾，达到保护重点防护区域的目的。在延时气体灭火阶段，能够人工手动取消气体灭火功能；在确认为火灾情况下，可实现现场手动喷放操作。

2. 系统组成

烟烙烬惰性气体灭火系统由控制系统和管网系统两部分组成。

1）控制系统

控制系统由气体灭火控制器（或控制单元）、继电器模块、后备电池、探测器（光电感烟探测器、感温探测器）、警铃、声光报警器（蜂鸣器及闪灯）、释放指示灯、紧急释放按钮、紧急止喷按钮、手动/自动转换开关、DC 24 V辅助联动电源箱等部分组成，其主要部件如图4-34所示。

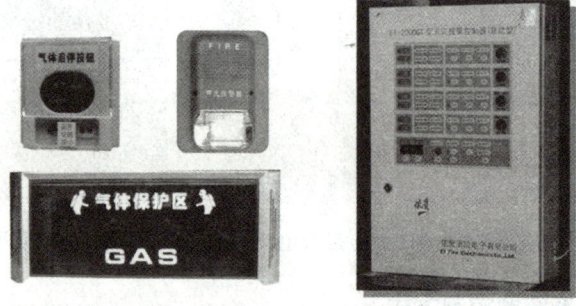

图4-34 控制系统主要部件

2）管网系统

管网系统由IG541气瓶及瓶头阀、钢瓶支架、启动钢瓶及自动启动装置、机械启动装置、高压释放软管、集流管、安全阀、液流单向阀、气流单向阀、减压装置、选择阀、压力开关、气动启动管路、气体输送管道和喷头等部分组成，其管网示意图如图4-35所示。

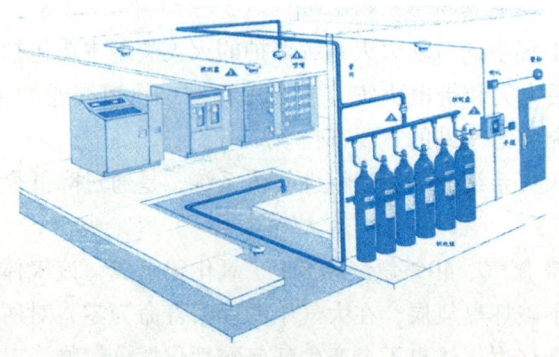

图4-35 气体灭火系统管网示意图

4.7.4 其他消防设备设施

1. 灭火器

灭火器是一种便携式灭火工具。灭火器内放置化学物品，用以救灭火灾。图4-36所示是常见的两种灭火器。

灭火器是常见的防火设施之一，存放在公众场所或可能发生火灾的地方，不同种类的灭火器内装填的成分不一样，是专为不同的火灾起因而设的，使用时必须注意，以免产生反效果及引起危险。

对于灭火器的分类，按其移动方式可分为：手提式和推车式；按驱动灭火剂的动力来源可分为：储气瓶式、储压式、化学反应式；按所充装的灭火剂不同可分为：泡沫、干粉、卤代烷、二氧化碳、清水等。

(a) 干粉灭火器　　(b) 二氧化碳灭火器

图4-36　常见的灭火器

2. 消火栓

消火栓是把室外给水系统提供的水经过加压、输送，用于扑灭建筑物内的火灾而设置的固定灭火设备，是建筑物中最基本的设施。其主要作用是控制可燃物、隔绝助燃物、消除着火源。

消火栓可以供消防车从市政给水管网或室内外消防给水管网取水实施灭火，也可以直接连接水带、水枪出水灭火。所以，消火栓系统是扑救火灾的重要消防设施之一。

消火栓根据设置位置不同分为室外消火栓和室内消火栓。室外消火栓是指设置在市政给水管网和建筑物外消防给水管网上的一种给水设施，如图4-37所示。

(a) 地上式消火栓　　(b) 地下式消火栓

图4-37　室外消火栓

室内消火栓是指设置在建筑物内消防给水管网上的一种给水设施,通常安装在消火栓箱内,与消防水带和水枪等器材配套使用,是我国使用最早和最普通的消防设施之一,在消防灭火的使用中,因性能可靠、成本低廉而被广泛采用。

消火栓系统由消防水箱、消防泵、管网、消火栓(箱)、报警控制设备及系统附件等组成。消火栓箱内主要有消火栓栓头、水带、水枪、消防软管卷盘等,如图4-38所示

图4-38 室内消火栓箱

3. 防火分隔设施

防火分隔设施主要有防火墙、防火门(见图4-39)、防火窗、防火卷帘(见图4-40)等。防火分隔设施能在一定的时间内阻止火势从一个空间向另一个空间蔓延,减少或避免建筑物、结构、设备遭受热辐射危险。

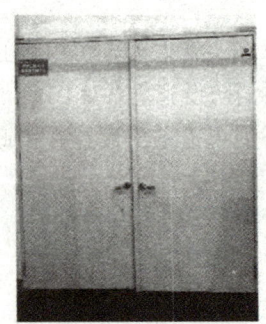

图4-39 防火门

图4-40 防火卷帘及其控制按钮

4. 防烟、排烟系统

防烟系统是指采用机械加压送风方式,防止烟气进入楼梯间、前室、避难层(间)等空间的系统;排烟系统是指采用机械排烟方式,将房间、过道等空间的烟气排至建筑物外的系统。防烟、排烟系统由风口、风阀、排烟窗、风机、风道及相应的控制系统组成。

5. 应急照明和疏散指示系统

应急照明和疏散指示系统是指用于建筑内人员安全疏散、逃生、避难和消防作业等应急行动的重要消防设施,消防应急照明和疏散指示系统的主要功能是在火灾事故发生时,为人员的安全疏散、逃生提供疏散路线和必要的照明,同时为灭火救援工作的持续开展提供应急照明。图 4-41 所示为消防应急照明灯,图 4-42 所示为疏散指示标志。

图 4-41　消防应急照明灯　　　　　图 4-42　疏散指示标志

▶▶▶思考与练习 4 ◀◀◀

一、填空题

1. 安全门系统包括_____、_____、_____、_____、司机门五种门体结构。
2. 安全门系统由_____、_____、_____、_____四个部分组成。
3. 站台安全门从封闭形式上可分为_____和_____两种类型。
4. 电梯系统由_____、_____、_____、_____四种组成。
5. 地下线的通风空调系统按控制区域分,由隧道通风系统和车站通风空调系统两部分组成。其中,隧道通风系统分为_____和_____;车站通风空调系统又分为_____、_____和_____。
6. 城市轨道交通给排水系统主要包括_____、_____和_____。
7. 烟烙烬惰性气体灭火系统是通过_____的物理作用灭火。

二、名词解释

1. 安全门
2. 电梯
3. 自动扶梯
4. 大系统
5. 小系统
6. FAS

三、简答题

1. 简述车站机电设备的作用及特点。
2. 安全门如何分类？其功能有什么区别？
3. 简述安全门的构成。
4. 简述安全门的五种控制方式。
5. 简述自动扶梯的组成。
6. 自动售检票系统车站终端设备有哪些？
7. 简述通风空调系统的功能。
8. 简述给排水系统的功能。
9. 简述火灾自动报警系统的组成。
10. 简述烟烙烬气体灭火系统的组成。

第 5 章　城市轨道交通车辆

【本章导学】

城市轨道交通车辆是城市轨道交通的运输载体，直接关系到城市轨道交通的运行品质和运行安全。自 1863 年 1 月 10 日英国伦敦建成世界上第一条地下铁道以来，地铁已有 150 余年的发展历史。最初的地铁车辆采用蒸汽机车牵引，直到 1890 年 12 月 18 日诞生了世界上第一条真正的电气化地下铁道线路后，地下铁道车辆技术开始了划时代的飞跃，电驱动地铁车辆也进入了不断发展的新时期。本章介绍城市轨道交通车辆的基础知识、基本组成、车辆基地及车辆检修，并介绍了新型城市轨道交通车辆——磁悬浮列车的现状与发展。

【学习目标】

1. 了解城市轨道交通车辆的特点、分类、选型、编组和标识。
2. 熟悉城市轨道交通车辆的基本参数。
3. 了解城市轨道交通车辆的基本构成。
4. 熟悉转向架的构造。
5. 熟悉风源与制动系统的工作原理。
6. 熟悉电气控制系统的工作原理。
7. 熟悉车辆段与停车场的主要业务与区别。
8. 了解磁悬浮列车的特点及工作原理。

5.1　城市轨道交通车辆概述

城市轨道交通车辆技术含量较高，车辆的数量、品种、质量和技术水平直接影响城市轨道交通的发展和运营。与其他交通工具相比较，城市轨道交通车辆具有载客能力强、安全可靠性高、动力性能好、环境条件优、牵引灵活等特点。

城市轨道交通车辆因类型不同，结构略有差异，技术参数也不一样，本节主要结合地铁和轻轨车辆，介绍城市轨道交通车辆共通的结构和特点。

5.1.1 车辆的特点

车辆是城市轨道交通系统中完成乘客运输任务的直接工具，它具有以下特点。

① 载客能力强 大型地铁车辆额定可达 310 人/辆。

② 动力性能好 城市轨道交通车辆速度快、加速能力强、制动效果好。

③ 安全可靠性强 城市轨道交通车辆设备先进，故障率低，稳定性和可靠性强，突发情况下适应性强。

④ 环境条件好 城市轨道交通车辆具有照明、空调、扶手等，乘坐舒适性好。

⑤ 灵活的牵引特征 根据不同的线路特征，可采用不同的牵引方式，即动力集中牵引和动力分散牵引。

⑥ 节能环保 车辆牵引动力常用电力牵引。

5.1.2 车辆的分类

1. 按供电方式和受电方式分类

按供电方式的不同，城市轨道交通分为架空接触网供电和接触轨供电两种形式。对应的列车按受电方式不同就可以分为受电弓受电车辆和集电靴受电车辆，如图 5-1、图 5-2 所示。

图 5-1 受电弓受电车辆

图 5-2 集电靴受电车辆

2. 按牵引动力配置分类

城市轨道交通车辆按牵引动力配置分为动车（motor，M）和拖车（trailer，T），现代城市轨道交通列车均由动车和拖车组成。

动车自身具有动力装置（装有牵引电机），具有牵引与载客双重功能，动车又可分为带有受电弓的动车和不带受电弓的动车。

拖车不装备动力装置，需要具有动力牵引功能的车辆牵引拖带，仅有载客功能，可设置司机室，也可带受电弓。

3. 按车辆规格分类

城市轨道交通车辆按车辆规格分为 A 型车、B 型车、C 型车。

A 型车为高运量地铁车辆的基本车型；B 型车为大运量地铁车辆；C 型车为轻轨车辆的基本车型。A 型车轴重较大，载客人数较多，车体尺寸较大。B 型车相对 A 型车各项指标值均较小，C 型车更小。各型车辆的主要指标见表 5-1。

表 5-1 城市轨道交通各型车辆的主要指标

序号	项目名称		A 型车	B 型车	C 型车		
			四轴车	四轴车	四轴车	六轴车	八轴车
1	车辆基本长度/m		22	19	18.9	22.3	29.5
2	车辆基本宽度/m		3	2.8	2.6		
3	车辆高度/m	受流器车（空调/无空调）	3.8/3.6	3.8/3.6	3.7/3.25		
		受电弓车（落弓高度）	3.8	3.8	3.7		
		受电弓工作高度	3.9～5.6				
4	车内净高/m		2.10～2.15				
5	地板面高/m		1.1		0.95		
6	车辆定距/m		15.7	12.6	11	7.2	
7	固定轴距/m		2.2～2.5	2.1～2.2	1.8～1.9		
8	车轮直径/mm		840		760		
9	车门数/（个/每侧）		5	4	4	4	3
10	车门宽度/m		≥1.3				
11	车门高度/m		≥1.8				
12	定员人数/人	单司机室车	295	230	200	240	315
		无司机室车	310	245	210	250	325
13	车辆轴重/t		≤16	≤14	≤11		
14	站立人员标准	定员/（人/m²）	6				
		超员/（人/m²）	9				
15	最高运行速度/（km/h）		≥80		≥70		
16	起动平均加速度/（m/s²）		≥0.9		≥0.85		
17	常用制动减速度/（m/s²）		1.0		1.1		
18	紧急制动减速度/（m/s²）		1.2		1.3		
19	噪声/dB（A）	司机室内	≤72		≤70		
		客室内	≤72		≤75		
		车外	80～85（站台）		≤82		

注：C 型车包括低地板车。

5.1.3 车辆选型的基本原则

① 车辆选型应以工程的主要技术条件（线路条件、供电电压等）为依据，其技术指标应满足客运量及行车组织（行车密度）的要求。

② 车辆选型和技术条件，应能适应当地的环境和气候。地面和高架为主的线路，应考虑车辆的降噪措施。

③ 车辆的主要部件和设备,应采用先进、成熟、安全、经济、可靠且检修方便的产品。

④ 车辆的选型应考虑与城市景观的协调,在外形与色彩方面应力求与城市环境统一和谐。

⑤ 车辆的引进和生产,要严格坚持车辆国产化的原则和有关政策。

5.1.4 列车的编组与标识

1. 列车编组

车辆在运营时一般采用动拖结合,固定编组,形成电动列车组(简称动车组)。由动车和拖车通过车钩连接而成的一个相对固定的编组称为一个(动力)单元,一列车可以由一个或几个单元编组而成,具体编组形式可采用全动车形式或动拖车有机结合的固定编组形式。无论采用何种编组形式,每列车的首车和尾车必须带有司机室。

随着车辆技术的不断发展,牵引电机单位体积的功率越来越大,车体宽度及车长也在加大。相对来说,列车编组的最大辆数也相对减少。采用全动车编组,理论上的好处是摘编方便、编组灵活(如:北京地铁一期),但现在城轨列车大多采用动拖结合的混编方式。我国地铁列车编组形式为:6 辆编组主要有"三动三拖"和"四动二拖",四辆编组主要有"二动二拖"。例如 北京地铁 SFM13 型车辆采用由 2 个动力单元组成的 6 辆编组,如图 5 - 3 所示,编组方式如下:

$$= TC1 * M1 * M2 * M3 * M4 * TC2 =$$

其中,"="表示半自动密接式车钩,"*"表示半永久棒式车钩。

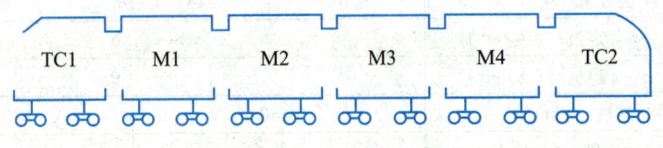

图 5 - 3 列车编组示意图

TC 车为带司机室的拖车,M 车为动车,TC1、TC2、M1、M2、M3、M4 车的车下设备不同,如表 5 - 2 所示。北京地铁运营线路的编组及车型如表 5 - 3 所示。

表 5 - 2 TC 车及 M 车车下设备

车型	牵引系统设备及管线	辅助系统设备及管线	制动系统设备及管线	空气压缩机	扩展供电装置	蓄电池箱
TC1		√	√			√
M1	√		√	√		
M2	√		√			
M3	√		√		√	
M4	√		√			
TC2		√	√			√

表 5-3　北京地铁运营线路编组及车型

序号	线路	编组	序号	线路	编组
1	1 号线	6B	10	13 号线	6B
2	2 号线	6B	11	14 号线	6A
3	4 号线	6B	12	15 号线	6B
4	5 号线	6B	13	16 号线	8A
5	6 号线	8B	14	八通线	6B
6	7 号线	8B	15	大兴线	6B
7	8 号线	6B	16	亦庄线	6B
8	9 号线	6B	17	房山线	6B
9	10 号线	6B	18	昌平线	6B
			19	机场线	非标准车 4 节

2. 车辆编号

每节车都有固定的编号,各个城市和各个时期的城市轨道交通车辆编号原则不尽相同。北京地铁车辆编号原则为:车辆段代号+列车类型+顺序编号(2 位)+车厢序号,例如:车号 T4103 的编号含义如图 5-4 所示。

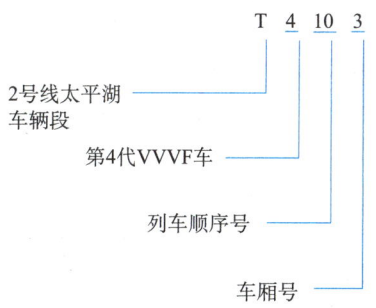

图 5-4　北京地铁车辆编号

首字母表示车辆段代号,如 S 代表四惠车辆段,T 代表太平湖车辆段,W 代表万柳车辆段。列车类型由一位数字表示,如 1 代表凸轮调压,2 表示斩波调阻,3 表示斩波调压,4 表示调频调压。

北京地铁新开通线路编号更加清晰易懂,一般用线路号+列车顺序号+车厢号表示,如 CP0061 表示昌平线、第 6 列车、1 号车厢。

3. 车端、车侧

1) 车端

车端是按车钩的自动化程度高低来定义的。车辆两端的车钩一般都为不同类型的车钩,自动化程度较高的车钩所在的一端定义为Ⅰ位端,而自动化程度较低的车钩端定义为Ⅱ位端,如北京地铁 SFM13 型车辆的车端如图 5-5 所示。

2) 车辆车侧

当人站立在车辆的Ⅰ位端面向Ⅱ位端时,人的左侧即为车辆的一位侧,人的右侧即为车辆的二位侧,如图 5-5 所示。

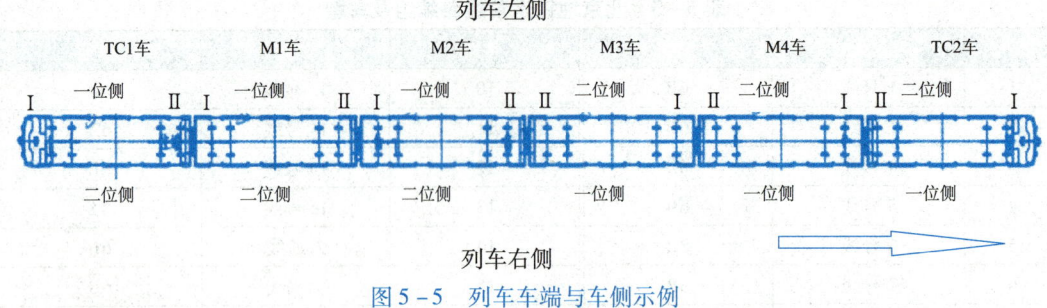

图 5-5 列车车端与车侧示例

3）列车车侧

列车车侧定义与车辆车侧定义不同，列车的车侧是以司机驾驶列车的方位来定义的。当司机驾驶列车时，司机的右侧即为列车的右侧，司机的左侧即为列车的左侧，如图 5-5 所示。

5.1.5 车辆技术参数

车辆技术参数是概括地介绍车辆技术规格的某些指标，是从总体上表征车辆性能及结构的一些参数，一般可分为性能参数与主要尺寸两大类。

1. 性能参数

① 车辆自重、载重和容积　自重为车辆本身的全部质量；载重即车辆允许的正常最大装载质量，均以 t 为单位；容积以 m^3 为单位。

② 车辆构造速度　车辆设计时，按安全及结构强度所允许的车辆最高行驶速度。车辆实际运行速度不允许超过构造速度。

③ 轴重　车辆在某运行速度范围内一根轴允许负担的包括轮对自身重量在内的最大总重量。轴重的选择，与路线、桥梁及车辆走行部分的设计标准有关。

④ 每延米轨道载重　是车辆设计中与桥梁、线路强度密切相关的一个指标，同时又是能否充分利用站线长度、提高运输能力的一个指标，其数值是车辆总质量与车辆全长之比。

⑤ 通过最小曲线半径　与转向架类型及设计有关，指的是配用某种形式转向架的车辆在站、场调车时所能安全通过的最小曲线半径。当车辆在此曲线区段上行驶时不得出现脱轨、倾覆等危及行车安全的事故，也不允许转向架与车体底架或车下其他悬挂物相碰。

⑥ 轴配置或轴列数　指车辆在所配转向架的动轴或非动轴配置情况。例如，四轴动车一般设两台动力转向架，其轴配置记为 B—B；六轴单铰轻轨车一般两端为动力转向架，中间为非动力铰接转向架，其轴配置记为 B—2—B。

⑦ 最大起动加速度　指列车以最大牵引力起动时的加速度，通常包括平均起动加速度和最大制动减速度。

⑧ 制动形式　有摩擦制动、再生制动、电阻制动和磁轨制动等形式。

⑨ 供电电压　一般采用 DC 1 500 V 或 DC 750 V。

⑩ 最大网电流　指最大负荷时网侧电流，由牵引电机功率决定。

⑪ 牵引电机功率　多在 180~300 kW。

⑫ 座席数及每平方米地板面积站立人数　与车辆尺寸有关，也与设计的服务水平有关。

2. 主要尺寸参数

① 车辆最大宽度与最大高度　车辆最大宽度指车体最宽部分的尺寸；车辆最大高度

指车辆顶部最高点与钢轨水平面之间的距离。这两个尺寸均需符合车辆限界的要求。

② 车体长度、高度、宽度 有车体外部与内部之别,但车体内部的长、宽、高必须满足货物装载或旅客乘坐等要求。

③ 车钩中心线距轨面高度 简称车钩高,指的是新造或修竣后空车的数值。它是指车钩钩舌外侧面的中心线至轨面的高度。城市轨道车辆的车钩高无统一的标准,上海地铁车辆定为720 mm,北京地铁车辆为670 mm。

④ 地板面高度 地板面距轨面的高度,简称地板高。与车钩高一样,二者均指新造或修竣后空车的数值。它受两方面的制约,一是车辆本身某些结构的高度,如车钩高及转向架下心盘面的高度;二是站台高度的标准,如上海地铁车辆地板高为1 130 mm,北京地铁车板高为1 053 mm。

⑤ 车辆定距 车辆两相邻转向架之间的距离。

5.2　城市轨道交通车辆基本组成

城市轨道交通车辆尽管形式不同,但均可由车体、转向架、车辆连接装置、制动系统、电气传动控制系统、风源系统、受流装置、辅助电源、空调系统、TCMS 系统等组成。

5.2.1　车体

车体是城市轨道交通车辆最重要的组成部件之一,其主要作用是载客。车体坐落在转向架上,几乎所有的机械、电气、电子设备都安装在车体的上部、内部及下部,驾驶室也设置在车体中。车体一般由底架、侧墙、车顶、前端、后端等组成,其主视图如图 5-6 所示。车体最初由普通碳素钢制造,为了减少腐蚀,提高使用寿命,耐候钢制造的车体得到广泛应用,图 5-7 所示为用耐候钢制造车体的北京地铁一号线车辆。为实现车体的轻量化,现代城市轨道交通车辆多由不锈钢、铝合金制造。车体的个别部位(如前端等)也可采用有机合成材料制造。车体要有隔音、减振、隔热、防火及在事故状态下尽可能保证乘客安全的逃生门等设施。

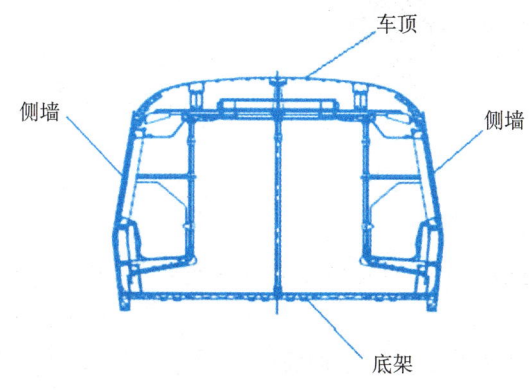

图 5-6　车体主视图

图 5-7　北京地铁一号线车辆(耐候钢)

5.2.2 转向架

转向架是城市轨道交通车辆最重要的组成部件之一,是支撑车体并担负车辆沿轨道走行的支撑走行装置。转向架一般由构架、轮对、悬挂系统、减振装置、基础制动装置、传动装置等组成。动车的牵引电机、变速机构等装在转向架上,其装配图如图 5-8 所示。转向架的结构及各部参数是否合理,直接影响车辆的运行品质、动力性能和行车安全。

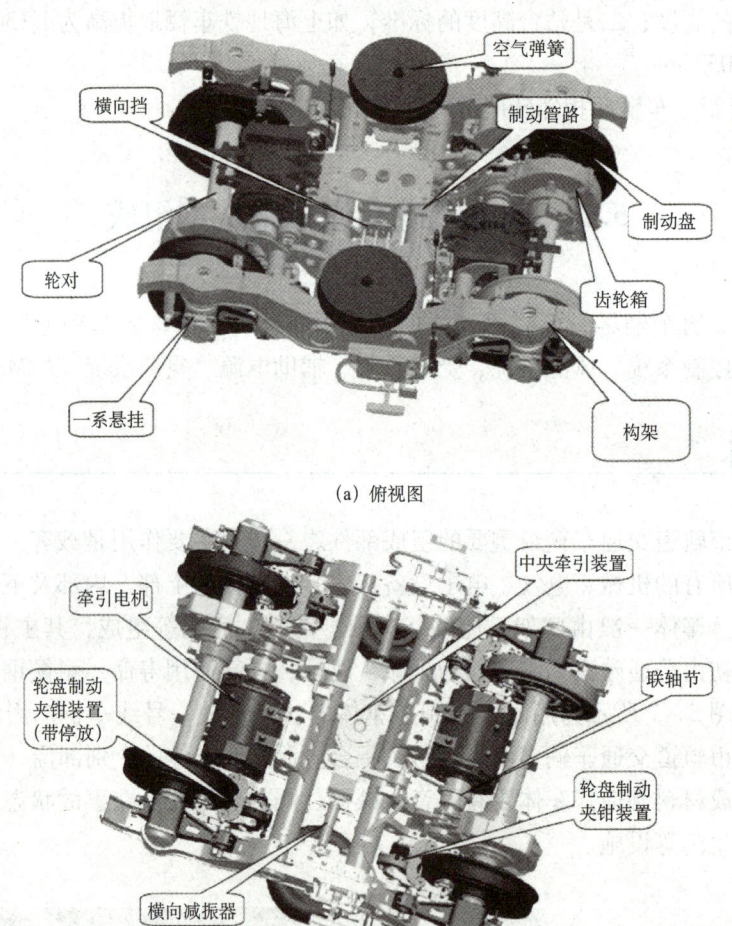

(a) 俯视图

(b) 仰视图

图 5-8 动车转向架装配图

1. 转向架的作用

① 承载 转向架能支承车体,承受并传递从车体至轮对之间或从轮轨至车体之间的各种载荷及作用力,并使轴重均匀分配。

② 牵引 转向架能充分利用轮轨之间的黏着力,牵引车辆前进。

③ 转向 保证车辆安全运行,并顺利地通过曲线。

④ 缓冲　转向架上装有弹簧减振装置，能够缓和车辆的冲击和振动，提高车辆运行的平稳性。

⑤ 制动　产生必要的制动力，使车辆在规定的距离内减速或停车。

2. 转向架的分类

1）按轴箱定位方式分类

① 拉板式轴箱定位转向架　用特种弹簧钢材制成的薄片形定位拉板，其一端与轴箱连接，另一端通过橡胶节点与构架相连，如图 5-9（a）所示。

② 拉杆式轴箱定位转向架　拉杆的两端分别与构架轴箱销接，拉杆两端的橡胶垫、套分别限制轴箱与构架之间的横向与纵向的相对位移，实现弹性定位，如图 5-9（b）所示。

③ 转臂式轴箱定位转向架　又称弹性铰定位，定位转臂的一端与圆筒形轴箱体固接，另一端以橡胶弹性节点与构架上的安装座相连接，如图 5-9（c）所示。

④ 层叠式橡胶弹簧定位转向架　在构架与轴箱之间装设压剪型层叠式橡胶，其垂向刚度较小，使轴箱相对构架有较大的上、下方向位移，而它的纵、横向有适宜的刚度，以实现良好的弹性定位，如图 5-9（d）所示。

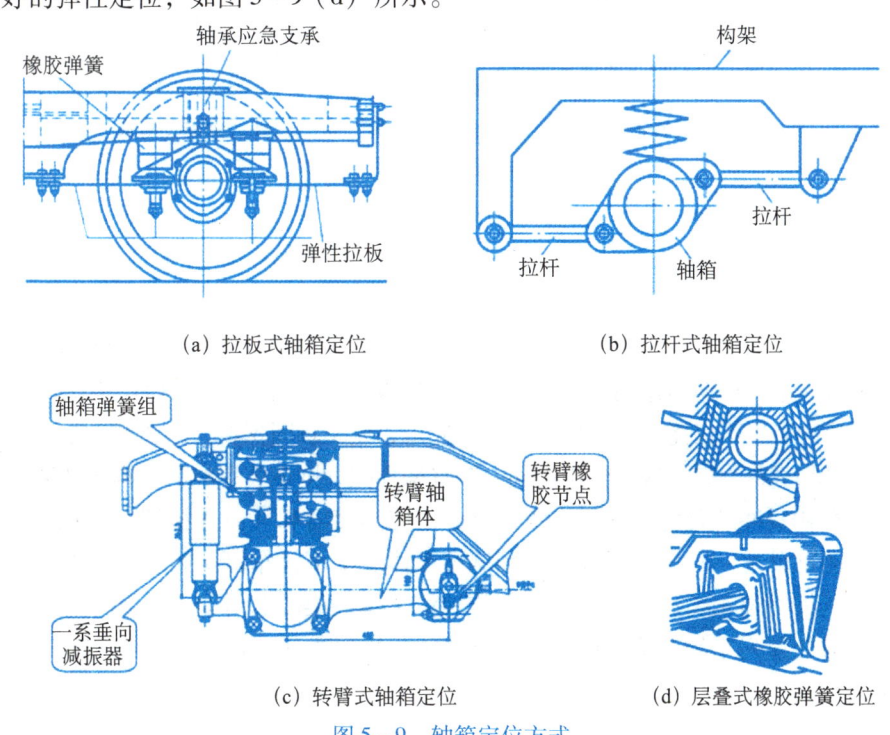

图 5-9　轴箱定位方式

2）按弹簧系统分类

① 一系弹簧悬挂　在车体与轮对之间，只设有一系弹簧减振装置，如图 5-10（a）所示。

② 二系弹簧悬挂　在车体与轮对之间设有二系弹簧减振装置，即在车体与构架间设弹簧减振装置，在构架与轮对间设轴箱弹簧减振装置，两者相互串联，使车体的振动经历两次弹簧减振的衰减，如图 5-10（b）所示。

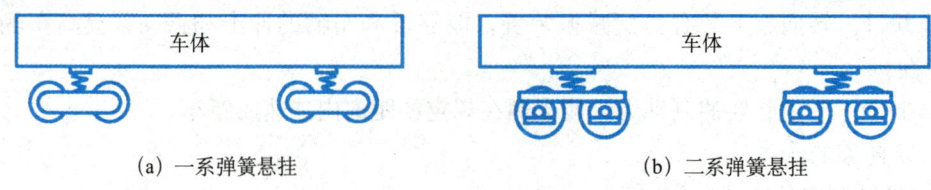

(a) 一系弹簧悬挂　　　　　　　　(b) 二系弹簧悬挂

图 5-10　弹簧悬挂装置

3）按车体与转向架之间载荷传递方式分类

① 心盘集中承载　车体的全部质量通过前后两个上心盘分别传递给前后转向架的两个下心盘，如图 5-11（a）所示。

② 非心盘承载　车体的全部质量由转向架的旁承支撑，如图 5-11（b）所示。

③ 心盘部分承载　车体上部质量按一定比例分配，分别传递给心盘和旁承，使它们共同承载，如图 5-11（c）所示。

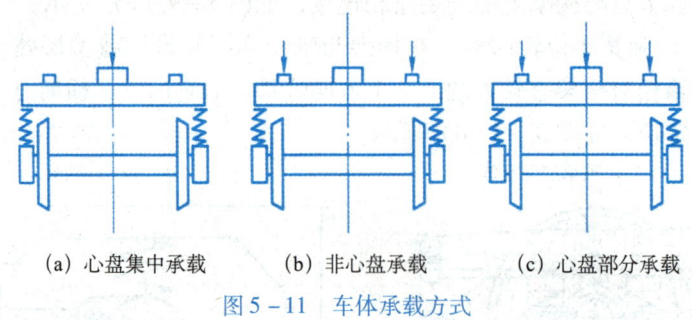

(a) 心盘集中承载　　(b) 非心盘承载　　(c) 心盘部分承载

图 5-11　车体承载方式

5.2.3　车辆连接装置

车辆的连接是通过车钩实现的，车钩后部一般需要装设缓冲装置，以缓和列车运行中的冲击力。也就是说，车钩的作用是保证各个车辆的连接，并且传递牵引力、制动力和其他纵向冲击力。缓冲装置不仅能缓解车辆间的相互冲击，使车辆间保持一定的距离，而且还连接车辆间的电路和气路。如果这些作用由同一装置来承担，则该装置称为车钩缓冲装置。

因此，车钩缓冲装置包括车钩、缓冲器、电路连接器和气路连接器。车钩缓冲装置是车辆最重要的部件之一。车钩缓冲装置固定在车体底架上，车辆运行牵引、制动时发生的纵向拉力和压缩力经车钩、缓冲器，最后传递给车体底架的牵引梁。

城市轨道交通列车的车钩按照牵引连接装置的连接方法不同分为自动车钩、半自动车钩和半永久车钩。

1. 自动车钩

自动车钩一般设置在列车端部，用于与其他列车连挂，如图 5-12 所示。当车辆连接时，全自动车钩可以实现：自动机械连接、自动气路连接、自动电路连接；解钩时，在司机室按动"解钩"按钮可实现自动解钩，也可以手动操纵进行解钩。解钩后，车钩即处于待挂状态，电气连接器通过盖板自动关闭，以防止水、尘等杂物进入。风管连接管也自动关闭，以防止压缩空气泄漏。自动车钩还设有可复原能量吸收装置（缓冲器）、对中装置，以及吸收能量的可压溃筒体。

图 5-12 自动车钩

2. 半自动车钩

半自动车钩一般安装在组成列车的车组之间，用于将两个车组单元连接成一整列，可以自动实现车组单元之间的机械和气路联结与解钩，电路部分只能手动联结。半自动车钩也具有能量吸收装置，以使得在过载冲击下车辆解钩不受破坏。半自动车钩如图 5-13 所示。

图 5-13 半自动车钩

3. 半永久车钩

半永久车钩（见图 5-14）的机械、气路和电路的联结（见图 5-15）和解钩都需要人工操作，一般只有在架修以上的作业时才进行分解。

半永久车钩可以实现车与车的连接，不具备自动机械解钩功能，设有人工气路连挂、人工电路连挂，解钩作业需要在车辆段内进行，采用非气动方法，通过弹性缓冲器实现可复原能量吸收。

图 5-14 半永久车钩　　　　5-15 半永久车钩的电路联结和气路联结

5.2.4 制动系统

城市轨道交通车辆必须安装制动系统，制动系统的作用就是根据需要使车辆按规定减速、停车。制动系统由制动控制系统和制动执行系统组成。

1. 对制动系统的要求

城市轨道交通的站距较短，因此车辆的调速及停车都比较频繁。为了提高运行速度

（尤其是对高架有轨交通车辆和地铁车辆），必须使其起动快，制动距离短。另外，城市轨道交通车辆的旅客上下车客流波动较大，对车辆载重有较大的影响。针对这些特点，城市轨道交通车辆的制动系统应具备以下条件。

① 操纵灵活，制动减速快，作用灵敏可靠，动车组前后车辆制动、缓解作用一致。

② 具有足够的制动能力，保证动车组在规定的制动距离内停车。

③ 对新型的城市轨道交通车辆，一般要求具有动力制动能力，并且在正常制动过程中应尽量充分发挥动力制动能力，以减少对城市环境的污染和降低运行成本。同时，应具有动力制动与摩擦制动的联合制动能力。

④ 制动系统应保证动车组在长大下坡道上运行时，其制动力不会衰减。

⑤ 动车组各车辆的制动能力应尽可能一致，制动系统应根据乘客量的变化而具有空重车调整能力，以减少制动时的纵向冲击。

⑥ 具有紧急制动功能，遇有紧急情况时，能使动车组在规定距离内安全停车。紧急制动除可由司机操纵外，必要时还可由行车人员利用紧急按钮（紧急阀）进行操纵。

⑦ 动车组在运行中发生诸如列车分离、制动系统故障等危及行车安全的事故时，应能自动起动紧急制动作用。

2. 制动方式

城市轨道交通车辆按能量转移方式可以分为两类：即摩擦制动和动力制动。

1） 摩擦制动

车辆的动能通过摩擦转变为热能。城市轨道交通车辆常用的摩擦制动方式主要有闸瓦制动和盘形制动。

（1） 闸瓦制动

闸瓦制动又称为踏面制动，它是最常用的一种制动方式，如图 5-16 所示。制动时闸瓦压紧车轮，轮、瓦间发生摩擦，动车组的动能大部分通过轮、瓦间的摩擦变成热能，经车轮与闸瓦最终逸散到大气中去。

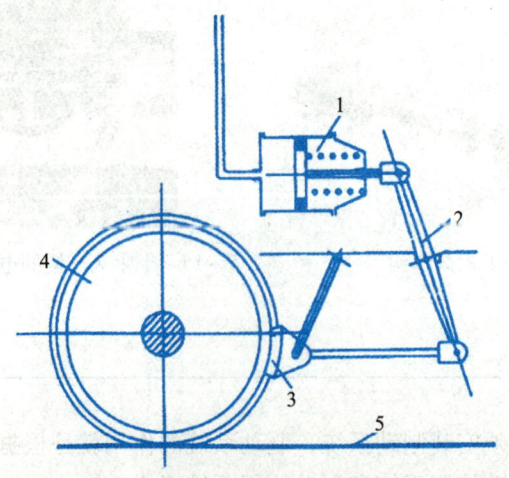

1—制动缸；2—基础制动装置；3—闸瓦；4—车轮；5—钢轨

图 5-16 闸瓦制动

在闸瓦与车轮这一对摩擦副中，车轮由于主要承担着车辆走行功能，因此其材料不能随意改变。要改善闸瓦制动的性能，只能通过改变闸瓦材料的方法。早期的闸瓦材料主要是铸铁。为了改善摩擦性能和增加耐磨性，目前城市轨道交通车辆中大多采用合成闸瓦。但合成闸瓦的导热性较差，因此目前也有采用导热性能良好，且具有较好的摩擦性能和耐磨性的粉末冶金闸瓦。

在闸瓦制动方式中，动能转化为热能的能力大，但热能逸散于大气的能力相对较小。当要求的制动功率较大时，有可能因热能来不及逸散于大气而在闸瓦与车轮踏面积聚，使它们的温度升高，严重的甚至会导致闸瓦熔化（铸铁闸瓦）或车轮踏面产生裂纹等。因此，在采用闸瓦制动时，对制动功率要有限制。

（2）盘形制动

盘形制动有轴盘式和轮盘式之分。一般采用轴盘式盘形制动装置，如图 5-17 所示。当轮对中间由于牵引电机等设备使制动盘安装发生困难时，可采用轮盘式盘形制动装置。制动时，制动缸通过制动夹钳使闸片夹紧制动盘，使闸片与制动盘间产生摩擦，把动车组的动能转变为热能，热能通过制动盘与闸片散于大气。

图 5-17 轴盘式盘形制动装置

2）动力制动

动力制动时，将牵引电机变为发电机，使列车动能转化为电能，对这些电能的不同处理方式形成了不同的动力制动方式。城市轨道交通车辆上采用的动力制动方式主要有电阻制动和再生制动。

（1）电阻制动

电阻制动是将列车动能转化的电能加于电阻器中，使电阻器发热，即电能转变为热能。电阻器上的热能靠风扇强迫通风而散于大气中。电阻制动一般能提供较稳定的制动力，但车辆底架下需要安装体积较大的电阻箱。

（2）再生制动

再生制动是把动车组的动能通过电机转化为电能后，再使电能反馈回电网，提供给别的列车使用。显然这种方式既能节约能源，又能减少制动时对环境的污染，并且基本上无磨耗。因此这是一种较为理想的制动方式。

3. 制动控制系统

制动控制系统是制动系统在司机或其他控制装置（如 ATC）的控制下，产生、传递制动信号，并对各种制动方式进行制动动力分配、协调的部分。制动控制系统有空气制动系统和电控制系统两大类。当以压缩空气作为制动信号传递和制动力控制的介质时，该制动系统称为空气制动控制系统。空气制动控制系统又称为空气制动机。以电气信号来传递制动信号的制动控制系统，称为电气指令式制动系统，简称电控系统。

制动控制方式有：气控制气、电控制气、电-空控制等多种控制方式。目前城市轨道交通车辆绝大部分采用电-空控制。

① 气控制气是根据一根贯通列车的管道内压缩空气的变化，通过一些阀的动作来控制执行元件的动作。

② 电控制气是利用列车线来控制操纵执行元件的电磁阀，从而达到控制执行元件的作用。

③ 电-空控制是用一条列车控制线贯通整列车，形成连续回路。利用电信号来控制气信号，再用气信号控制执行元件的动作。制动的电指令是利用脉冲宽度调制，能进行无极控制制动。先进的电空控制则是应用计算机对各种数据进行处理后发出电信号，进行控制。

5.2.5 电气传动控制系统

电气传动控制系统由电气控制系统及电气执行系统组成。电气传动控制由控制信号发生、控制信号传输的电子器件及控制电器组成。电气控制执行系统由牵引电机组成。电气传动控制系统分为直流控制系统和交流控制系统。所谓直流控制系统就是采用直流牵引电机的控制系统。所谓交流控制系统就是采用交流牵引电机的控制系统。图 5-18 所示是目前常用的交流牵引电机外形图。

图 5-18 目前常用的交流牵引电机外形图

直流控制系统分为凸轮调阻控制、斩波调阻控制及斩波调压控制。凸轮调阻控制就是在牵引和电阻制动时，由凸轮控制电气节点的开闭，实现制动电阻的变换和串并联转换来调节直流牵引电机的电压及电流。凸轮调阻控制技术已经趋于淘汰。斩波调阻控制就是用斩波器调节电阻值控制直流牵引电机的电压及电流的控制方式。斩波调压控制就是用斩波器直接调节牵引电机的电压及电流。

交流控制系统分为异步电机控制和直线电机控制两种。异步电机控制就是用调压调频装置控制异步电机的电压及频率，实现牵引和电气制动。直线电机不采用旋转的异步电机，而采用直线感应牵引电机。

5.2.6 风源系统

城市轨道交通车辆转向架上的空气弹簧、机械制动及有些车辆上车门的开闭等都需要压缩空气，所以必须有风源系统。风源系统一般由电动空气压缩机（见图 5-19），风缸（见图 5-20），除油、除湿装置，散热装置，压力控制装置，管路等组成。

图 5-19　电动空气压缩机

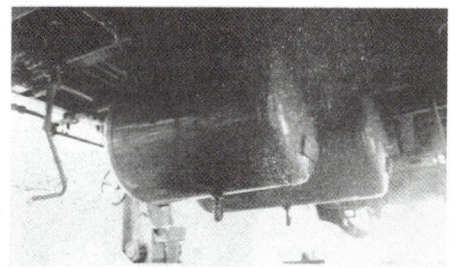

图 5-20　风缸

5.2.7 受流装置

受流装置是将列车外部电源引入车辆电源系统的重要设备。一般城市轨道交通车辆采用的直流供电分 750 V 和 1 500 V 两种。根据线路供电方式不同，列车受流装置可分为受电弓和集电靴两种形式，直流 750 V 供电一般采用第三轨供电，在车辆的转向架上装有集电靴，通过集电靴与第三轨接触受流。按集电靴与第三轨的接触方式不同，又分上部受流和下部受流两种，上部受流是集电靴与第三轨上部接触滑行，下部受流是集电靴与第三轨下部接触滑行。集电靴如图 5-21 所示。

直流 1 500 V 供电一般采用架空式接触网供电，车辆上从接触网取电的装置为受电弓，如图 5-22 所示。受电弓是一种通过空气回路控制升降的铰接式机械结构，一般通过支持绝缘子安装于车辆的顶部，通过弓头上的碳滑板与接触线接触受流。

图 5-21　集电靴

图 5-22　受电弓

5.2.8 辅助电源

城市轨道交通车辆上的交、直流用电，如照明、通风、空调、控制等均由辅助电源供给。辅助电源早期为电动发电机组，现多采用逆变电源。电动发电机组是将供电线路的直流电源经过电动发电机组变成三相交流电源，供交流用电使用，经过整流装置供直流电源使用。逆变电源的作用是将供电线路的直流电源经过逆变器控制变成三相交流电源，供交流电源使用，经整流装置供直流电源使用。图 5-23 所示是辅助逆变器。

图 5-23　辅助逆变器

城市轨道交通车辆装有蓄电池，用作供控制电源和辅助电源停止工作的应急电源。

5.2.9 空调系统

城市轨道交通车辆因乘客拥挤、空气污浊，必须安装空调系统。城市轨道交通车辆的空调系统主要由通风系统、制冷系统、加热系统和自动控制系统组成。城市轨道交通车辆一般在车顶配置两台顶置单元式空调机组，通过车顶风道及风口向车内送风，各空调单元均设有两套独立的制冷系统，以增加空调装置的可靠性。由于车辆限界及车体断面尺寸的限制，城市轨道交通采用超薄型空调机组，如图 5-24 所示。

图 5-24　超薄型空调机组

5.2.10 TCMS 监控系统

TCMS（train control management system）监控系统，用于对城市轨道交通车辆主要设

备的运行状态进行自动检测、记录和显示。受监控的设备包括 VVVF 逆变器、静止逆变器（SIV）、制动装置、空压机、空调装置、车辆广播和乘客信息系统、客室电动门和 ATP 等。

TCMS 监控系统由以下 3 部分组成：头、尾车司机室内的监控显示器，头、尾车的监控中心，每个车的监控终端。车上各装置的运转情况将由监控中心和每个车的监控终端汇集，然后通过显示器显示给驾驶员，信息显示带有图形和色彩，以便驾驶员识别。TCMS 监控系统采用人机交互式，如果发生故障，将会在司机室的显示屏上显示，方便驾驶员操纵车辆，同时为车辆检修提供便利条件。

5.3　车辆基地及车辆检修

5.3.1　车辆基地

1. 车辆段

1）车辆段定义

车辆段是具有配属车辆，以及承担车辆的运用管理、整备保养、检查工作和承担较高级别车辆检修任务的基本生产单位。若运行线路较长，为了有利于运营和分担车辆的检查、清洗工作量，可在线路的另一端设停车场，负责部分车辆的停放、运用、检查和整备工作。当技术经济合理时，也可以两条或两条以上线路共设一个车辆段。城市轨道交通除车辆保养基地以外，尚有综合维修中心、材料总库和职工技术培训中心等基地，有条件时，尽量将它们与车辆段规划在一起。图 5-25 所示为北京地铁十三陵车辆段。

图 5-25　北京地铁十三陵车辆段

2）车辆段的主要业务

① 列车在段内调车、停放、日常检查、一般故障处理和清扫、洗刷。

② 车辆的技术检查、月修、定修、架修和临修、试车等作业。

③ 列车回段、折返、乘务司机换班。
④ 段内设备和机具的维修，及调车机车的日常维修工作。
⑤ 安置紧急救援抢修队及相关设备。

2. 停车场

1）停车场的定义

停车场是具有配属车辆，以及承担车辆的运用管理、整备保养、检查工作的基本生产单位。图 5-26 所示为北京地铁宋家庄停车场。

图 5-26　北京地铁宋家庄停车场

2）停车场的主要业务

① 承担城市轨道交通车辆的整备作业（包括停放及洗刷、清扫、检查、乘务任务）。
② 进行车辆定修（年检）及以下范围修理。
③ 通过静态调试和动态调试对列车进行综合性测试。
④ 对列车施行临修或采用部件互换修方式进行车辆检修。

3. 车辆段与停车场的区别

尽管"车辆段"属外来语，但该名词在我国已沿用数十年，考虑到我国铁路系统也一直沿用，因此城市轨道交通采用"车辆段"作为泛指地铁车辆检修设施和运用整备设施的总称，并将车辆检修设施和运用整备设施分别称为检修车辆段（简称车辆段）、运用停车场（简称停车场）。

停车场往往只配备停放车辆的股道和一般的维修整备设备，仅能完成车辆的运用管理、清洁整备、列车安全检查和月检等日常维修保养工作。简单的停车场也可不担负月检任务，其月检设施可设于相关车辆段内，在设计中应根据实际情况灵活运用。

车辆段则必须配备相应修程的各种检修设备和设施，包括检修库和各种检修线路、各种辅助生产车间和设备，以及为车辆检修服务的各种设施，如试车线、镟轮线、给水设备、供电设备和污水处理设备等。

为充分利用设备、便于管理、节约基建投资，通常将停车场和车辆段合并设置在一起，统称为车辆段。独立设置的停车场只是在线路太长或车辆段用地面积受限，或运营的特殊需要等情况下才设置。为便于运营管理，独立设置的停车场应隶属于相关车辆段。

5.3.2 车辆检修

1. 车辆检修部门的主要工作范围
① 车辆检修部门根据列车的运用计划，制订相应的列车检修计划。
② 在每日列车运营结束后，车辆检修部门对回库列车进行日常检查、维护。
③ 运营列车在途中发生故障时，若在列车驾驶员处理范围之内，并经驾驶员处理恢复良好运用状态的列车，可继续运行或维持运行，尽量避免救援；列车驾驶员若不能处理时，应尽快组织救援，以保证运营线路的畅通。

2. 车辆的检修方式
1）部件互换修
① 可以大大缩短车辆的检修停运时间，提高车辆的使用率。
② 合理组织生产，有效提高劳动生产率。
③ 能提高车辆的检修质量，增强车辆运行的安全性。
④ 形成车辆设备及零部件检修的专业化。
⑤ 列车运用投入率提高，减少城市轨道交通工程建设投资，降低运营成本。
2）车辆零部件的专业化集中修理
① 设置车辆部件维修中心，兼作车辆的配件（部件物流）中心。
② 在车辆段设置车辆设备及零部件维修基地，负责供给本车辆段或其他车辆段车辆互换件。
③ 设专门的车辆部件修理厂或车辆修理厂，进行车辆零部件的集中专业修理，或对线网车辆进行检修。
3）车辆集中大修、架修
① 同类型车辆集中架修、大修。
② 区域或同线车辆集中架修、大修。

3. 车辆修程及检修内容
我国城市轨道交通车辆的检修修程可分为厂修、架修、定修、月修和列检5个等级。其中厂修、架修和定修为定期检修，通常在车辆段实施；月修和列检为日常维修，通常在停车场实施。

由于我国各地的城市轨道交通车辆不尽相同，所以车辆修程也没有统一规定。例如，上海地铁车辆在日常维修中增加了周检这一修程，以确保行车安全。城市轨道交通车辆各修程检修作业范围如表5-4所示。北京、广州、天津的城市轨道交通车辆检修修程如表5-5~表5-7所示。

表5-4 城市轨道交通车辆各修程检修作业范围

修程	主要检修内容
列检	对受电弓、控制装置、各种电气装置、转向架、空气制动装置、车钩缓冲装置、铰接装置、车门、车体、车灯、蓄电池箱等主要部件进行外观检查,对危及行车安全的故障进行重点修理
月修	对受电弓、牵引电机、控制装置、各种电气装置、转向架、空气制动装置、车钩缓冲装置、铰接装置、车门、车体、车灯、蓄电池箱等主要部件的技术状态和作用进行检查和必要的试验,对危及行车安全的故障进行全面修理
定修	卸下受电弓、牵引电机、控制装置、转向架、控制制动装置、蓄电池等部件,对其技术状态和作用进行检查和修理,并进行必要的试验;对计量仪器、仪表进行校验;对其余主要部件的技术状态和作用做相应的检查和修理;修竣车的静调和试车达到定修标准
架修	卸下受电弓、牵引电机、控制装置、各种电气装置、转向架、传动装置、轮对、轴承、空气制动装置、车钩缓冲装置、车门、蓄电池等部件,对其进行分解、检查和修理,并进行必要的试验,对计量仪器、仪表进行校验,对车体及其余部件的技术状态和作用做相应的检查和修理,车体油漆标记,修竣车的静调和试车达到架修标准
厂修	架车、车辆解体、对转向架构架和车体进行整形,对所有部件全部进行分解、检查和修理,完全恢复其性能,重新油漆标记,修竣车的静调和试车达到厂修标准

表5-5 北京城市轨道交通车辆检修修程

修程	检修周期		停修时间/天
	运营时间	走行公里/万 km	
月修	1月	0.9~1.1	2
定修	13~15月	13~15	16
架修	26~30月	26~30	24
厂修	78~90月	78~90	—

表5-6 广州城市轨道交通车辆检修修程

修程	检修周期		停修时间	
	运营时间	走行公里/万 km	近期	远期
日检	1 d	0.02~0.04	90 min	60 min
双周检	2周	0.35~0.5	1 d	4 h
三月检	3月	2.5~3.5	3 d	2 d
半年检	6月	6.5~8.0	3 d	2 d
一年检	1 a	12.5~15.0	8 d	6 d
二年检	2 a	23~28	8 d	6 d
三年检	3 a	34~40	8 d	6 d
架修	6 a	62~75	24 d	18 d
大修	12 a	125~150	36 d	30 d

表 5-7 天津城市轨道交通车辆检修修程

修程	检修周期	停修时间
日检	每日	90 min
月修	1.25 万 km	1 d
定修	12.5 万~15 万 km	10 d（4 节）/15 d（6 节）
架修	50 万~60 万 km	18 d
厂修	100 万~120 万 km	32 d

5.4 其他车辆简介——磁浮列车

5.4.1 磁浮列车简介

磁浮的构想由德国工程师赫尔曼·肯佩尔于 1922 年提出。磁浮列车用电磁力将列车浮起而取消轮轨，采用长定子同步直流电机将电供至地面线圈，驱动列车高速行驶，从而取消了受电弓，实现了与地面没有接触、不带燃料的地面飞行。世界上第一列磁浮列车小型模型 1969 年在德国出现，日本是三年后研制成功的。到 1979 年，磁浮列车技术创造了 517 km/h 的速度纪录。目前技术已经成熟，可进入 500 km/h 实用运营的建造阶段。

上海磁浮列车专线（见图 5-27）西起上海轨道交通 2 号线的龙阳路站，东至上海浦东国际机场，专线全长 29.863 km，是中德合作开发的世界第一条磁浮商运线。2001 年 3 月 1 日在浦东挖下第一铲，2002 年 12 月 31 日全线试运行，2003 年 1 月 4 日正式开始商业运营，全程只需 8 min，是世界第一条商业运营的高架磁浮专线。

图 5-27 上海磁浮列车专线

5.4.2 磁浮列车的优越性

① 速度快 常导磁浮列车速度可达 400~500 km/h，超导磁浮列车速度可达 500~600 km/h。磁浮列车的高速度使其在 1 000~1 500 km 的距离范围内可与航空竞争。

② **能耗低** 磁浮列车在 500 km/h 速度下每座位每公里的能耗仅为飞机的 1/3~1/2，比汽车小 30%。

③ **维修少** 磁浮列车没有车轮和铁轨的接触，以及与受电弓的机械接触，振动小，舒适性好，其工作属于无磨损运行，维修主要集中在电子技术方面，不需要大量体力劳动。

④ **污染小** 磁浮列车采用电力驱动，不需燃油，这使它的发展不受能源结构，特别是燃油供应的限制；同时，无有害气体排放，环境污染小。

5.4.3 磁浮列车的原理

1. 悬浮系统

目前悬浮系统的设计，可以分为两个方向，分别是德国所采用的常导型和日本所采用的超导型。从悬浮技术上讲就是电磁悬浮系统（EMS）和电力悬浮系统（EDS）。车体受力示意图如图 5-28 所示。

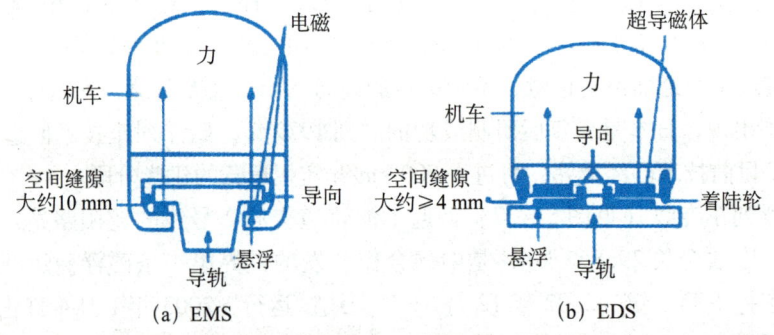

图 5-28 磁浮列车的车体受力示意图

电磁浮系统（EMS）是一种吸力悬浮系统，是结合在机车上的电磁铁和导轨上的铁磁轨道相互吸引产生悬浮。常导磁浮列车工作时，首先调整车辆下部的悬浮和导向电磁铁的电磁吸力，与地面轨道两侧的绕组发生磁铁反作用，将列车浮起。在车辆下部的导向电磁铁与轨道磁铁的反作用下，使车轮与轨道保持一定的侧向距离，实现轮轨在水平方向和垂直方向的无接触支撑和无接触导向。车辆与行车轨道之间的悬浮间隙为 10 mm，是通过一套高精度电子调整系统得以保证的。此外，由于悬浮和导向实际上与列车运行速度无关，所以即使在停车状态下列车仍然可以进入悬浮状态。

电力悬浮系统（EDS）将磁铁使用在运动的机车上以在导轨上产生电流。由于机车和导轨的缝隙减少时电磁斥力会增大，从而产生的电磁斥力为机车提供了稳定的支撑和导向。然而机车必须安装类似车轮一样的装置对机车在"起飞"和"着陆"时进行有效支撑，这是因为 EDS 在行车速度低于大约 40 km/h 时无法保证悬浮。EDS 系统在低温超导技术下得到了更大的发展。

2. 推进系统

磁浮列车的驱动运用同步直线电动机的原理。车辆下部支撑电磁铁线圈的作用就像是同步直线电动机的励磁线圈，地面轨道内侧的三相移动磁场驱动绕组起到电枢的作用，它就像同步直线电动机的长定子绕组。从电动机的工作原理可以知道，当作为定子的电枢线圈有电时，由于电磁感应而推动电动机的转子转动。同样，当沿线布置的变电所向轨道内侧的驱动绕组提供三相调频调幅电力时，由于电磁感应作用承载系统连同列车一起就像电动机的"转子"一样被推动做直线运动，从而在悬浮状态下列车可以完全实现非接触的牵引和制动。如图 5-29 所示。

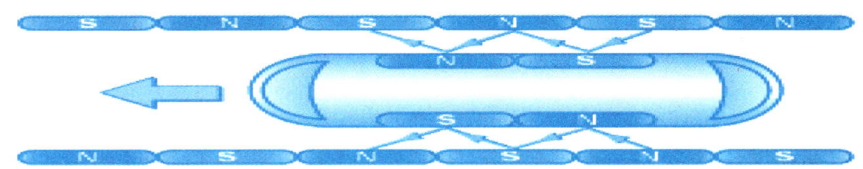

图 5-29　磁浮列车的推进原理

通俗地讲，在位于轨道两侧的线圈里流动的交流电，能将线圈变为电磁体。由于它与列车上的超导电磁体的相互作用，就使列车开动起来。列车前进是因为列车头部的电磁体（N 极）被安装在靠前一点的轨道上的电磁体（S 极）所吸引，并且同时又被安装在轨道上稍后一点的电磁体（N 极）所排斥。当列车前进时，在线圈里流动的电流流向就反转过来了，其结果就是原来那个 S 极线圈现在变为 N 极线圈了，反之亦然。这样，列车由于电磁极性的转换而得以持续向前奔驰。

推进系统可以分为两种。"长固定片"推进系统使用缠绕在导轨上的直线电动机作为高速磁浮列车的动力部分，缺点是高的导轨成本昂贵。"短固定片"推进系统使用缠绕在被动的轨道上的直线感应电动机（LIM）。虽然短固定片系统减少了导轨的花费，但由于 LIM 过于沉重而减少了列车的有效负载能力，导致了比长固定片系统的高的运营成本和低的潜在收入。而采用非磁力性质的能量系统，也会导致机车质量的增加，降低运营效率。

3. 导向系统

导向系统通过侧向力来保证悬浮的机车能够沿着导轨的方向运动。与推力与悬浮力类似，导向力也可以分为引力和斥力。在机车底板上的同一块电磁铁，可以同时为导向系统和悬浮系统提供动力，也可以采用独立的导向系统电磁铁。

▶▶▶ 思考与练习 5 ◀◀◀

一、填空题

1. 车钩按照自动化程度分为＿＿＿＿、＿＿＿＿、＿＿＿＿三种。
2. 按能量转移形式的不同，制动分为摩擦制动和动力制动两种方式，其中摩擦制动有＿＿＿＿、＿＿＿＿两种形式，动力制动有＿＿＿＿、＿＿＿＿两种形式。
3. 车体按照材料来分，分为＿＿＿＿、＿＿＿＿、＿＿＿＿三种。

4. 城轨车辆转向架一般由_____、_____、_____、_____、_____五部分组成。

二、名词解释

1. 构造速度
2. 通过最小曲线半径
3. 车辆定距
4. 一系悬架、二系悬架
5. 车钩高
6. 车辆限界
7. 地板面高度

三、简答题

1. 轨道交通车辆中车端和车侧是如何定义的？
2. 简述转向架的基本构成及各部分的作用。
3. 简述车钩缓冲装置的作用。
4. 简述车辆段与停车场的区别。

第 6 章　城市轨道交通通信信号系统

【本章导学】

安全是城市轨道交通最重要、最基本的要求。如何确保行车安全？如何高效地控制列车运行？如何集中统一地组织行车？如何有效监督列车运行？如何实现运营管理人员和乘客的沟通交流？如何实现中心工作人员、车站工作人员及司机的可靠通信？如果把城市轨道交通比喻为一个巨大的联动机，那么通信信号系统就是这个联动机的控制中枢。

【学习目标】

1. 了解城市轨道交通信号系统的作用和发展历程。
2. 掌握信号系统的基本原理。
3. 熟悉信号系统的功能组成。
4. 了解 CBTC 系统。
5. 认识常见的信号设备。
6. 了解城市轨道交通通信系统。

6.1　信号系统的作用

城市轨道交通中，信号系统的核心作用是在确保行车安全的前提下提高城市轨道交通的运行效率。

在城市轨道交通中，列车或单车沿全封闭或部分封闭的专用轨道线路运行，载客量大，运行速度快，制动距离长，若单凭司机目视行车，在遇到障碍物或前行列车时，则往往来不及制动就会发生碰撞或者冲突。另外，在城市轨道交通中，列车的运行路径由道岔决定，并不受司机控制，一旦运行路径存在冲突，如其他列车迎面开来，或者从道岔侧面开来，司机没有任何躲闪避让的余地。所以，必须采用技术手段确保列车在一条安全的路径上运行，同时给列车分配一个安全的行车间隔，避免列车追尾或碰撞。

由于城市轨道交通的线路长度短，站间距离短，列车种类较少，行车规律性很高，可以尽可能地提高运行自动化水平、缩短行车间隔、提高旅行速度、增加运输能力、减少运营人员负担。因此，需要一套运行控制系统，可靠、安全地按运行计划指挥列车在城市轨道交通系统中安全、高效地运行。行车指挥和控制系统的主要技术装备称为城市轨道交通信号系统,简称信号。

随着计算机、通信、自动化技术等先进技术的广泛应用,列车速度和密度的不断提高,对信号系统提出了更高要求,信号系统目前已发展为包含列车自动防护功能、列车自动驾驶功能和列车自动监控功能的先进自动化控制系统。

6.2 信号系统的发展历程

信号系统的发展,经过了如下 5 个阶段。

1. 地面人工信号

地面人工信号是 19 世纪铁路诞生之初最早采用的信号系统。铁路具有列车自重大、轮轨摩擦力小、列车制动距离长这一基本特点,为保证行车安全,人们在运输生产实践中摸索出了行车闭塞法。起初只有白天行车,且线路上只有一列列车来回运行,所以不必考虑列车相撞的问题。随着社会的发展,客、货运量不断增长,铁路运行线路不断增长,车站增多,运行列车增多。为防止列车相撞,在线路上安装各种信号设备。通过地面信号显示系统,以物体大致形状、灯光的数目和颜色等视觉信号或音响信号等听觉信号给司机以各种运行条件的指示,提醒司机采取相应的措施,以免发生列车正面冲突和追尾事故,早期人工信号如图 6-1 所示。

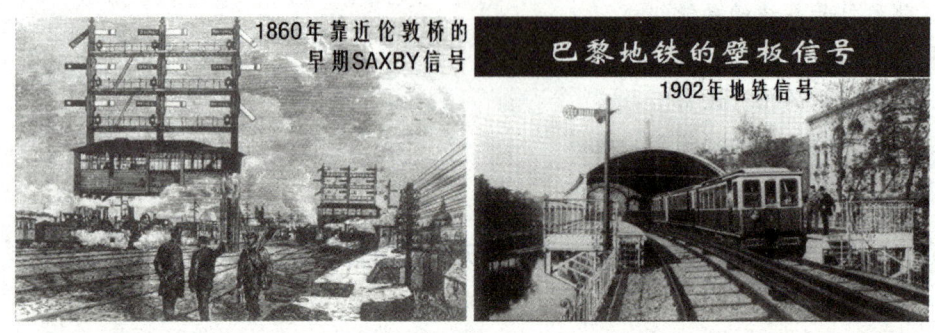

图 6-1 早期人工信号

可以看出,信号的发明,拓展了司机的视野,司机根据信号工的信号指示,判明前方运行路径是否安全,驾驶列车按照信号指示运行。

这一阶段,主要是依靠信号工的眼睛检查线路情况,判断是否存在冲突,并通过信号向司机传递行车命令,从而实现了列车的安全间隔控制。

2. 地面自动信号

1872 年,美国人鲁宾孙发明了轨道电路,实现了列车占用状态的自动检查。与此同时,由继电器作为基本器件的逻辑电路也逐渐成熟。包含轨道电路、信号机控制电路及道岔表示电路的继电逻辑电路,不仅可以根据轨道占用情况,自动控制防护该轨道区段的信号机显示状态,还可以完成复杂的联锁逻辑处理,代替机械式联锁器件实现信号、轨道、道岔的联锁关系,确保列车运行路径的安全。

自动信号的发明,以及继电逻辑电路的出现,可以自动检查线路占用情况,预防线路的冲突，极大地减轻了信号工的工作负担，在车站实现了继电联锁控制，在区间实现了半自动闭塞或自动闭塞，极大地减轻了信号工的工作负担。自动控制的信号机如图6－2所示。

图6－2　自动控制的信号机

3. 机车信号

地面自动信号的信号机只能在固定地点向司机提供地面视觉信号。由于地面信号显示有时受到自然环境（如雾、风沙、大雨等）的影响，以及地形的限制，司机往往不能在规定的距离上及时瞭望前方的信号机的信号显示，因而有冒进信号的危险。为将列车运行前方所接近信号机的显示情况及时通告司机，发明了机车信号设备，如图6－3所示。

图6－3　机车信号设备

机车信号将地面信号所表征的限速信息通过技术手段引入司机室，大大改善了司机瞭望条件。这样司机就能够在任何条件下从容地驾驶列车，且当前方信号为禁止信号时及时采取制动措施，提高了列车运行的效率和安全程度。

4. 自动停车装置

无论地面信号还是机车信号，都只能通过信号显示向司机传递限速信息，提醒司机按照规定的限速驾驶列车，但无法代替司机控制列车，无法防止由于司机失去警惕而发生危及列车运行安全的事故。实际上，行车时司机有时会产生精神不集中、误操作等情况。因此，人们又研制了列车自动停车装置（automatic train stop，ATS）。其功能是当地面信号的"禁止命令"未被司机接受时就自动实施紧急制动，强迫列车停车。尤其是轨道电路的出现，使得利用轨道电路向机车传送信息成为可能，地面轨道电路、机车信号与自动停车装置结合，构成简单的列车运行自动控制系统，当"禁止信号"未被司机接受及时停车时，自动停车装置就自动实施紧急制动，强迫列车停车。

5. 自动列车防护系统

自动停车装置的使用，产生了列车运行控制系统的雏形。但自动停车装置只能在固定点起作用。随着高密度、大运量的城市轨道交通蓬勃发展，对信号系统提出了更高的要求。当列车运行间隔进一步缩短，运行速度进一步提高后，用于司机瞭望和确认地面信号的时间很短，难以保证行车安全和效率，无法依靠地面信号显示正常行车。需要信号系统实时根据地面线路信息、前方危险点位置和列车当前的运行状态（列车速度、位置、列车制动性能等）实时向司机显示列车运行的允许速度，自动监督列车运行，一旦列车运行速度超过允许速度，车载信号设备自动实施常用制动或紧急制动，确保行车安全。这种实时、连续监督列车运行速度、防护行车安全的信号系统也称为自动列车防护系统。

总之，信号系统的发展经历了如下过程：

① 地面人工信号；
② 车站继电联锁＋自动闭塞；
③ 车站继电联锁/计算机联锁＋自动闭塞＋机车信号；
④ 车站继电联锁/计算机联锁＋自动闭塞＋机车信号＋自动停车；
⑤ 自动列车防护系统。

6.3　信号系统的原理

6.3.1　进路控制

1. 进路的概念

所谓进路，就是一种程序化的列车运行路径。

① 对于地面基础设施来说，进路是由一组给定道岔及道岔定、反位状态顺序连接而成的一段连续轨道，其核心是一组程序化的道岔位置。

② 对于列车来说，进路是由信号机或者其他指挥方式授权列车运行的一段距离（及运行速度限制），向列车明确该段运行路径是否准备好（道岔是否转换到位及锁闭、进路内是否没有列车、没有冲突或敌对进路等），是否可以运行。

③ 对于运输组织来说，进路是组织列车运行的基本单元，用以提高运输组织效率，

简化运输组织流程。同时，进路代表了一种作业需求，不同作业需求对线路资源的竞争关系，引发进路冲突，需要组织协调。

进路是由道岔的位置决定的，在进路的入口处设有信号机进行防护。所谓建立进路，就是把进路上的道岔扳到进路所要求的位置上，然后再将该进路的防护信号机开放。若道岔位置不对，则不准信号机开放。但一旦信号机开放后，就不准许进路上的道岔再变换位置，直至信号机关闭，列车或机车车辆越过道岔为止。一条进路，可以走上行列车，也可以走下行列车，它们分别由上、下行两架信号机防护。在开放上行信号机前，下行信号机必须处在关闭状态。一旦上行信号机开放，就要防止下行信号机再开放，直至上行列车驶入进路，且上行信号机关闭以后，机车车辆本身将这条进路控制住，才能解除对下行信号机的控制。

由以上不难看出，为了保证行车安全，信号、道岔和进路之间必须建立相互制约的制约关系（或条件）。我们把信号、道岔和进路必须按照一定程序并满足一定条件才能动作和建立的这种制约关系称为联锁。

2. 进路的控制

要想保证列车在站内安全运行，就必须保证列车运行路径的安全，即必须将进路中处于解锁状态的道岔锁闭，然后使防护进路的始端信号机开放允许灯光，让列车通过进路。当列车通过进路之后，又必须将该进路中的道岔解除锁闭，将进路始端的信号机关闭，以便于排列其他的进路。我们把这种将进路由空闲状态转换为锁闭状态，又将其由锁闭状态转换为空闲状态的控制过程，叫做进路控制过程。

进路控制过程可分为进路的建立和解锁两个过程。进路建立过程指从发出进路建立命令到进路锁闭、防护信号机开放这一阶段；进路解锁过程指从列车驶入信号机内方到出清进路中全部道岔区段并解锁锁闭为止的这一阶段。进路控制过程如图 6-4 所示。

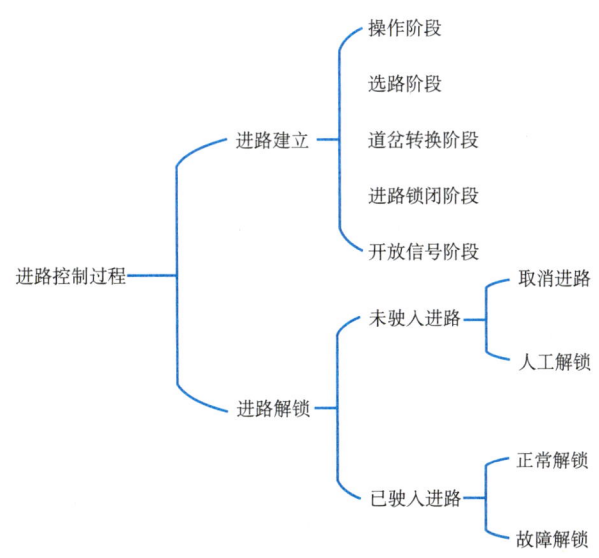

图 6-4 进路控制过程

1）进路建立

进路建立过程可分为以下 5 个阶段。

① 操作阶段　办理进路时，操作人员按压进路的始、终端按钮以确定进路的范围、方向和性质。进路的方向有接车方向和发车方向，进路的性质指该进路是列车进路还是调车进路。

② 选路阶段　根据操作阶段所确定的进路范围，自动选出参与进路的信号机、与进路有关的道岔及其在进路中的位置、进路中所涉及的区段等。

③ 道岔转换阶段　将选路阶段选出的道岔自动转换到进路所要求的位置。

④ 进路锁闭阶段　道岔转换完毕，确认道岔位置正确后，将进路上的道岔和敌对进路（包括迎面敌对进路）予以锁闭，以确保行车安全。

⑤ 开放信号阶段　进路锁闭后，信号开放，指示列车或车列可以驶入进路。

2）进路解锁

进路的解锁过程指将已被锁闭的道岔和进路予以解锁。进路解锁直接涉及行车安全，因而进路解锁过程比进路建立过程更重要。进路解锁可分为以下两种情况。

(1) 未驶入进路

① 取消进路　当列车未进入接近区段且未进入进路时，可以采用取消进路方式使进路解锁。办理取消进路手续后，首先使进路的防护信号自动关闭，然后使进路自动解锁。

② 人工解锁　如果列车或调车车列已经进入接近区段但未进入进路，则必须采用人工延时解锁方式来使进路解锁。办理人工延时解锁进路手续后，首先使进路的防护信号自动关闭，然后开始延时，延时结束后如果列车或车列未进入进路，则进路自动解锁，若延时过程中车列进入进路，则不能解锁。

(2) 已驶入进路

当列车或车列驶入进路后，根据进路中设备是否能自动解锁，有两种解锁方式，即正常解锁和故障解锁。

① 正常解锁　在进路中信号设备工作正常的情况下，随着列车或车列的前行，列车或车列后方的区段将自动分段解锁，直到整条进路自动解锁。分段解锁，指随着列车的运行，每通过一个区段，该区段将自动解锁。

② 故障解锁　列车通过进路时，在进路中部分信号设备出现故障的情况下，进路中部分区段将不能正常解锁，必须通过人工办理故障解锁来使没有解锁的轨道电路区段解锁。

6.3.2　行车闭塞

1. 闭塞的概念

信号系统的基本功能之一就是行车间隔控制，通过把铁路划分为若干个区间，在同一时间，每个区间只允许一辆列车进入，就能保证前行列车和追踪列车保持一定距离，把列车分隔在两个空间之内，从而有效地防止列车追尾和正面冲突。通过使用信号或凭证，来保证列车按照空间间隔制运行的技术方法，就叫作闭塞行车法，简称闭塞。

2. 闭塞的分类

从闭塞的发展过程和实现方式，闭塞可分为人工闭塞、半自动闭塞、自动闭塞。自动闭塞又可划分为固定闭塞、准移动闭塞和移动闭塞三类。如图 6-5 所示。

1）人工闭塞

采用电气路签或路牌（见图6-6）作为列车占用该区间的凭证，由接车站值班员检查区间是否空闲。由于这种方法在交接凭证和检查区间状态时都要依靠人工完成，难以避免人员失误，因此这种闭塞方法一般不再使用。

2）半自动闭塞

人工办理闭塞手续，列车凭信号显示发车后，出站信号机自动关闭的闭塞。半自动闭塞的特征为：

① 站间或所间只准走行一列车；

② 人工办理闭塞手续；

③ 人工确认列车完整到达；

④ 人工恢复闭塞。

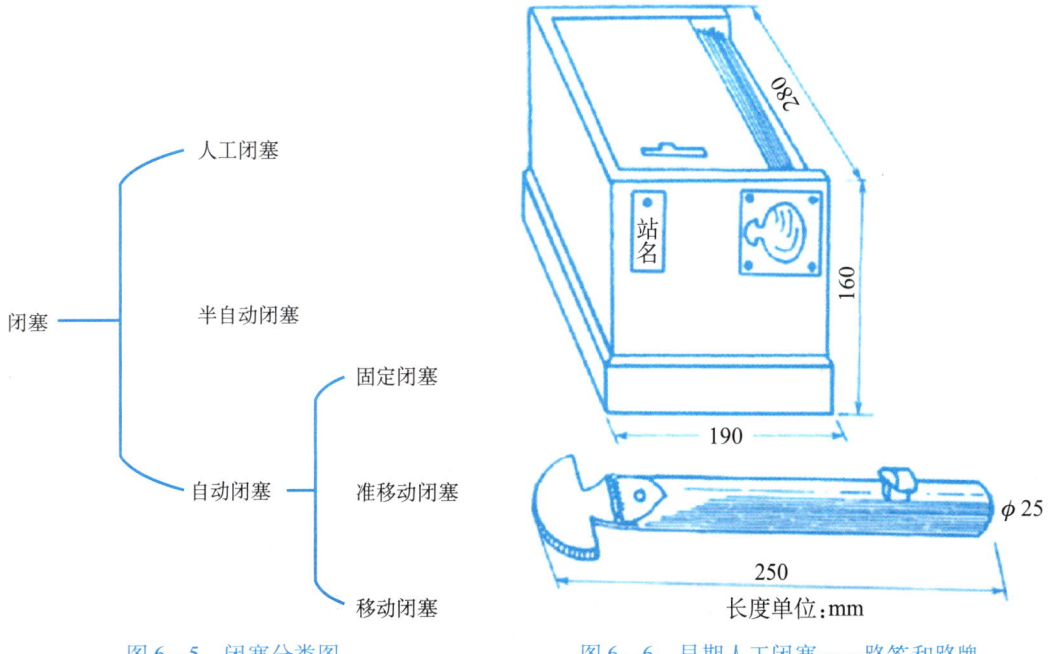

图6-5 闭塞分类图　　图6-6 早期人工闭塞——路签和路牌

3）自动闭塞

根据列车运行及轨道占用检查到的有关闭塞分区的状态，自动变换通过信号机的显示，司机凭信号显示行车。

自动闭塞分为固定闭塞、准移动闭塞和移动闭塞三类。

① 固定闭塞是目前国内外广泛应用的行车闭塞方法，图6-7所示为典型的固定闭塞原理示意图。它将一个区间划分为固定的闭塞分区，在每个闭塞分区的起点设通过信号机，用以防护该闭塞分区。每个闭塞分区内都安装轨道电路或计轴器等轨道占用检查设备，通过轨道占用检查设备将列车和通过信号机的显示联系起来，根据列车运行及有关闭塞分区的状态使通过信号机的显示自动变换，实现区间信号的自动控制。

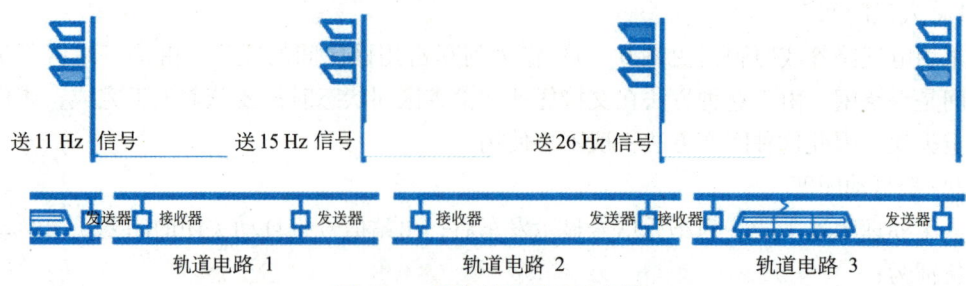

图 6-7　固定闭塞原理示意图

② 准移动闭塞方式采用固定的闭塞分区，但其速度控制方式为目标距离控制模式（又称连续式一次速度控制）。目标距离控制模式根据目标距离、目标速度及列车本身的性能确定列车制动曲线，不必设定每个闭塞分区速度等级，采用一次制动方式。准移动闭塞的追踪目标点是前行列车所占用闭塞分区的始端，当然会留有一定的安全距离，而后行列车从最高速度开始制动的计算点是根据目标距离、目标速度及列车本身的性能计算决定的。其追踪运行间隔要比固定闭塞小一些，但小于不划分固定闭塞分区的移动闭塞。其原理示意图如图 6-8 所示。

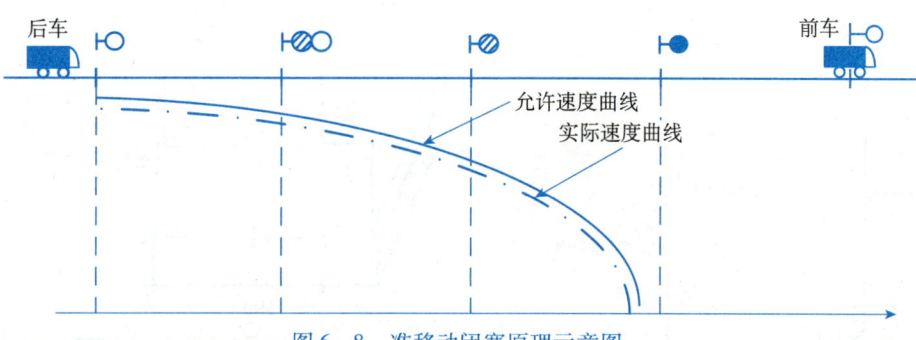

图 6-8　准移动闭塞原理示意图

③ 移动闭塞不需要将区间划分成若干固定的闭塞分区，而是在两个列车之间自动调整运行间隔，使之保持一定的安全距离。实际上，移动中的列车在轨道上只是占用与其长度相同的轨道。为防止"追尾"和"相撞"事故，还需给移动中的列车"划分"随列车"移动"的足够长的轨道线路，后行列车以前行列车的尾部为目标，实时与前车保持安全制动距离，就可以实现安全、高效的运行，这种闭塞分区随车"移动"的自动闭塞方式称为移动闭塞。移动闭塞原理图如图 6-9 所示。

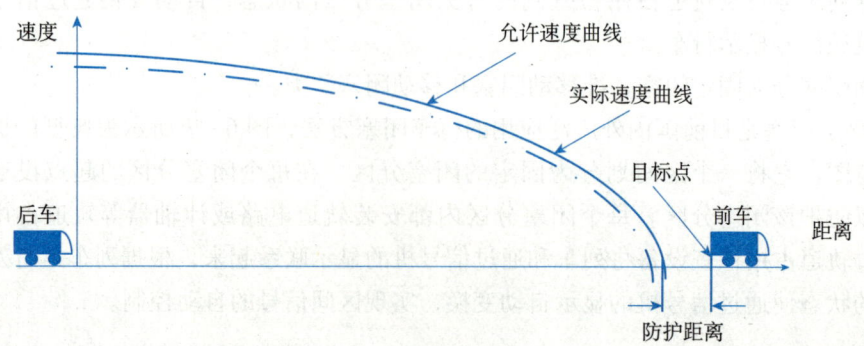

图 6-9　移动闭塞原理示意图

6.3.3 超速防护技术

超速防护技术是指在列车运行中通过车载设备实时监控列车速度，一旦列车速度超过当前允许速度，则自动实施制动，使列车减速或在危险点（显示禁止信号的信号机或停车标）前方停车。

正常情况下，安装了自动列车防护车载设备的列车仍然由司机驾驶，只是司机必须按照列控系统给出的允许速度行车，否则设备将自动对列车施加干预（制动），这就有效消除了列车运行中司机误操作或失去警惕引发的安全隐患，大大提高了城市轨道交通系统的安全性能。

6.4 信号系统的组成

城市轨道交通信号系统通常由列车自动控制（automatic train control，ATC）系统组成，ATC 系统包括三个子系统：
① 列车自动监控（automatic train supervision，ATS）系统；
② 列车自动防护（automatic train protection，ATP）系统；
③ 列车自动驾驶（automatic train operation，ATO）系统。

三个子系统通过信息交换网络构成闭环系统，实现地面控制与车上控制结合、现地控制与中央控制结合，构成一个以安全设备为基础，集行车指挥、运行调整及列车驾驶自动化等功能为一体的列车自动控制系统。典型 ATC 系统如图 6-10 所示。

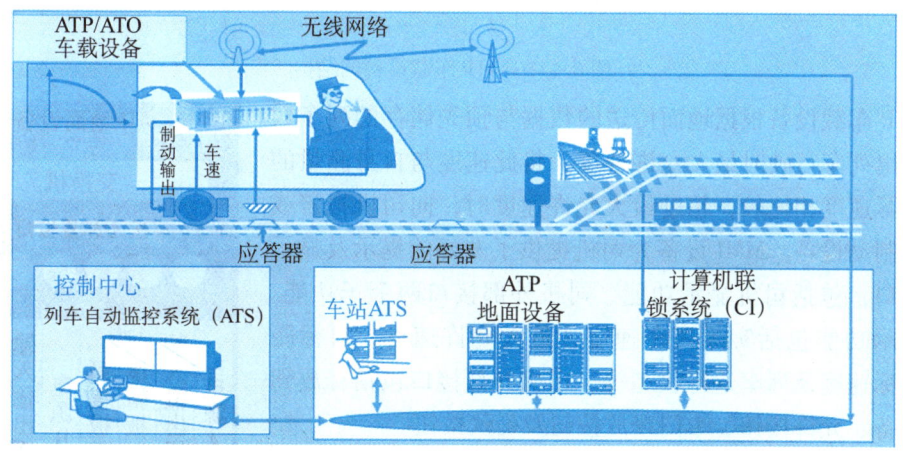

图 6-10 典型 ATC 系统

① ATP 系统的主要功能是通过列车 ATP 设备和地面 ATP 设备间的信息传输，来实现列车间隔控制与速度控制，保证行车安全。

② ATS 系统的主要功能是监督列车运行状态，采用软件方法实现联网、通信及列车运行管理自动化。

③ ATO 系统主要通过车载 ATO 设备完成站间自动运行、列车速度调节和进站定点停车，并能接收控制中心的运行调度命令，实现列车的运行自动调整。

6.4.1 ATP 系统

ATP 系统是保证列车行车安全、防止列车进入前方列车占用区段和防止超速运行的信号控制系统，可增加列车运行密度、缩小行车间隔和保证列车行车安全。ATP 系统是 ATC 系统的安全关键系统，必须符合故障-安全原则。

1. 结构组成

ATP 系统的硬件设备一般可分为 ATP 车载设备和 ATP 地面设备，在连续式传输的 ATP 系统中，通过地面到列车的通信网络，完成车、地之间的双向通信。在点式传输的 ATP 系统中，车载 ATP 设备一般通过轨旁单元传输点式的 ATP 信息。

ATP 车载设备一般包括：车载 ATP 系统、应答器接口、车辆接口、人机界面（MMI）设备，其结构如图 6-11 所示。

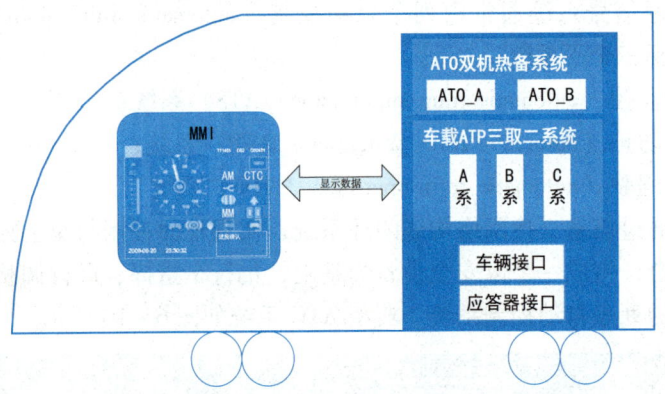

图 6-11 ATP 车载设备的结构

ATP 车载设备根据地面传送的数据与预先储存的列车数据计算出列车行驶时最大允许速度，将此速度与自身测量的列车实际速度相比较，超过最大允许速度时，向司机报警或者起动制动设备。MMI 设备为司机提供了友好的提示及显示操作接口，包括司机显示功能、司机外部接口两个子功能。司机显示功能包括实际列车速度、最大允许速度、目标距离、目标速度及列车运行状态等。司机外部接口包括释放驾驶室设备、允许按钮、车门释放按钮及确认按钮。

ATP 地面设备负责列车安全间隔的计算和报文的生成，完成对列车安全运行行使权限的发布和报文的准备，这些报文包括安全、非安全和信号信息等。为了保证其安全性，ATP 地面设备一般采用冗余安全平台，目前广泛应用的为二乘二取二平台或者三取二平台。其结构如图 6-12 所示。

2. 功能概述

ATP 系统具有下列主要功能。

① 自动连续地对列车位置进行检测，并向列车发送必要

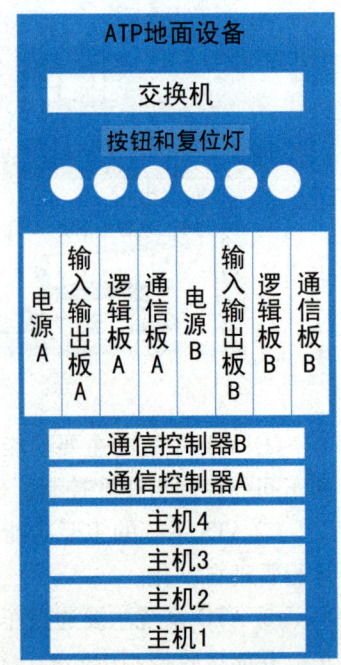

图 6-12 ATP 地面设备的结构

的速度、距离、线路条件等信息，以确定列车运行的最大安全速度。提供列车速度保护，在列车超速时提供常用制动或紧急制动，保证前行与后续列车之间的安全间隔，满足正向行车时的设计行车间隔和折返间隔。对反向运行列车能进行列车超速防护。

② 确保列车进路正确及列车的运行安全。确保同一进路上的不同列车之间具有足够的安全距离，以及防止列车侧面冲撞等。

③ 防止列车超速运行，保证列车速度不超过线路、道岔、车辆等规定的允许速度。

④ 为列车车门的开启提供安全、可靠的信息。

⑤ 任何车-地通信中断及列车的非预期移动（含退行）、任何列车完整性电路的中断、列车超速（含临时限速）、车载设备故障等均将产生安全性制动。

⑥ 实现与 ATS 系统的接口和有关的交换信息。

⑦ 系统的自诊断、故障报警、记录。

⑧ 列车的实际速度、允许速度、目标速度、目标距离等信息的记录和显示，具有人工或自动轮径磨耗补偿功能。

6.4.2　ATO 系统

ATO 系统能将列车驾驶员执行的工作完全自动化、对列车运行进行高度集中控制，在 ATP 系统的保护下，根据 ATS 系统的指令实现列车运行的自动驾驶、速度的自动调整、列车车门控制。

ATO 系统具备的功能如下。

① 自动完成对列车的起动、牵引、巡航、惰行和制动的控制，以较高的速度进行追踪运行和折返作业，确保达到设计间隔及运行速度。

② 在自动监控范围的入口及各站停车区域（含折返线、停车线）进行车-地通信，将列车有关信息传送至 ATS 系统，以便于 ATS 系统对在线列车进行监控。在列车停车期间，ATS 系统监督列车时刻表，计算需要的停站时间以保证列车正点到达下一个车站，ATO 系统将根据 ATS 系统的发车命令及停车时间，控制列车自动发车。

③ 控制列车按照运行图运行，达到节能及自动调整列车运行的目的。ATO 系统可在设定的速度曲线内保持列车速度。为增加乘客舒适度并获得可驾驶性，加速度、减速度和冲击率都被 ATO 控制在可行值以内。

④ 自动驾驶时，实现车站站台定点停车控制、舒适度控制及节省能源控制。ATO 系统根据列车速度、预先确定的制动率和距停车点的距离计算制动特征，以确保在停车点精确停车，列车停车后，ATO 系统保持制动，以避免列车运行。

⑤ 能根据停车站台的位置及停车精度，自动地对车门进行控制。

⑥ 与 ATS 系统和 ATP 系统结合，实现列车自动驾驶、有人或无人驾驶。

6.4.3　ATS 系统

1. 结构组成

在 ATC 系统的各个子系统中，ATS 系统起着组织和指挥行车的重要作用。因此，ATS

系统的体系结构应具有足够的安全性、稳定性，同时具有实时性和可操作性。

为了满足上述要求，ATS 系统采用分布式的网络系统，由控制中心设备、车站设备、车辆段设备和连接各业务设备的网络设备构成。为了保证 ATS 系统的高可用性，关键设备均采用双机热备或集群方式的冗余配置。

1）控制中心设备

控制中心设备是 ATC 系统的核心，通常用网络交换机组成两个热备的中心局域网，用于状态表示、运行控制、运行调整、车次追踪、时刻表编制及运行图绘制、运行报告、调度员培训、与其他系统的接口。图 6-13 所示为控制中心 ATS 设备。

图 6-13　控制中心 ATS 设备

2）车站设备

车站分设备集中站和非设备集中站，其 ATS 设备也有所不同。

① 设备集中站设有一台 ATS 车站分机，是 ATS 系统与 ATP 地面设备的接口，用于连接联锁设备和其他外围设备，采集车站设备的信息，传送控制命令，使车站联锁设备能接受 ATS 系统的控制，以实现车站进路的自动控制。

② 非设备集中站不设 ATS 分机。该站的道岔和信号由集中站的 ATS 分机控制，并通过集中站的 ATS 分机接收 ATS 系统的控制命令。

3）车辆段设备

车辆段设有一套 ATS 分机，主要用于采集车辆段内存车库的列车占用及进/出车辆段的列车信号机的状态，在控制中心显示屏上给出以上信息的显示，以便控制中心、车辆段值班员及车辆管理人员了解段内停车库线列车的车次及车组运用情况，正确控制列车出段。

2. 功能概述

ATS 系统完成列车运行状态监视、列车运行自动识别及追踪、进路自动或人工控制、列车运行图及时刻表的编制与管理、列车运营调整、列车运行模拟、列车运行统计、事件及报警报表的生成和系统管理等功能。

6.5 CBTC 系统

目前在城市轨道交通领域应用最广泛的列车自动控制系统为基于通信的列车运行控制系统（communication based train control，CBTC），它的特点是用无线通信媒体来实现列车和地面的大容量、双向通信，用以代替轨道电路作为媒体来实现列车运行控制，可实现快速、安全的列车运行控制。

6.5.1 基本结构

基于通信的列车运行控制系统（以下简称 CBTC 系统）一般包括车载设备、地面设备和数据通信系统，其结构如图 6-14 所示。

1. 车载设备

车载设备通常指的是 ATP 车载控制设备，部分 CBTC 系统装备有 ATO 设备。从实现功能角度来说，主要有列车运行监控功能、测速定位功能、人机交互功能、牵引制动接口及运行记录等。

2. 地面设备

车站设备通常包括列车自动监控系统 ATS（automatic train supervision）、计算机联锁系统 CI（computer interlocking）、地面设备区域控制器 ZC（zone controller）。列车自动监控系统 ATS 通常负责列车行车命令的下达，跟踪列车信息，实现对列车运行总体情况的掌握；计算机联锁系统 CI 负责进路控制；地面设备区域控制器 ZC 负责列车的行车权限的形成。这些地面设备之间的通信是通过地面通信网络实现的。另外，地面设备还包括应答器、LEU、信号机、计轴器、轨道电路等一些基础信号设备。

3. 数据通信系统

数据通信系统（DCS）负责系统的数据传输，主要由有线设备和无线设备两部分组成。

DCS 地面系统的各个部分通过冗余的光纤骨干网络互相连接起来。一段骨干网络构成一个轨旁网络，轨旁网络沿线路延伸。为达到 CBTC 系统要求的高度可用性，DCS 系统数据流使用整套冗余结构。

6.5.2 优点

在基于 CBTC 的移动闭塞控制方式下，列车运行控制系统通过先进的通信技术，实现车载设备、车站设备或控制中心设备之间的信息交换，进一步完成列车的安全运行控制，实现移动闭塞。CBTC 系统具有如下优点。

① 实现车载设备与轨旁设备间的实时双向通信，且信息量大。

② 便于缩短列车编组、加大列车运行密度、提高服务质量，并可以缩短站台长度和终点站尾轨长度，降低土建工程投资。

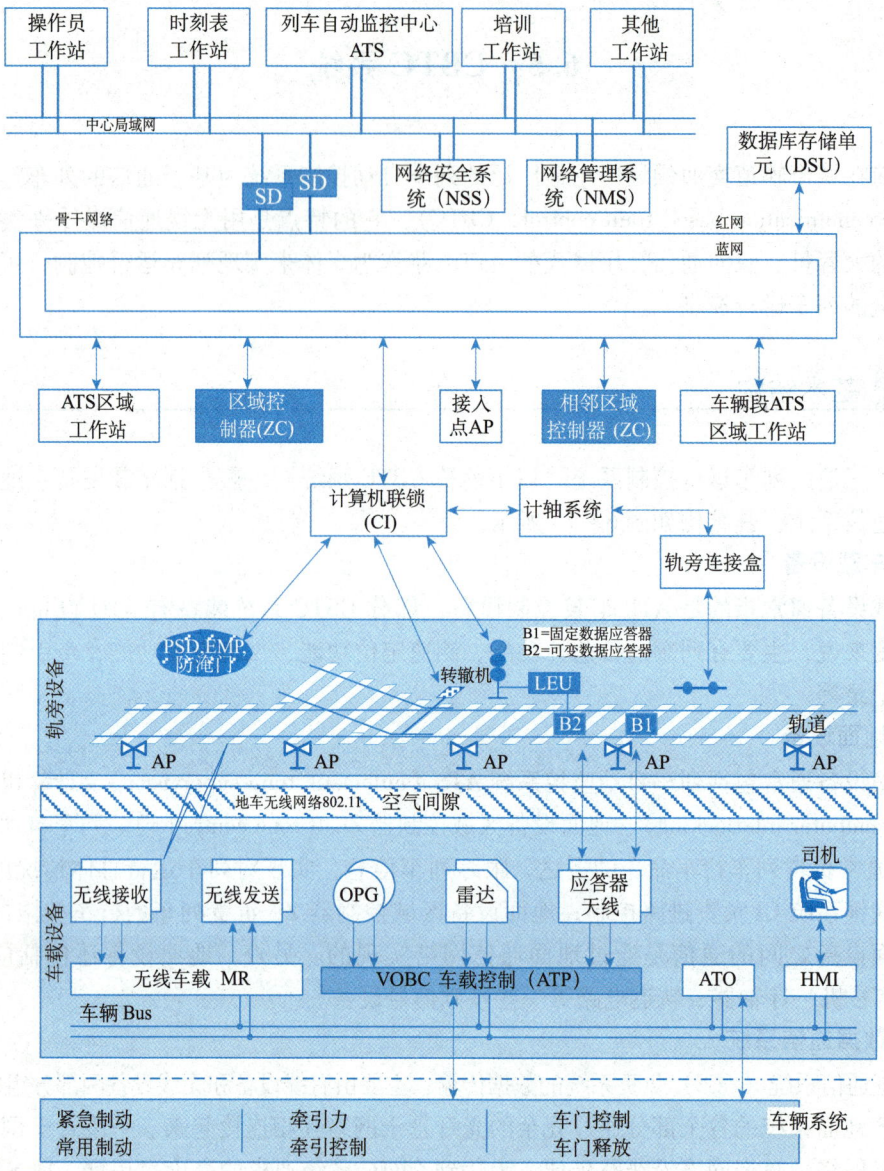

图 6-14 CBTC 列车运行控制系统结构图

③ 实现线路列车双向运行而不增加地面设备，有利于线路故障或特殊需要时的反向运行控制。

④ 可减少轨旁设备，便于安装维修，有利于紧急状态下利用线路作为人员疏散的通道，有利于降低系统全生命周期内的运营成本。

⑤ 可以适应各种类型、各种车速的列车，这是因为移动闭塞系统基本克服了准移动闭塞和固定闭塞系统地对车信息跳变的缺点，提高了列车运行的平稳性，增加了乘客的舒适度。

⑥ 可以实现节能控制、优化列车运行统计处理、缩短运行时分等多目标控制。

⑦ 系统不依靠轨道电路检测列车位置、向车载设备传递信息，因而有利于旧线系统

的升级改造,即有利于在不影响既有线正常运营的前提下对系统进行升级改造,将其对运营的影响降到最低。

6.6 常见信号设备

6.6.1 信号机

1. 对信号机的要求

城市轨道交通信号机必须满足以下要求:

① 各种信号机的灯光排列顺序、颜色、外形尺寸应符合规定的标准;
② 信号机的显示方式和表达的含义必须统一,并且符合规定的要求;
③ 信号机的设置须能够进行实时检测、故障报警,为列车运行提供安全保障、正确指示;
④ 行车手信号、行车听觉信号的显示方式和表达的含义应该符合规定要求;
⑤ 信号机的设置及行车手信号、行车听觉信号的表示应该考虑线路地形、环境的相关影响。

为了保证信号显示明确,防止行车有关人员误认,在城市轨道交通沿线及站内,禁止设置妨碍确认信号的红、黄、绿色装饰彩布、广告、标语和灯光。如果车站内已装有妨碍确认信号的灯光设施,应改装或采取遮光措施。另外,站内所装设施妨碍司机瞭望信号时,则该设施应移位或拆除。

城市轨道交通有的车站设有道岔,有的车站仅有上、下行方向正线,因此信号机应该结合各站的具体情况来设置。城市轨道交通的信号机设置不同于铁路,规定在 ATC 控制区域的线路上道岔区设防护信号机或道岔状态表示器,其他类型的信号机可根据需要设置。

2. 信号机的分类

1) 进站信号机

进站信号机设在车站的入口处,用来指示列车能否由区间进入车站,当站内不具备接车条件时,不准列车进入站内;或者指示列车进站后的运行条件,是停车还是通过。进站信号机的定位显示为绿灯,如图 6-15 所示。

图 6-15 进站信号机

2）出站信号机

出站信号机设在车站正线出口处，用于指示列车在站内的停车位置，同时也作为列车占用区间或闭塞分区的行车凭证。出站信号机的定位显示为绿灯。如图6-16所示。

图6-16 出站信号机

3）区间分界点信号机

区间分界点信号机设在站间间距较大的站间区间内，按站间自动闭塞行车时，作为列车占用闭塞区间的行车凭证。区间分界点信号机的定位显示为绿灯。如图6-17所示。

图6-17 区间分界点信号机

4）防护信号机

防护信号机向司机提示道岔状态及位置，指示列车运行方向，锁闭该信号机进路上的有关道岔及敌对信号，防护闭塞区间，确保调车作业的顺利进行及行车安全。

防护信号机通常设置在正线道岔岔前适当地点。过去使用的防护信号机大多数采用两显示带引导信号机构，防护逆向道岔时带有进路表示器。现在常用的防护信号机采用三显示机构，不带引导信号，自上而下为黄（或月白）、绿、红，具体显示意义为：

① 红色——表示禁止越过该信号机，实际是命令列车在该架信号机外方停车；

② 绿色——表示前方进路道岔开通直向位置，允许列车按照规定速度越过该信号机；

③ 黄色——表示前方进路道岔开通侧向位置，允许列车按照规定速度越过该信号机，运行至折返点。

防护信号机有高柱、矮型之分，其定位显示为红灯，如图6-18所示。

5）阻挡信号机

在调车线路尽头线处设置阻挡信号机（见图 6-19），表示列车停车位置，或在停运检修期间指示检修作业位置，阻挡列车（车辆）越过，确保安全。

线路尽头线，是指线路一端已经终止，无任何道岔连接，并设置安全车挡，以防车辆溜出的线路。

图 6-18　高柱、矮型新式防护信号机　　　　图 6-19　阻挡信号机

6）预告信号机

预告信号机设在进站防护分界点等信号机前方，用来复示进站、防护、分界点信号机的显示，以使司机掌握其后方信号机的开放或关闭状态。预告信号机为三显示信号机，没有定位显示，如图 6-20 所示。目前新建城市轨道交通线路通常会取消预告信号机的设置。

图 6-20　预告信号机

7）引导信号

引导信号设置在进站防护调车信号机机柱上，当设备故障或其他原因使信号机不能开放，在符合接、发车条件或调车条件时，可开放引导信号，指示列车运行条件。引导信号为辅助信号，旧式引导信号为红色和月白色的组合灯光，新式引导信号为红灯与黄灯的组合灯光。开放引导信号需人工确认、人工操作。新式引导信号如图 6-21 所示。

图 6-21 新式引导信号

6.6.2 转辙机

1. 转辙机的概念

转辙机是道岔控制系统的执行机构,用于道岔的转换与锁闭,它是道岔动作的动力部分,其通过杆件做直线运动,从而使道岔尖轨通过进行位移来改变道岔的位置,并给出道岔状态的表示。

转辙机控制道岔尖轨动作,它的基本任务是转换道岔、锁闭道岔和表示道岔的位置和状态。转辙机除转辙机本身外,还包括锁闭装置和各类杆件及安装装置,它们共同完成道岔尖轨的转换和锁闭。

2. 转辙机的作用

① 转换道岔的位置,根据需要转换至定位或反位。

② 道岔转至所需位置而且密贴后,实现锁闭,防止外力转换道岔。

③ 正确地反映道岔的实际位置,道岔的尖轨密贴于基本轨后,给出相应的表示。

④ 道岔被挤或因故处于"四开"(尖轨与基本轨不密贴)位置时,及时给出报警及表示。

3. 转辙机的分类

1)按动作能源和传动方式分类

按动作能源和传动方式分类,转辙机可分为电动转辙机、电动液压转辙机和电空转辙机。

① 电动转辙机由电动机提供动力,采用机械传动方式。ZD6 系列转辙机和 S700K 型转辙机都属于电动转辙机。

② 电动液压转辙机由电动机提供动力,采用液力传动的方式。如 ZY(J)系列转辙机属此类别。

③ 电空转辙机由压缩空气作为动力,由电磁换向阀控制。如 ZK 系列转辙机属此类别。

2)按供电电源分类

按供电电源分类,转辙机可分为直流转辙机和交流转辙机。

① 直流转辙机采用直流电动机,工作电源是直流电。ZD6 系列电动转辙机、电空转辙机就是直流转辙机,由直流 220 V 供电。直流电动机的缺点是,由于存在换向器和电刷,易损坏,故障率较高。

② 交流转辙机采用三相交流电源,由三相异步电动机作为动力来源。S700K 型电动转辙机和 ZYJ7 型电动液压转辙机为交流转辙机。交流转辙机采用感应式交流电动机,不存在换向器和电刷,因此故障率低,而且单芯线缆控制距离远。

3) 按锁闭道岔方式分类

按锁闭道岔方式分类,转辙机可分为内锁闭转辙机和外锁闭转辙机。

① 内锁闭转辙机依靠转辙机内部的锁闭装置锁闭道岔尖轨,是间接锁闭的方式。ZD6 系列等大多数转辙机均采用内锁闭方式。内锁闭方式的缺点是:锁闭可靠程度较差,列车对转辙机的冲击大。

② 外锁闭转辙机虽然内部也有锁闭装置,但主要依靠转辙机外的外锁闭装置锁闭道岔,将密贴尖轨直接锁于基本轨,将分离尖轨锁于固定位置,是直接锁闭的方式。S700K 型和 ZYJ7 型转辙机采用外锁闭方式。外锁闭方式锁闭可靠,列车对转辙机几乎无冲击。

4) 按动作速度分类

按动作速度分类,转辙机分为:普通动作转辙机和快动转辙机。

动作时间在 3.8 s 以上的为普通动作转辙机,动作时间在 0.8 s 以下的为快动转辙机。

5) 按是否可挤分类

按是否可以挤岔分类,转辙机分为可挤型和不可挤型。电动转辙机和电液转辙机都有可挤型和不可挤型。

可挤型转辙机内设挤岔保护装置,道岔被挤时,动作杆解锁,保护了整机。

不可挤型转辙机内不设挤岔保护装置,道岔被挤时,挤坏的是动作杆与整机连接结构,需要整机更换。

图 6-22 所示为 ZD6-A 型转辙机实物图。

图 6-22 ZD6-A 型转辙机实物图

6.6.3 轨道电路

1. 轨道电路的工作原理

轨道电路是以线路的两根钢轨为导体,两端加以电气绝缘或电气分割,并接上发送设备和接收设备构成的电路。

① 发送设备　发送设备所发送的信号具有指定的信息特征，例如信号的频率参数、相位参数或持续时间等，信号信息特征的具体值可以由本轨道电路的状态决定，也可以按列车运行方向由前方相邻的一个或多个轨道电路的状态决定。

② 接收设备　接收由轨道传送的信号，并根据信号的信息特征控制相应的防护设备，如区间通过信号机给出相应的色灯显示。

③ 轨道绝缘　主要分为机械绝缘和电气绝缘两种，其目的是对钢轨上的不同的轨道电路进行分隔，避免信号的相互串扰。

以电化区段有绝缘轨道电路为例，轨道电路原理图如图 6-23 所示。

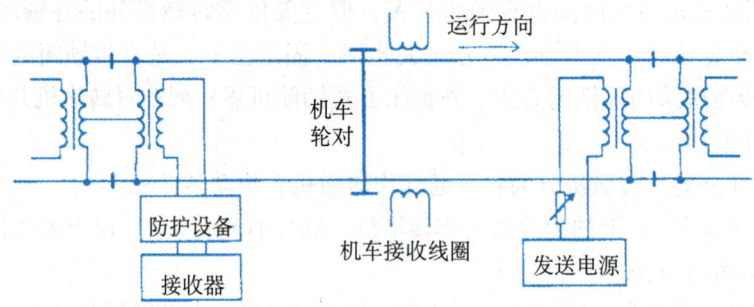

图 6-23　轨道电路原理图

2. 轨道电路的工作状态

轨道电路工作状态主要包括调整状态、分路状态和断轨状态三种。

1）轨道电路调整状态

轨道电路的调整状态如图 6-24 所示。当轨道电路处于空闲状态，并且线路自身完好、发送设备和接收设备工作正常时，发送设备所发出的信号电流经一根钢轨流向接收设备，再经由接收设备沿另一根钢轨流回发送设备，此时由于没有列车占用，轨道电路的接收设备能够接收到发送设备所发出的足够强度的信号电流，并根据信号信息特征的不同，显示本轨道电路"空闲"。

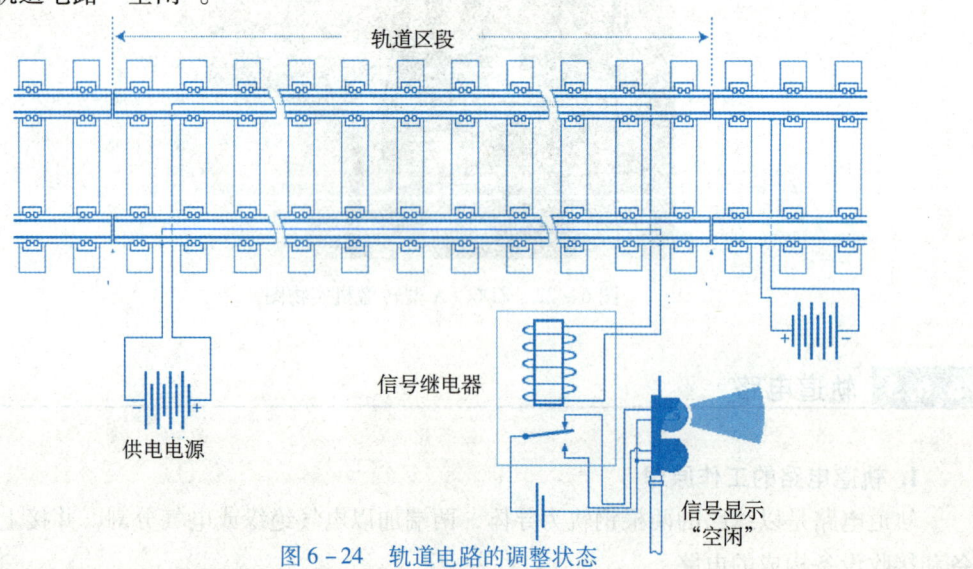

图 6-24　轨道电路的调整状态

2）轨道电路分路状态

轨道电路的分路状态如图 6-25 所示。在轨道电路的设备工作正常的情况下，由于列车的驶入而使轨道电路被列车轮对分路，由于列车的分路电阻小于接收设备的输入阻抗，而使得流入接收设备的信号电流明显下降而小于接收设备的信号分析门限，进而使接收设备控制相应的防护设备显示轨道电路"占用"，进而对驶入本轨道电路的列车起到防护的作用。

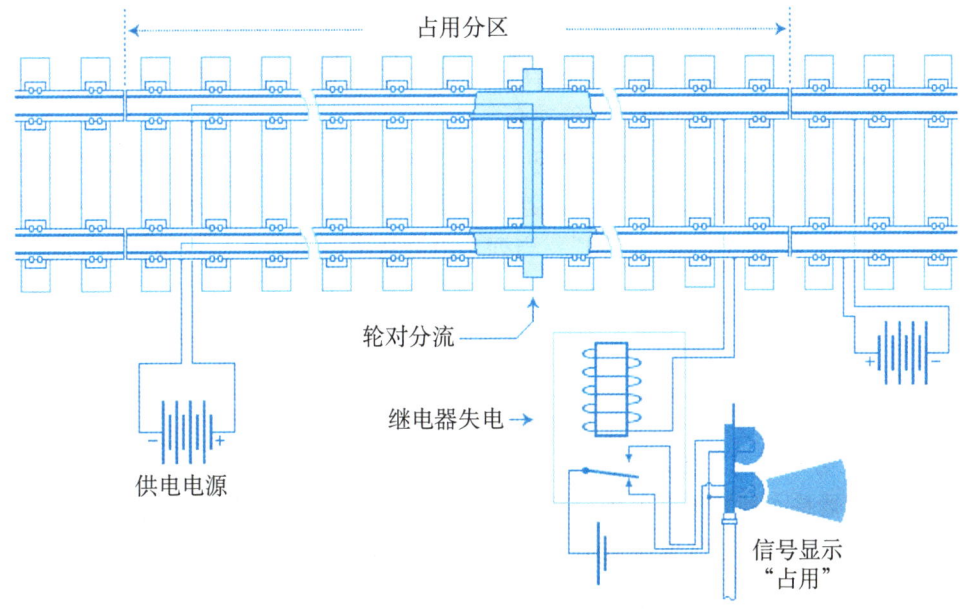

图 6-25 轨道电路的分路状态

（1）列车分路电阻

列车分路轨道电路所形成的短路电阻称为列车分路电阻。它由车轮和车轴的电阻以及轮缘与钢轨头部表面接触电阻组成。由于轮缘与头部表面的接触面很小，因此无论直流还是交流，车轮和车轴本身的电阻要比接触电阻小得多，可以忽略不计，所以列车分路电阻的阻值主要取决于轮缘与钢轨头部表面的接触电阻。

列车分路电阻与轨道电路上的车轴数、车辆载重情况、列车行驶速度、轮缘装配质量与磨耗程度、钢轨表面的清洁程度（是否生锈、有无撒砂及其他油质、化学绝缘层）等因素有关。它的变化范围很大，可以从千分之几欧姆到 0.25 Ω，对于轻车还要更大一些。

（2）轨道电路的分路灵敏度

当轨道电路被列车或其他导体分路，恰好使轨道电路接收设备能反映轨道占用状态的列车分路电阻称为轨道电路的分路灵敏度。

轨道电路各点的分路灵敏度不同，对某一段具体轨道电路来说，该段轨道电路的极限分路灵敏度是取各点分路灵敏度的最小值。规定的最小分路电阻称为标准分路灵敏度，我国铁路标准分路灵敏度为 0.06 Ω。即任何轨道电路在分路状态最不利条件下用 0.25 Ω 的电阻在轨道电路任意点分路时，轨道电路接收设备都应能反映轨道占用状态，否则就不能保证分路状态的可靠工作。

3）轨道电路断轨状态

轨道电路的断轨状态主要分以下两种情况

① 列车在钢轨上行驶的冲击力使钢轨折断，这时，轨道电路在钢轨折断前已经被列车轮对分路，显示轨道电路"占用"信息，因此，列车出清轨道区段后，由于断轨而使得流入接收设备的信号电流明显下降而小于接收设备的信号分析门限，轨道电路不能转换为调整状态，接收设备仍然控制相应的防护设备显示轨道电路"占用"信息，进而可以反映出轨道电路的断轨故障情况。

② 轨道电路在空闲时因工务施工或自然灾害使钢轨折断，使得流入接收设备的信号电流明显下降而小于接收设备的信号分析门限，防护设备显示轨道电路"占用"信息，禁止列车驶入本轨道电路，保证列车运行安全。

显然，轨道电路状态可以归纳为空闲（即调整状态）、占用（包含分路状态和断轨状态）。也正是利用轨道电路这一特性实现连续的列车占用检查功能：当有列车驶入轨道电路的时候，显示该段轨道电路"占用"；当列车出清轨道电路时，显示该段轨道电路"空闲"。

6.6.4 查询-应答器

1. 查询-应答器的工作原理

查询-应答器是一种基于电磁耦合原理实现的地-车间高速数据传输的点式传输系统，用于在特定地点从地面向列车传送信息。查询-应答器由地面应答器和车载天线两部分组成。

地面应答器安装在轨道中间轨枕上，不要求外加电源，通常处于休眠状态。列车经过时，地面应答器被车载天线发送的功率载波能量瞬时激活，将接收到的电磁能量转换成电能，并利用这些电能调出存储信息，经调制后循环向车载设备发送报文信号，车载天线接收应答器所发射的报文信号，经译码处理后发送给列控车载设备安全计算机使用。

图6-26所示为查询-应答器车上设备——BTM天线，图6-27所示为查询-应答器地面设备——地面应答器。

图6-26　BTM天线

图6-27　地面应答器

2. 查询-应答器的分类

应答器可分为无源应答器和有源应答器两种类型。

① 无源应答器只能发送固定的数据报文，平时处于休眠状态，不需要外加电源，仅

在列车通过并获得车载天线发送的功率载波能量时被激活,同时发送带有报文信息的上行链路调制信号。

② 地面有源应答器与轨旁电子单元(LEU)相连,能在车载设备发送射频能量信号之后将由 LEU 接收传送给应答器的可变的数据报文发送给车载设备;在与 LEU 通信异常情况下,有源应答器发送其内部存储的默认报文。

通常,无源应答器存储的数据报文或者有源应答器内部的默认报文,可以通过特定的编程器进行报文读写操作,但修改无源应答器存储的数据报文或者有源应答器内部的默认报文时,需有严格的授权。

6.6.5 计轴器

1. 计轴器的使用

计轴器是用于计算车辆进出区段的轮轴数、分析区段是否有车占用的一种技术设备。它具有检查区段占用与空闲的功能,而且不受轨道线路道床状态等影响。作为检查区段的安全设备,其作用和轨道电路等效,是目前实现站间闭塞的较为理想的设备。图 6-28 所示为计轴器实物图。

在采用 CBTC(基于通信的列车控制系统)的城市轨道交通线路上,当无线传输设备发生故障时,通常使用计轴器来检测列车的位置,构成"降级"信号。

图 6-28 计轴器

2. 计轴器的工作原理

计轴器采用轨道传感器、电子连接单元和计轴运算器(有时也称为计轴核算器或计轴评估器)来记录并比较驶入和驶出轨道区段的轴数,以此确定轨道区段的占用或空闲。其工作原理是:利用电磁感应的原理,当车轮进入轨道传感器作用区时,微机开始计轴,轮对经过传感器磁头时,计轴磁头可以探测到通过列车的轴数,向微机传送轴脉冲,并经电子连接单元向计轴运算器报告;计轴运算器判定运行方向,确定对轴数是累加计数还是递减计数。

通常情况下，2个计轴探头可以确定1个闭塞分区。计轴探头沿线路安装在钢轨之上，其位置也是闭塞分区的分界点。计轴运算器是计轴器的核心部件，收集其控制范围内的计轴探头发来的所有信息。计轴运算器计算相邻2个计轴探头报告的轴数关系，就可以确定该闭塞分区是否空闲。

6.6.6 计算机联锁（CI）系统

1. 计算机联锁系统的组成

计算机联锁系统是城市轨道交通 ATC 系统的核心系统之一，是城市轨道交通系统必须装备的设备之一。

计算机联锁系统是利用计算机技术取代继电技术构成的车站信号实时监控系统，它的基本硬件结构与工业应用的一般计算机实时监控系统有许多相似之处，主要是由工业控制计算机、过程输入/输出通道及外部设备等组成，并通过标准总线连接在一个基本的联锁控制系统中，某结构组成如图 6-29 所示。

2. 计算机联锁系统的功能

计算机联锁系统通过与 IO 控制单元通信，能够完成对信号机、道岔、计轴器等轨旁设备的状态采集和驱动；通过与其他子系统通信获得地面、车载的相应信息；通过分析轨旁设备的实时状态、区段的空闲信息、信号机状态和强制命令、停稳信息等，设置轨旁设备的状态，实现对进路、信号机和道岔等的集中控制；通过逻辑处理实现如下联锁功能。

1）进路控制功能

计算机联锁能够实现各种进路的办理、锁闭、信号开放及解锁等功能。

① 办理进路指能够按照值班员的操作进行相应的联锁条件检查，满足联锁条件时进入进路锁闭阶段。

② 进路锁闭分为预先锁闭和接近锁闭两种。预先锁闭的进路接近区段无车占用，接近锁闭的进路的接近区段有车占用。进路锁闭时会将进路上所有的区段和道岔锁闭，道岔在锁闭后不能转动。

③ 信号开放是在实现进路锁闭后，使防护该进路的信号机开放，允许列车驶入进路。在信号机开放期间还需不断检查信号开放的条件，如果条件满足，则信号机保持开放；如果条件不满足，则信号机关闭。

④ 进路解锁分为自动解锁和非自动解锁两种。自动解锁是指进路锁闭后，计算机联锁系统能够根据区段及列车走行情况对锁闭区段进行自动解锁。对于待解锁区段，原则上满足三点检查（前一区段已解锁、本区段之前占用当前出清、下一区段占用）后，延时 3 s 后自动解锁。非自动解锁包括总取消、总人解、防护进路非自动解锁及区域故障解锁。

2）设备表示功能

系统采用显示器来进行站场图形显示，一般采用的显示器为不小于 21″的彩色屏幕显示器，大规模站场采用多屏显示。

3）信号机控制功能

计算机联锁系统能够实现各种信号机的关闭、重开、封锁等功能。

第 6 章　城市轨道交通通信信号系统

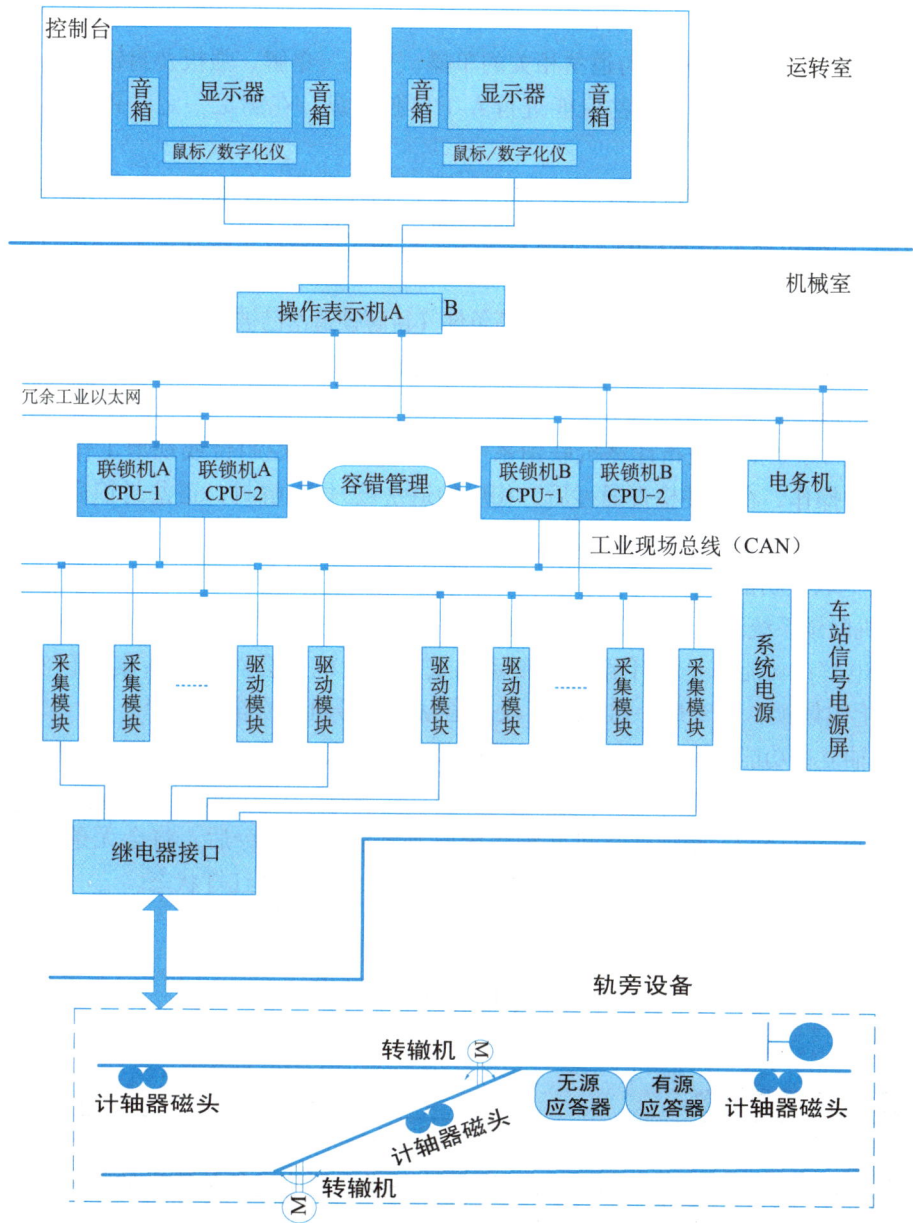

图 6-29　计算机联锁结构组成

① 信号关闭功能是指在如下情况关闭信号机：信号开放条件不满足；如果列车驶入进路，即后备模式下的防护信号机内方第一区段被占用或者 CBTC 模式下防护信号机内方第一逻辑区段被占用；办理"总取消""总人解""区故解"操作；复示信号机的主体信号机关闭，此时复示信号机也应该关闭。

② 信号重开功能是指信号开放后由于区段故障或者其他原因导致信号关闭，当故障恢复，且满足进路信号开放条件时，需要值班员进行信号重开操作以重新开放信号。

③ 信号封锁功能是指计算机联锁系统收到值班员在控制台或现地工作站上进行封锁/解封信号机操作，在条件检查通过后，相应的信号机被封锁/解封。

4）道岔控制功能

计算机联锁系统能够实现与道岔相关的单操、单锁、单解、强扳及封锁功能。

① 道岔单操功能　是指道岔应能进行人工单独操纵，在满足一定联锁条件下扳动至定位或反位。

② 道岔单锁功能　是指在满足一定联锁条件（道岔位置有效且未被封锁）下能够将道岔锁闭，当道岔被单锁后，既不能被进路选动，也不能进行单操作业，但可以办理顺道岔锁闭方向的进路。

③ 道岔单解功能　是指在满足一定联锁条件（待解锁道岔已被单锁）下能够将道岔解锁。

④ 道岔强扳功能　是指在道岔区段出现红光带时，计算机联锁系统收到道岔强扳命令后，办理强扳授权。

⑤ 道岔封锁功能　是指计算机联锁系统收到值班员在控制台或现地工作站上进行封锁/解封道岔操作，在条件检查通过后，相应的道岔被封锁/解封，道岔封锁后，允许单操道岔，但是不能办理经过该道岔的任何进路。

5）其他联锁功能

计算机联锁系统还能够实现如下功能。

① 上电解锁功能　是指计算机联锁系统重启和开机后会对本设备集中区实施封锁，在收到"上电解锁"命令后，对所有区段、道岔、信号机一次全部解锁。

② 计轴复位功能　是指计算机联锁系统收到计轴复位命令后，对所对应的计轴进行复位操作。

③ 强制点灯功能　是指计算机联锁系统收到强制点灯命令后，将会无条件地驱动室外点灯电路，使本设备集中站管辖范围内所有信号机强制为亮红灯状态。

6.7　通信系统简介

6.7.1　认识通信系统

城市轨道交通通信系统是指挥列车运行、公务联络和传递各种信息的重要手段，是保证列车安全、快速、高效运行不可缺少的综合业务系统。

城市轨道交通通信系统主要包括电话系统、闭路电视监控系统、广播系统、时钟系统等子系统。

城市轨道交通通信系统是一个既能传输语音，又能传输文字、数据和图像等各种信息的综合业务数字通信网，其服务范围涵盖了控制中心、车站、车辆段、停车场、地面线路、高架线路、地下隧道与列车。

为保证列车运行的安全、可靠、准点、高密度和高效率，实现运输的集中统一指挥、行车调度自动化，城市轨道交通系统必须配备专用的、完整的、独立的通信系统，供构成城市轨道交通系统的各职能部门之间的有机联系和行车调度指挥。

对城市轨道交通专用通信系统的要求是能迅速、准确、可靠地传递和交换各种信息。

例如,将各站的客流量、沿线列车的运行状况等信息及时地传送到控制中心,并将控制中心所发布的各项调度命令及各种控制信号传送至各个车站的执行部门和机构,从而使城市轨道交通系统的运行始终处于有条不紊的状态。

在突发灾害、事故或恐怖活动的情况下,能够集中通信资源,保证有足够的容量以满足应急处理、抢险救灾的特殊通信需求。此外,城市轨道交通通信系统也是城市轨道交通内外部联系的通道。

6.7.2 电话系统

1. 电话系统的组网模式

城市轨道交通电话系统相当于企业的内部电话网,采用程控数字交换组网,通过中继线路接入当地市话网。一般情况下,交换机分别安装在控制中心和车辆段,两台交换机之间利用局间中继线互联,而用户话机则分布在控制中心、车辆段和各车站,两台交换机可利用通信电缆直接连接其所在地的用户话机。控制中心和车辆段的交换机为了将其用户话机延伸到各个车站,一般利用城市轨道交通专用传输网的部分带宽资源组成网络,连接远端的车站小交换机或远端模块。

图 6-30 所示为城市轨道交通电话系统组网模式图。

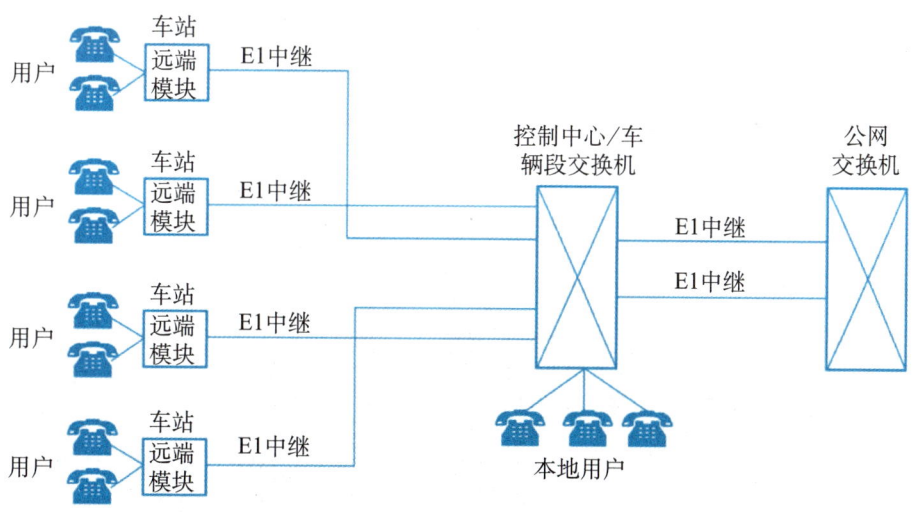

图 6-30 城市轨道交通电话系统组网模式

2. 电话系统的作用

程控数字交换网除了提供城市轨道交通系统工作人员之间一般的公务电话通信之外,还可以实现专用电话业务。城市轨道交通专用电话业务的作用是为轨道交通运营、电力供应、日常维修、防灾救护提供指挥手段。行车调度员和车站(车辆段)值班员可以通过相应的专用电话系统指挥列车运行,维修人员可以通过相应的专用电话系统指导使用人员操作设备。

1)调度电话

调度电话是为控制中心调度员组织、指挥所管辖范围内车站值班员而设置的一种专用通信系统。在城市轨道交通中设置有行车、电力、环控（防灾）、维修等多个调度网，各调度网内的调度员与下属值班人员可进行直达通信，下达调度、指挥命令（见图6-31）。在城市轨道系统建立专用调度网是城市轨道交通安全、准时、快捷运营的必要保障措施。因此，必须迅速、可靠地直接接续调度电话，不应该接入与本系统业务无关的电话。

图6-31 调度员和调度电话

2）区间电话

区间电话是在轨道线路沿线每隔一段距离设置的通话装置，其设置形式有两种：一种是区间通话柱（如图6-32所示），另一种是轨旁电话（如图6-33所示）。由于区间通话设施在室外或隧道内，环境比较差，所以设备需要具有防潮、防火、防燥、防冻、防尘、防破坏性等要求。

图6-32 区间通话柱

图6-33 轨旁电话

区间电话业务一般分为区间专用电话和区间直通两种模式。在使用区间专用电话时，用户摘机后需要拨号呼叫，由车站分机根据所播号码进行转接；在使用区间直通电话时，用户选择通话的用户，一般包括上下行车站、行调、电调、信号、通信和线路、桥梁等，摘机后直接接通。

3)紧急电话

除上述提及的专用电话外,还有紧急电话,具有一键直通功能,可以在紧急情况下快速接通。如图 6-34 所示。

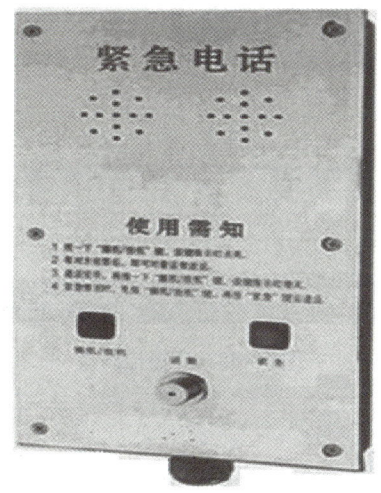

图 6-34 紧急电话

6.7.3 广播系统

城市轨道交通广播系统是城市轨道交通通信系统中的一个专用子系统,在城市轨道交通行车组织、客运服务、防灾救险、设备维护等方面具有十分重要的作用,平时在城市轨道交通车站的不同区域为售票、检票、进站、候车、乘降、出站、换乘等播报不同的服务用语和有关注意事项,为提供各项服务、维持车站秩序、有效疏导乘客乘车先下后上、缩短列车站停时间、确保列车正点创造了条件;在车辆段、车场、隧道区间等城市轨道交通作业场所,为调度指挥、车场调车、车辆调试、设备检修、线路维护、供电轨停/送电、设备送/断电等提供安全提示及告知等作业广播服务;当发生重大活动、节日等引起城市轨道交通客流激增时,作为实施应急客运组织的重要手段,为大客流运营组织提供保障;当遇事故灾害等突发事件时,则作为紧急疏导、指挥救灾的重要工具。

城市轨道交通广播系统采用目前主流的控制中心与车站两级控制结构。控制中心和车站之间通过网络进行连接。控制中心的指令和音频均经过网络传输至车站,实现控制中心对车站的控制和广播操作。广播系统在控制中心配备了网管计算机,实现对整个系统的遥测、遥控。

车站广播系统采用总线制结构、模块、板卡形式设备设计。所有模块、板卡均能在线进行更换,具有配置灵活、维护方便、扩展性好等优点。车站广播系统中所有模块和设备均连接在内部的 TBA 总线之上,由中央控制模块对总线资源进行统一的协调管理。当操作员在人机界面进行相关操作后,中央控制器将统一协调广播系统的各功能模块,完成广播功能。图 6-35 所示是广播控制盒。

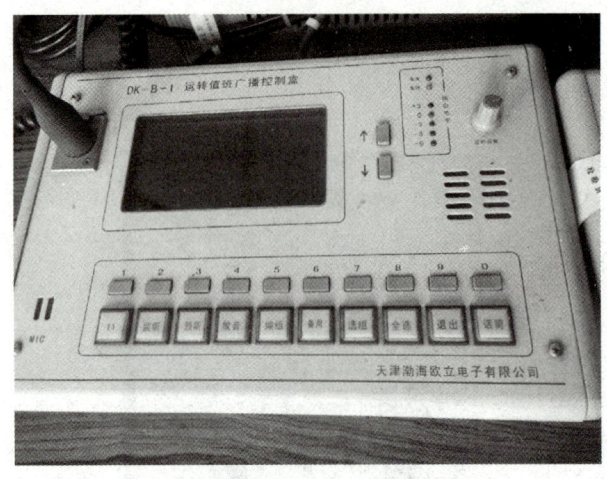

图 6 – 35　广播控制盒

6.7.4　闭路电视监控系统

1. 闭路电视监控系统的作用

闭路电视监控系统（closed circuit TV，CCTV）是城市轨道交通运营、管理、调度的配套设备，使各工种的管理和调度人员能实时地看到现场情况，并可以根据实际情况进行判断，下达调度、指挥命令。闭路电视监控系统能为控制中心调度管理人员、车站值班员、列车驾驶员及站台工作人员等所辖车站的站厅、站台、出入口、机房等主要区域提供实时视频监控服务，以确保城市轨道交通系统正常安全地运行。

城市轨道交通闭路电视监控系统的主要作用为：

① 向调度中心一级行车人员（行车调度员、环控调度员、电力调度员、值班主任等）提供各站台区行车情况和站厅区乘客流向的图像信息；

② 向车站行车值班员提供本站列车停靠、起动、车门开闭，以及售票机、闸机出入口等处的现场实时图像信息；

③ 向列车驾驶员和站台工作人员提供相应站台乘客上、下列车的图像信息。

2. 闭路电视监控系统的结构

城市轨道交通闭路电视监控系统采用了车站和控制中心两级相互独立的监控方式。平时以车站值班员控制为主进行视频监控，控制中心调度员可任意查看各车站的任意一个摄像头的监控画面。在紧急情况下，可以切换为以控制中心调度员控制为主进行视频监控。在一个城市有多条城市轨道交通线路的情况下，上层的线网管理中心可以设置线网闭路电视监控中心，根据需要调取各线路的监控画面，从而形成车站、控制中心和线网管理中心的三级视频监控系统。出于安全与事故取证的要求，车站和控制中心还应具有录像功能。

典型的城市轨道交通闭路电视监控系统包括摄像装置、传输部分、控制部分、监视部分等。图 6 – 36 所示为闭路电视监控系统的示意图。

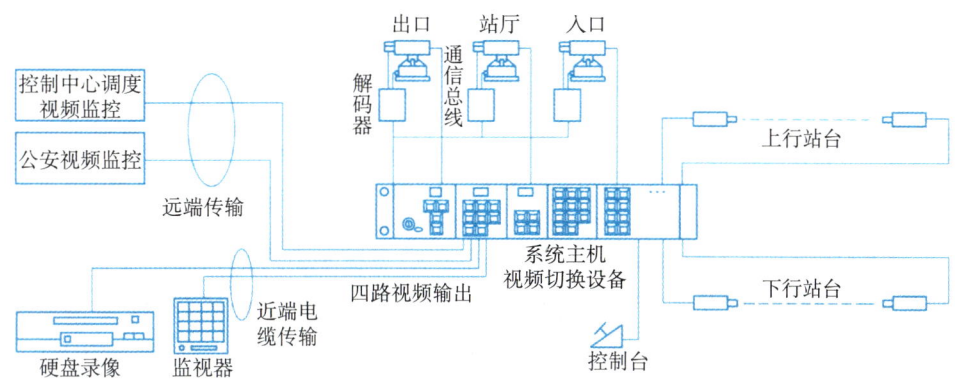

图 6-36 闭路电视监控系统的示意图

6.7.5 时钟系统

1. 时钟系统的作用

为保证城市轨道交通列车安全、准点、可靠运行，需要各部门、各专业之间密切配合，因此城市轨道交通设置时钟系统以保证准时服务乘客、统一全线设备标准时间。时钟系统具有以下功能：

① 显示统一的标准时间信息　时钟系统提供全线统一的时间基准，由设置在全线各车站、车场的指针式和数字式时钟，为乘客和工作人员提供包括年、月、日、星期、时、分、秒等的准确时间信息。

② 向其他系统提供标准的时间信号　时钟系统在控制中心可向其他通信子系统、ATS系统、SCADA系统、FAS系统、AFC系统等相关系统设备提供准确、统一的时间信息，在全线执行统一的定时标准，为行车指挥、列车运行、设备管理提供时间基准，确保通信系统及其他重要控制系统完全同步。

由于时钟显示面向乘客和工作人员，要求清晰易辨、美观大方，与周围环境协调一致。因此，对时钟系统的要求是：精确度高、可靠性高、组网灵活、操作简单、维护方便、美观环保，最大限度地满足各方面的要求。

2. 时钟系统的结构

时钟系统一般分为控制中心及车站/车辆段两级组网方式，由中心母钟、二级母钟和子钟组成。

1）中心母钟

中心母钟是整个时钟系统的基础主时钟，能够接收来自标准时间信号接收单元的信号，进行时间的校准，避免产生累计误差，同时中心母钟提供严格同步的时码输出，能够定时将校准后的时标信号，通过接口分配给各车站及车辆段的二级母钟，以及其他需要标准时间的系统，作为各系统的时钟同步信号，使其按统一的时间标准运行。

2）二级母钟

二级母钟通过数据传输通道，接收中心母钟发出的标准时间码信号，用以做自身系统校准，使二级母钟与中心母钟随时保持同步，并产生输出时间驱动信号，用于驱动本站所有的子钟，并能向中心设备回馈车站子系统的工作信息。

3）子钟

子钟通过接收二级母钟发出的时间编码信号，进行时、分、秒时间信息显示。在正常情况下，子钟接收二级母钟发送的标准时间信号，将自身精度校准，并可回送自身的工作状态信息；当子钟接收不到来自二级母钟发送的时间信号时，仍能依靠自身的晶振独立运行。

子钟分为指针式和数字式两种。指针式子钟外观以双面圆形的居多，子钟的盘面加装照明装置（如图6-37所示）；数字式子钟采用超高亮数码管全静态显示，无闪烁，显示窗为防眩光材料，置于日光灯下也不会产生反光现象。如图6-38所示。

图6-37　指针式子钟

图6-38　数字式子钟

▶▶▶ 思考与练习6 ◀◀◀

一、填空题

1. 信号系统的核心作用是_____的前提下提高城市轨道交通的_____。
2. 进路控制过程分为进路的_____和_____两个阶段。
3. _____是以线路的两根钢轨为导体，两端加以电气绝缘或电气分割，并接上发送设备和接收设备构成的电路。
4. 转辙机的基本任务包括转换道岔、_____和表示道岔的位置和状态。
5. _____应答器只能发送固定的数据报文。

二、名词解释

1. 进路
2. 联锁
3. 闭塞
4. 移动闭塞
5. 人工延时解锁

三、简答题

1. 自动停车装置区别于机车信号的显著特征是什么？
2. 信号系统保证行车安全的三个基本原理是什么？
3. 列车自动控制系统由哪三个子系统组成？各自的功能有哪些？
4. 城市轨道交通信号系统有哪些常见设备？
5. 城市轨道交通通信系统有哪些常见设备？

第 7 章　城市轨道交通供电系统

【本章导学】

在城市轨道交通系统中，照明、通风、空调、给排水、通信、信号、防灾报警、自动扶梯等设备都是主要的机电设备，这些设备的正常运行都离不开供电系统。除此之外，车辆的牵引系统也离不开供电系统的电能供应，那么城市轨道交通系统的供电系统的构成和供电原理是怎样的呢？本章将为大家解答以上的问题。

【学习目标】

1. 掌握供电系统的主要构成。
2. 理解不同变电所的工作原理。
3. 了解不同接触网的区别。
4. 了解杂散电流的成因、危害及处理方式。

7.1　供电系统概述

城市轨道交通供电系统为城市轨道交通的正常运营提供所需电能，包括列车运行和运营辅助服务两方面的供电。城市轨道交通列车的动力是电能；为运营服务的辅助设施包括照明、通风、空调、排水、通信、信号、防灾报警、自动扶梯等，也都依赖并消耗电能。在运营中，供电一旦中断，不仅会造成城市轨道交通运输的瘫痪，而且还会危及乘客生命安全，造成财产损失。因此，高度安全可靠而又经济合理地供给电力是城市轨道交通正常运营的重要保证和前提。

城市轨道交通是一个重要的电力用户，根据其重要性规定为一级负荷。一级负荷由两路独立的电源供电，当任何一路电源发生故障中断供电时，另一路电源应保证城市轨道交通全部用电需要。

7.1.1　供电系统的主要构成

城市轨道交通供电系统一般包括外部高压供电系统和内部供电系统，其中内部供电系统包括牵引供电系统和动力照明供电系统等子系统。其牵引供电示意图如图 7-1 所示。

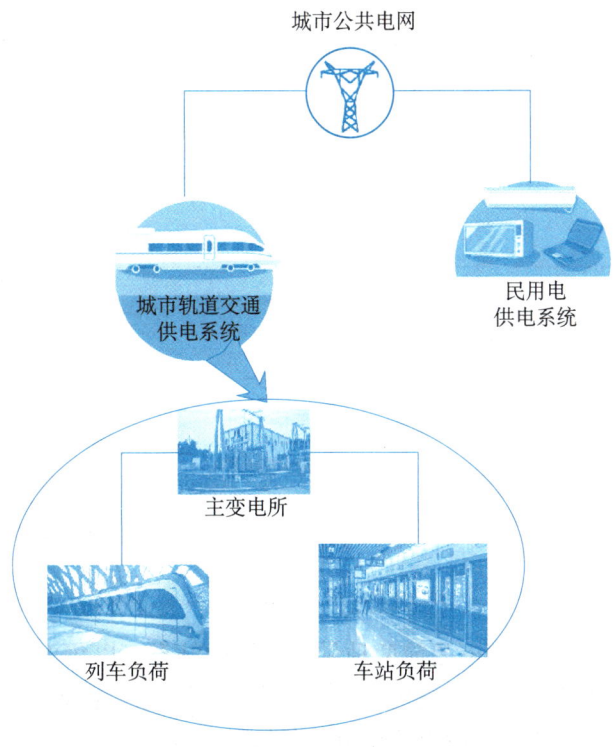

图 7-1 牵引供电示意图

1. 外部高压供电系统

外部高压供电系统是城市公共电网对城市轨道交通系统内部的主变电所供电能的系统,有集中式、分散式和混合式三种供电方式,采用何种方式一般视各城市的具体情况而定。

① **分散式供电**　在城市轨道交通线路沿线直接从城市公共电网引入多路电源,电源电压等级一般为 10 kV,供给各牵引变电所和降压变电所。分散式供电应保证每座牵引变电所和降压变电所皆能获得双路电源。图 7-2 所示是分散式供电框图。

沈阳地铁、长春轻轨、大连轻轨、北京八通线、北京地铁 5 号线采用的是分散供电系统。

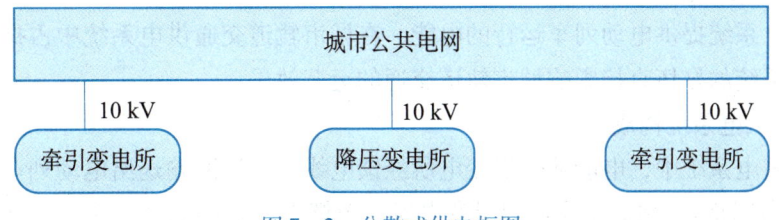

图 7-2 分散式供电框图

② **集中式供电**　城市轨道交通线路,根据用电容量和轨道交通线路的长短,建设轨道交通专用的主变电所。

主变电所电压一般为进线电源 110 kV,由发电厂或区域变电所对其供电,再由主变所将 110 kV 高压交流电降压为城市轨道交通系统内部供电系统所需的电压级（AC 35 kV 或 AC 10 kV），输送至牵引变电所和降压变电所。各主变电所具有两路独立的 AC 110 kV 电源。集中式供电框图如图 7-3 所示。

集中供电方式有利于城市轨道交通公司的运营和管理，各牵引变电所和降压变电所优环网电缆供电，具有很高的可靠性。广州、深圳、上海和香港的城市轨道交通即为此种供电方式。

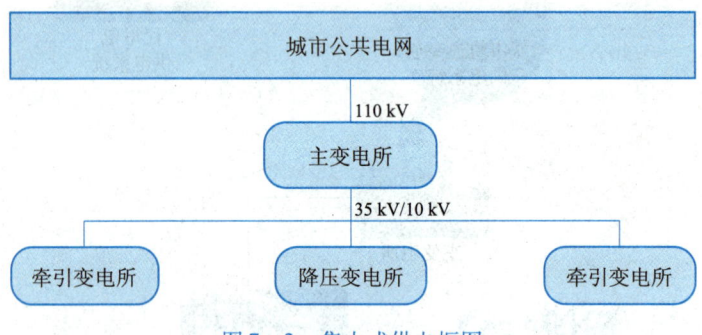

图 7-3　集中式供电框图

③ **混合式供电**　混合式供电是前两种供电方式的结合，以集中式供电为主，个别地段引入城市电网电源作为集中式供电的补充，使供电系统更加完善和可靠。北京地铁 1 号线和 2 号线即为此种供电方式。混合式供电框图如图 7-4 所示。

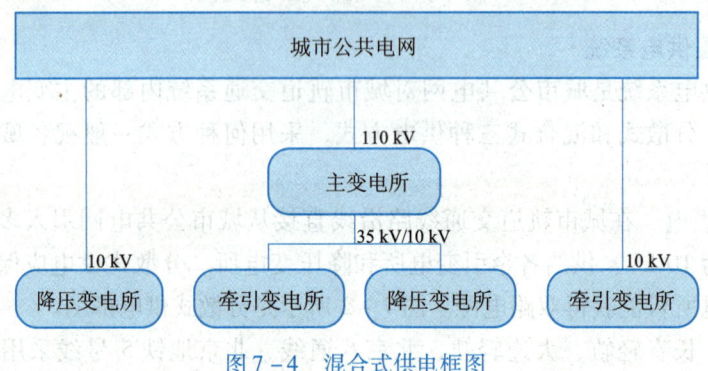

图 7-4　混合式供电框图

2. 牵引供电系统

牵引供电系统提供电动列车运行的电能，在城市轨道交通供电系统中占据着举足轻重的地位。该系统的好坏直接影响城市轨道交通的运营效果。

1）牵引供电系统构成

在牵引供电系统中，电能从牵引变电所经馈电线、接触网输送给电动列车，再从电动列车（称轨道回路）、回流线流回牵引变电所。由馈电线、接触网、轨道回路及回流线组成的供电网络称为牵引网。牵引供电系统示意图如图 7-5 所示。

牵引供电系统各组成部分的功能如下：

① **牵引变电所**　供给城市轨道交通一定区域内牵引电能；

② **馈电线**　从牵引变电所向接触网输送牵引电能；

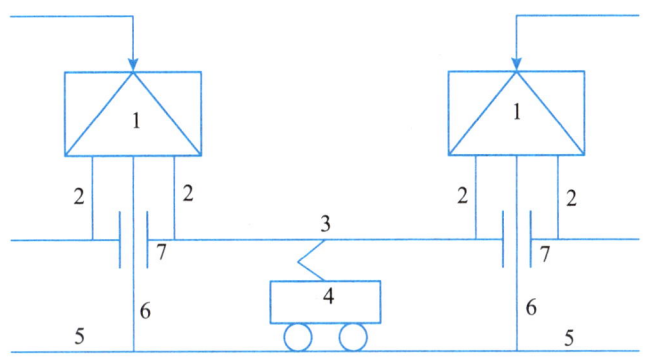

1—牵引变电所；2—馈电线；3—接触网；4—电动车组；
5—钢轨；6—回流线；7—电分段

图7-5　牵引供电系统示意图

③ 接触网　经过电动列车的受电器向电动列车供给电能；

④ 电动车组　消耗供电系统电能，将电能转换成机械能，实现列车位移；

⑤ 轨道　列车运行时利用走行轨作为牵引电流回流的电路；

⑥ 回流线　使牵引电流返回牵引变电所；

⑦ 电分段　为便于检修和缩小事故范围，将接触网分成若干段，称为电分段。

2）牵引供电系统供电制式

所谓供电制式，是指供电系统向电动车组供电所采用的电流和电压制式。电流制式有直流、交流两类，国际电力牵引设备委员会建议城市轨道交通牵引供电系统采用的电压数值如下：

① 直流为 600 V、750 V、1 500 V、3 000 V（标称值）；

② 交流为 6 250 V、15 000 V、25 000 V（标称值）。

我国国标电压、电流标准为直流 750 V 和直流 1 500 V 两种。因此，我国各城市轨道交通系统采用的电压制式均为直流 750 V 和直流 1 500 V。北京地铁基本上采用直流 750 V，上海、广州等城市大都采用直流 1 500 V。

因此，牵引供电系统中的牵引变电所输入电压一般为 35 kV，经降压整流，输出电压为接触网所需的直流 750 V 或直流 1 500 V。

3. 动力照明供电系统

动力照明供电系统为以下两类设备提供电源：

① 车站和区间各类照明、扶梯、风机、水泵等动力机械设备；

② 通信、信号、自动化等设备。

动力照明供电系统由降压变电所及动力照明设备组成，其示意图如图 7-6 所示。每个车站应设降压变电所，若地下车站负荷较大，一般设于站台两端，其中一端可以和牵引变电所合建成混合变电所；若地面车站负荷较小，可设一个降压变电所。

动力照明供电系统中各组成部分功能如下：

① 降压变电所　将来自主变电所的中高压三相交流电源进线电压降为三相 380 V 或 220 V 交流电；

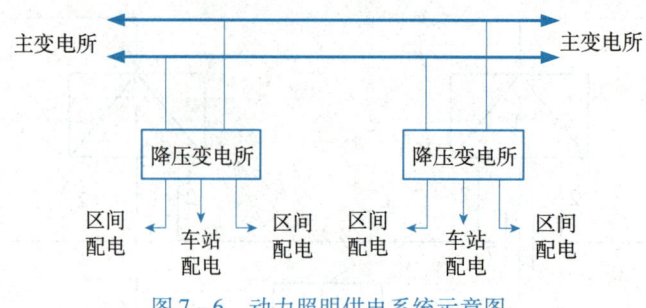

图7-6 动力照明供电系统示意图

② 配电所（室）　仅起到电能分配作用，将来自降压变电所的380 V或220 V交流电分别供给动力设备或照明设备；

③ 配电线路　配电所（室）与用电设备之间的连接线路。

在动力照明供电系统中，车站设备用电负荷分三类：

① 一类负荷包括事故风机、消防泵、主排水站、售检票机、防灾报警、通信信号、事故照明；

② 二类负荷包括自动扶梯、普通风机、排污泵、工作照明；

③ 三类负荷包括空调、冷冻机、广告照明、维修电源。

7.1.2 供电系统的供电过程

供电系统的主要功能就是满足城市轨道交通系统的用电要求，向各种机电设备提供安全、可靠、优质的电力供应，其供电过程如图7-7所示。

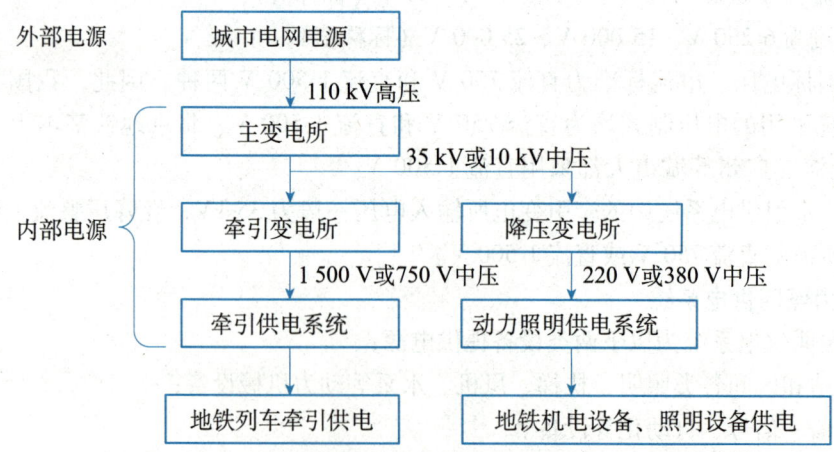

图7-7 城市轨道交通供电过程

1. 接收并分配电能

从城市公共电网引入110 kV高压交流电源至城市轨道交通供电系统主变电所，降压成城市轨道交通供电系统使用的10 kV/35 kV交流电，再通过城市轨道交通供电系统网络将电能分配到每一个车站和车辆段内的牵引变电所和降压变电所。

2. 降压整流及输送直流电能

10 kV/35 kV 中压交流电通过牵引变电所的降压、整流，变成 1 500 V 或 750 V 直流电，并通过牵引网不间断地供给运行中的电动车组。

3. 降压及动力配电

10 kV/35 kV 中压交流电，通过降压变电所降压成 380 V/220 V 交流电，向车站和区间隧道的各种动力、照明设备供电，保证各种车站机电设备的正常运行。

供电系统各级供电网络还应具有在正常、事故、灾害运行情况下控制、监测、监视、计量、调整的功能，以及安全操作联锁设备的故障保护功能。

7.2 变电所

7.2.1 变电所分类

变电所就是供电系统中对电能的电压和电流进行变换、集中和分配的场所。

城市轨道交通供电系统中的变电所根据功能的不同，可以分为 3 类：主变电所、牵引变电所、降压变电所。

1. 主变电所

对于集中式外部电源方案，应建设城市轨道交通主变电所。城市轨道交通主变电所的功能是连接城市公共电网高压电源，经降压后为牵引变电所、降压变电所提供中压电源。

根据城市轨道交通用电负荷特点，主变电所一般沿线路布置。根据电压损失要求确定主变电所的数量之后，通过与城市规划、电力等部门协商，确定主变电所位置。主变电所的结构形式应根据主变电所所处位置确定。

2. 牵引变电所

城市轨道交通供电系统的主要用电对象是电动车组，即牵引供电。为确保牵引供电的质量，牵引变电所的设置（数量、位置）和容量应该根据远期列车编组、运行密度按牵引供电计算后确定。

根据制式的不同，牵引变电所又分为直流牵引变电所和交流牵引变电所。根据不同的牵引制式，在牵引变电所内完成相应的变压、变相工作。

目前，我国的牵引变电所主要有电气化铁路的单相工频交流制牵引变电所和城市轨道交通系统（地铁和轻轨）的直流牵引变电所两种。

3. 降压变电所

降压变电所将中压电能转换为低压电能，向车站、区间、车辆段（停车场）、控制中心所有低压用电负荷提供电源。

降压变电所是城市轨道交通运营安全、行车安全、防灾安全及应急处理等动力照明供电的保障。降压变电所根据动力用电量确定其设置数量和容量。

7.2.2 变电所设备

变电所设备按照电压等级和功能主要分为以下几类。

① 35 kV 开关柜　主要负责 35 kV 进出线和负载开关。
② 整流变压器　电压变换的作用,将交流 35 kV 变为交流 1 180 V。
③ 400 V 开关柜　负责 400 V 负荷开关。
④ 整流器柜　电压的交直流变换,交流 1 180 V 变为直流 1 500 V。
⑤ 综自设备　设备状态监控和报警通信。
⑥ 直流开关柜　直流开关,将直流母线接至接触网开关。

7.2.3 主变电所

城市轨道交通供电系统中,主变电所指的是由上一级供电区域获得高压(如 110 kV 或 220 kV 电能,经降压后以中高压电压等级(如 35 kV 或 10 kV)向牵引变电所和降压变电所供电的一类变电所。

为保证轨道交通牵引负荷一级用电需要,需设置 2 座或 2 座以上主变电所;两路电源进路配置两台相应的变压器。主变电所的主接线图如图 7-8 所示。

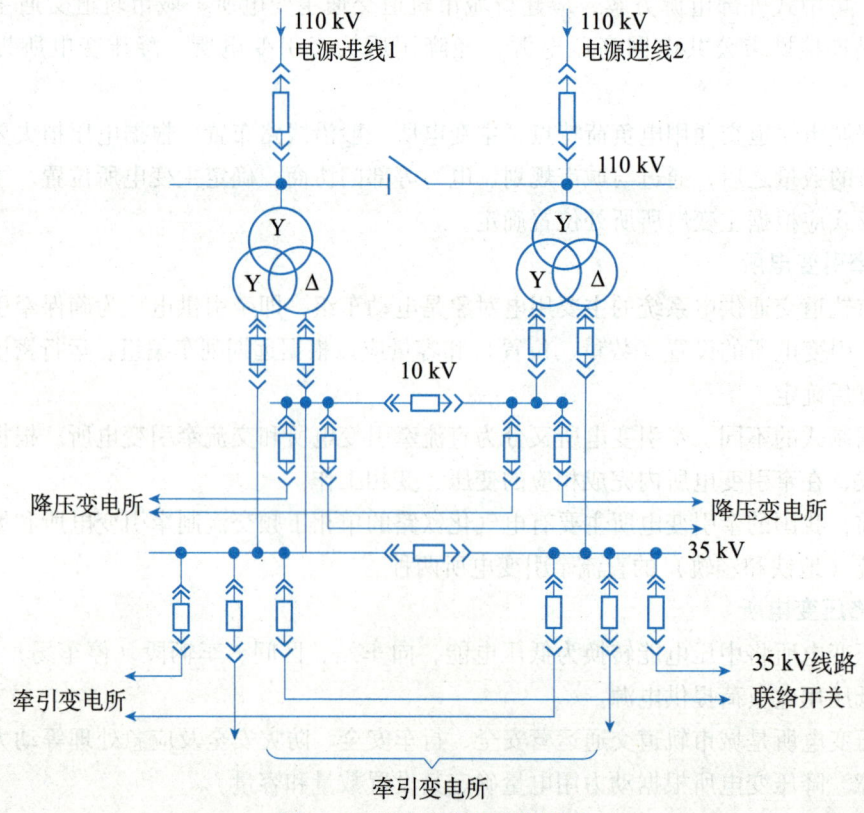

图 7-8　主变电所的主接线图

主变电所如需以不同电压等级向附近牵引变电所、降压变电所供电,主变压器可以采用三相三线圈有载调压变压器。

7.2.4 牵引变电所

由于城市轨道交通列车是以一定的速度沿区间运行的,供给一定区段内牵引电能的变电所称为牵引变电所。牵引变电所从主变电所获得电能,经过降压和整流变成电动列车牵引所需要的 1 500 V 或 750 V 直流电。牵引变电所的主接线图如图 7-9 所示。

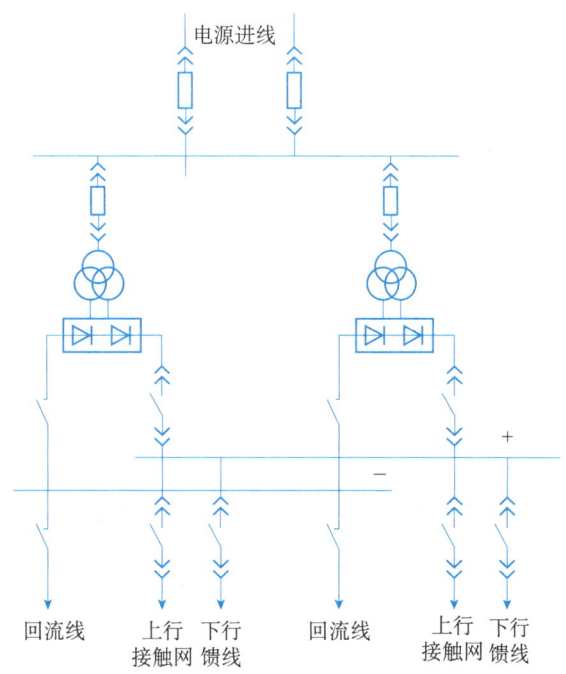

图 7-9 牵引变电所的主接线图

1. 牵引变电所的工作原理

每座牵引变电所按其所需容量设置两组整流器并列运行。

位于相邻两个牵引变电所之间的接触网,为了能安全、可靠地供电,通常在中央处断开,将牵引变电所之间两供电臂的接触网分成相互绝缘的两部分,每一部分称为一个供电分区。

在供电分区的末端设置有断路器和隔离开关的分区亭,以便对接触网起到分断与保护作用,同时还可以通过分区亭内的开关设备,将供电分区连接起来。

任一牵引变电所发生故障时,由两侧相邻牵引变电所共同承担其间的全部牵引用电负荷。

2. 牵引变电所的供电方式

牵引变电所向牵引网的供电方式,主要按牵引变电所的分布情况、供电臂的长短、线路状态之供电可靠性而定。通常有单边供电和双边供电两种。

每个供电分区的接触网，只从一端的牵引变电所获取电流，这种供电方式为单边供电。如将分区亭开关闭合，则相邻牵引变电所间的两个同相接触网供电分区可同时从两个牵引变电所获取电流，这种供电方式称为双边供电。

单边供电时，接触网发生故障只影响本供电分区，故障范围较小。双边供电时，虽然可提高供电水平，但发生故障时影响范围较大，因此目前较少应用。

当某个牵引变电所发生故障或停电检修时，该变电所承担的供电臂供电任务，通过分区亭开关闭合，由两侧相邻的牵引变电所负责越区供电。由于越区供电，供电质量受影响较大，属于非正常供电。

3. 牵引变电所的设置

牵引变电所的容量和相互之间的距离是由牵引供电技术决定的，一般设置在沿线若干车站及车辆段附近，变电所的间隔一般为 2~4 km。

牵引变电所可以设在地面，也可以设在地下，一般应尽可能设在地面，因为地面变电所投资小，运行费用低，运行管理方便。

牵引变电所可沿轨道交通线路均匀布置，也可与降压变电所合建于车站站端。均匀布置时，可减少变电所数量，馈电质量较好，但管理不方便；设在车站时，可与降压变电所合建，管理比较方便。

牵引变电所内应留有大型设备的进出口和运输通道，同时考虑通风、散热、防火、防电、防雷击等要求。

牵引变电所的设置距离应保证高峰时段最大运营负荷的需要，同时应保证系统中任何相隔的两座牵引变电所发生故障而解车时，靠其相邻的变电所的过负荷能力，仍能保证列车的正常运行。

7.2.5 降压变电所

城市轨道交通的正常运行，除了牵引用电之外，在环境控制和系统服务等方面还有众多用电设备，如通风机、给排水泵、自动扶梯等动力设备，以及照明、通信信号设备等。这些设备一般使用二相 380 V 或单相 220 V 交流电。降压变电所的作用是将区域变电所或主变电所输入的中高压等级电压降压成低压交流电，并通过配电所（室）分配给各种设备用电。

降压变电所一般设在车站附近，既可对车站较集中的电气设备供电，也方便向车站两端区间用电设备供电。此外，车辆段、控制中心需要由专门设置的降压变电所为其供电。降压变电所主接线图如图 7-10 所示。

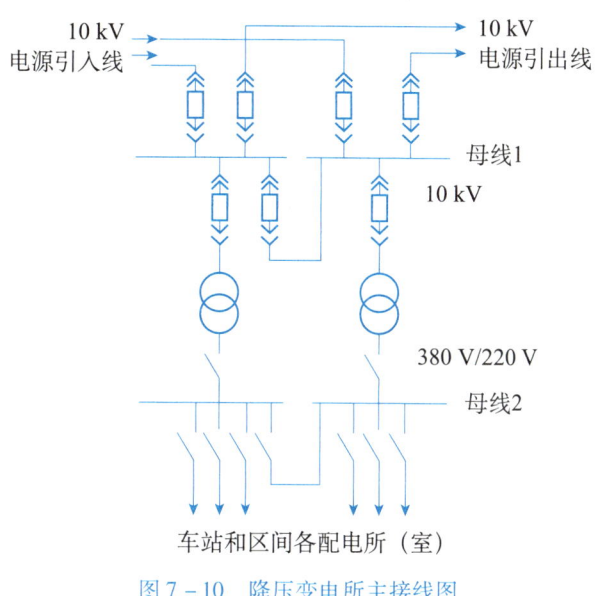

图 7-10 降压变电所主接线图

7.3 接触网

7.3.1 接触网概述

接触网是一种悬挂在轨道上方（或边上）沿轨道敷设的、和轨顶（边）保持一定距离的输电网。其功能是通过与城市轨道交通电动列车的受流器直接滑动接触，将电能传送给电动列车，驱动牵引电机使列车运行。

1. 接触网的分类

接触网按其结构可分为架空式接触网和接触轨式接触网两大类。架空式接触网按其悬挂方式又可分为柔性（弹性）接触网和刚性接触网。由于接触轨式接触网是沿线路敷设的与轨道平行的附加轨，故又称第三轨；而采用架空式时，有时简称为"接触网"。接触网的分类如图 7-11 所示。

2. 接触网的工作特点

① **没有备用**　接触网由于与电动车组在空间上的关系，无法采取备用措施。一旦接触网故障，整个供电区间即全部停电，在其间运行的电动车组失去供电，列车停运。

② **经常处于动态运行状态中**　和一般电力线路只在两点间固定传输电能不同，在接触网下沿线许多电动车组高速运动取流。电动车组受流设备以对接触网一定的压力和速度与接触网接触、摩擦运行，通过接触网的电流很大，运行中不可避免地会因受流设备离线而引起电弧，再加上在露天区段还要承受风、雨、雪及大气污染的作用，使接触网昼夜不停地处于振动、摩擦、电弧、污染、伸缩的动态运行状态之中。这些都会对接触网各种吊索、零件产生恶劣影响，使其发生故障的可能性较一般电力线路的概率要大得多。

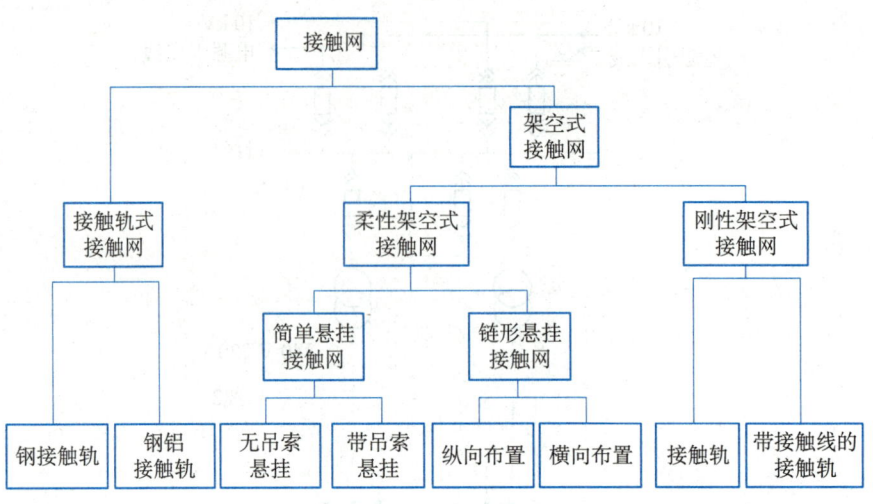

图 7-11 接触网分类

③ **结构复杂，技术要求高** 接触网的运行环境和运行特点决定了接触网的结构较一般电力线路有很大的不同，为了保证电动车组安全、可靠、质量良好地从接触网取流，接触网的结构比较复杂，技术要求也比较高，如对接触网导线的高度、拉力值，定位器的坡度、接触网的弹性、均匀度等都有定量的要求。

3. 对接触网的基本要求

接触网的工作状态主要是指接触线和电动车组受电弓滑板的接触和导电情况。为保证良好的导电状况，滑板与接触线的接触应保持一定的接触压力。在电动车组静止时，接触压力可以保持不变。当电动车组运行时，滑板跟着运动，与接触网形成滑动摩擦接触。这时，如能继续保持一定的接触压力，不间断地向电动车组供电，接触网才能处于良好的工作状态。但由于电动车组的振动和接触线高度变化等因素，往往造成滑板和接触线间的压力变化很大，有时甚至产生脱离现象，致使滑板和接触线之间脱离处产生电弧。当因接触线本身不平直而出现小弯，或因悬挂零件不符合要求超出接触面时，滑板滑到此处将发生严重碰撞或电弧，这是很不利的，这种情况称作接触网有硬点。因为碰撞和电弧会造成接触网和受电弓的机械损伤和烧伤，严重时将造成断线事故，而且取流不良会对电动车组上的电机和电器产生不利的影响，应尽量避免。因此，为了保证对电动车组良好的供电，对接触网提出以下基本要求：

① 接触网敷设应弹性均匀、高度一致，在高速行车和恶劣的气候条件下，能保证正常取流；

② 接触网结构应力求简单，并保证在施工和检修方面具有充分的可靠性和灵活性；

③ 接触网的寿命应尽量长，具有足够的耐磨性和抗腐蚀能力；

④ 接触网的建设应节约有色金属及贵重材料，以降低成本。

7.3.2 架空式接触网

架空式接触网是架设在走行轨道上方的接触网，由电动列车顶部伸出的受电弓与之接触取得电能。架空式接触网分为地面架空式和隧道架空式两种。

1. 地面架空式接触网

地面架空式接触网由接触悬挂、支持装置、支柱与基础等部分组成，如图 7-12 所示。

接触悬挂是将电能传导给电动车组的供电设备。支持装置用来支持接触悬挂，并将接触悬挂的负荷传递给支柱等固定装置。支柱与基础用以承受接触悬挂和支持装置所传递的负荷，并将接触悬挂固定在一定的高度。

2. 隧道架空式接触网

因为隧道内空间狭窄，所以隧道架空式接触网必须考虑隧道断面、净空高度、带电体对接地体的绝缘距离等因素的限制。此外，隧道架空式接触网的支持装置可以直接设置在洞顶或洞壁上，而不需要专门的支柱，如图 7-13 所示。只有合理地选择和确定悬挂方式，才能充分地利用有效的净空高度，改善接触网的工作性能。

图 7-12　地面架空式接触网

图 7-13　隧道架空式接触网

地面架空式悬挂与隧道架空式悬挂均属柔性接触悬挂，还有一种悬挂方式为刚性架空式接触悬接，可适用于低净空隧道，在日本的东京、大阪等地铁中已有应用，但在弹性方面不如柔性接触悬挂。

7.3.3　接触轨式接触网

接触轨式接触网是沿线路敷设的与走行轨道平行的附加轨，故又称第三轨，如图 7-14 所示。

图 7-14　接触轨式接触网

接触轨式接触网的功能与架空式接触网一样，通过它将电能输送给电动车组。不同点在于，接触轨是由敷设在轨路旁的具有高导电率的特殊软钢制成的。电动车组伸出集电靴与其接触而取得电能。接触轨式接触网用电电压一般为 750 V。对于地下线，第三轨受电比较经济，因为不像架空式接触网那样需要增大隧道尺寸。

接触轨有三种布置方式，即上磨式、下磨式和侧磨式，如图 7-15 所示。

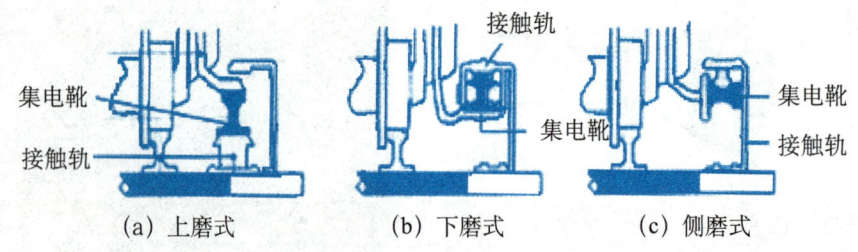

(a) 上磨式　　　　(b) 下磨式　　　　(c) 侧磨式

图 7-15　接触轨三种布置方式

1. 上磨式

上磨式为接触轨正放，轨面朝上固定安装在专用绝缘子上，并且由固定在枕木上的弓形肩架予以支持。上磨式接触轨由接触轨、绝缘子、三轨夹板、防护支架、防护板、端部三轨弯头、防爬器等构件组成。受流器滑板从上压向接触轨轨头顶面受流。受流器的接触力是由弹簧的压力调节的，受流平稳，由于端部弯头的过渡作用，能够减少在断电区的电流冲击。

① 优点　结构简单，设备费、维护和更新费用低。

② 缺点　因结构的局限性，带电接触轨的安全防护性能差；接触面上积累尘屑，加速接触轨和集电靴的磨损，潮湿环境会增加短路故障发生概率；接触轨的安装高度（垂直方向）不易调节，需要设计多种高度的零部件以满足实际需要。

2. 下磨式

下磨式为接触轨倒放，通过绝缘肩架、橡胶垫、扣板、收紧螺栓、支架等安装在底座上。车辆集电靴通过与接触轨的下底面接触获取电能。

① **优点**　接触轨的安装高度及水平方向均可做适当调整，不需要设计多种高度的零部件就可以满足实际要求。下部受流方式防护罩从上部通过橡胶垫直接固定在接触轨周围，安全性好。下部受流接触方式在遮挡雨雪、避免尘屑方面优于上部受流方式，能较好地确保牵引网系统的安全、可靠运行。

② **缺点**　相对于上部受流接触方式而言，下磨式接触轨结构较复杂，设备费用、维护和更新费用较高。

3. 侧磨式

侧磨式为接触轨侧放，接触轨轨头端面朝向走行轨，集电靴从侧面受流。跨座式单轨车辆就采用侧面受流方式。其受流器装在转向架下部，接触轨装在轨道梁上。

① **优点**　受流器结构简单，维修方便。

② **缺点**　人身和防火方面安全性较差。

侧磨式受流方式是近年来新开发的一种受流方式，在国内应用较少，国外在加拿大、马来西亚的部分线路上有所使用。

7.4　杂散电流的危害与处理方式

7.4.1　杂散电流的成因

杂散电流也被称为迷流，是在城市轨道交通直流牵引供电回流中产生的。在直流牵引供电系统中理想的状况下，牵引电流由牵引变电所的正极出发，经由接触网、电动车组、轨道、回流线返回牵引变电所的负极。但轨道与隧道或道床等结构钢之间的绝缘电阻不是无限大，这样势必造成流经牵引轨的牵引电流不能全部经由钢轨流回牵引变电所的负极，有一部分牵引电流会泄漏到隧道或道床等结构钢上，然后经过结构钢和大地流回牵引变电所的负极，这部分泄漏到隧道或道床等结构钢上的电流就是杂散电流。

7.4.2　杂散电流的危害

杂散电流是一种有害的电流，会对城市轨道交通中的电气设备设施的正常运行造成不同程度的影响，对隧道、道床的结构钢和附近的金属管线造成危害，其表现如下：

① 若地下杂散电流流入电气接地装置，将引起过高的接地电位，使某些设备无法正常工作；

② 杂散电流对隧道等的结构钢有腐蚀性；

③ 若轨道局部或整体对地的绝缘变差，则此轨道对大地的泄漏电流将增大，地下杂散电流增大，这时有可能引起牵引变电所的框架保护动作。而一旦框架保护动作，则整个牵引变电所的开关会跳闸，全所失电，还会联跳相邻牵引变电所对应的馈线开关，造成较大范围的停电事故，影响城市轨道交通的正常运营。

直流牵引供电方式所形成的杂散电流及其腐蚀原理如图 7-16 所示。

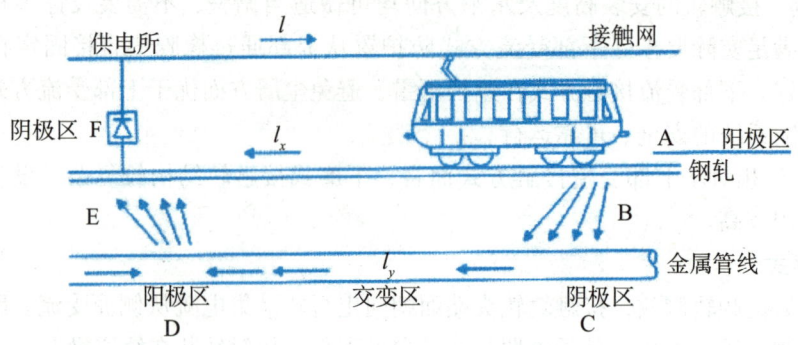

图 7-16　杂散电流及其腐蚀原理

图中的 I 为牵引电流，I_x、I_y 分别为走行轨回流和泄漏的杂散电流。由图可知，杂散电流所经过的路径可概括为两个串联的腐蚀电池：

① 电池 I：A 钢轨（阳极区）—B 道床、土壤—金属管线 C（阴极区）；

② 电池 II：D 金属管线（阳极区）—E 土壤、道床—F 钢轨（阴极区）。

当杂散电流由两个阳极区，钢轨（A）和金属管线（D）部位流出时，该部位的金属便与其周围电解质发生阳极过程的电解作用，此处的金属随即遭到腐蚀。

因此，杂散电流对隧道、道床或其他建筑物的结构钢筋及附近的金属管线（如电缆、金属管件等）造成电腐蚀。如果这种电腐蚀长期存在，将会严重损坏附近的各种结构钢筋和地下金属管线，破坏结构钢的强度，降低其使用寿命。

7.4.3　杂散电流的处理方式

杂散电流的防护设计应采取"以堵为主，以排为辅，堵排结合，加强监测"的原则。

① 堵　隔离和控制所有可能的杂散电流泄漏途径，减少杂散电流进入轨道交通的主体结构、设备及可能与其相关的设施；

② 排　通过杂散电流的收集及排流系统，提供杂散电流返回牵引变电所负母线的通路，防止杂散电流继续向本系统外泄漏，以减少腐蚀；

③ 监测　设计完备的杂散电流监测系统，监测杂散电流的大小，为运营维护提供依据。

杂散电流监测系统主要监测整体道床排流网的极化电位、本体电位，隧道侧壁结构钢的极化电位、本体电位，以及监测点的轨道电位等，其构成原理如图 7-17 所示。

传感器是一个数据采集处理系统，可以实时采集、处理测量点排流网和结构钢的自然本体电位、正向平均值和半小时内的轨道电压最大值，并把采集运算得到的参数送入指定的内存存储起来。

由于整个轨道交通线路通信距离比较长，为保证传感器的数据可靠传送到中心站主控室的计算机，信号转接器起到了通信传输的中继作用。监测装置通过信号转接器从各个传感器获取监测数据，同时可以计算各个供电区间的轨道过渡电阻和轨道纵向电阻。

计算机与监测装置连接，把所有监测点监测和计算的有关杂散电流的信息参数以数据库的形式存入计算机,系统软件具有查询、统计和预测功能,可以实时查询城市轨道交通沿线杂散电流腐蚀的防护情况。

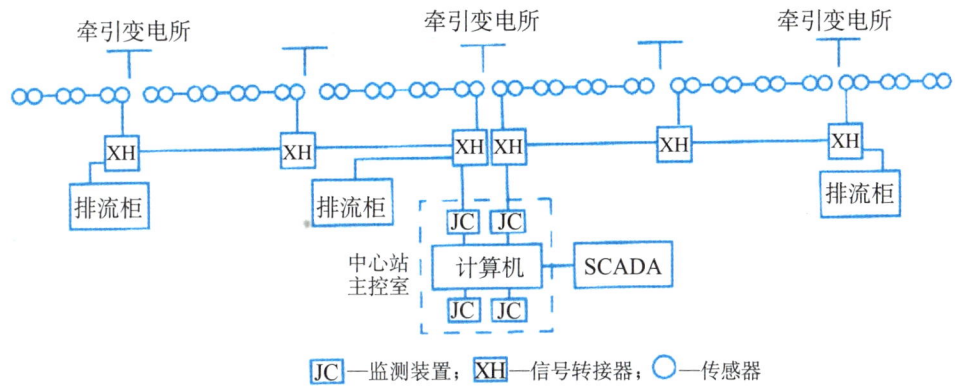

图 7-17 杂散电流监测系统构成原理图

▶▶▶思考与练习 7 ◀◀◀

一、填空题

1. _____是供电系统中对电能的电压和电流进行变换、集中和分配的场所。
2. 城市轨道交通供电系统中的变电所根据功能的不同分为_____、_____和_____。
3. 牵引变电所从主变电站获得电能,经过_____和_____变成电动列车牵引所需要的_____。
4. 降压变电所将来自_____的中高压交流电,经降压变成 220 V/380 V 的低压交流电,为城市轨道交通系统的_____设备和_____设备供电。
5. 接触网按其结构可分为_____和_____。
6. 杂散电流是在城市轨道交通的_____中产生的。

二、问答题

1. 简述城市轨道交通供电系统的主要功能。
2. 简述城市轨道交通供电系统的构成。
3. 简述主变电所、牵引变电所、降压变电所工作原理。
4. 主变电所、牵引变电所、降压变电所通常设在哪里?数量上有何考虑?
5. 简述接触网的工作特点。
6. 简述城市轨道交通对接触网的 4 项要求。
7. 地面架空式接触网由哪几部分构成?各有什么作用?
8. 杂散电流形成的原因有哪些?
9. 如何防护杂散电流?

第 8 章　城市轨道交通运营组织

【本章导学】

本章中，首先介绍城市轨道交通运营组织的概念、城市轨道交通运营管理的组织结构及关键岗位人员的职责，然后介绍行车组织，包括运输计划与运输能力、列车运行图等行车组织相关的基础内容，以及行车组织与调度、故障条件下的行车组织等，最后介绍城市轨道交通客运组织，包括车站功能与站台作业、客运组织作业、票务作业等。

【学习目标】

1. 了解城市轨道交通运营组织的基本概念与特性。
2. 了解运营管理组织结构及关键岗位人员的工作职责。
3. 掌握城市轨道交通运输计划相关内容。
4. 了解行车组织与调度作业。
5. 了解信号故障条件下的行车组织。
6. 掌握车站日常客运组织内容。
7. 了解城市轨道交通的票务系统。

8.1　运营组织与管理概述

近百年来，随着世界经济的迅速发展，城市的规模、人口在不断地膨胀扩大。随着城市的规模渐趋扩大，城市轨道交通系统在世界范围得到进一步的发展，各种形式的城市轨道交通在世界各城市交通系统中得到长足发展，城市轨道交通规模的扩张既推动了世界城市社会经济的发展，又为居民提供了良好的出行条件。

城市轨道交通运营组织的目的就是为市民提供快速、安全、准时、舒适、便利的运输服务，使乘客能够便利地进站购票乘车、安全而舒适地旅行、快速而准确地到达目的地。城市轨道交通在运营组织上，实行集中调度、统一指挥、按图行车，以"安全第一、优质服务"为指导思想，建立精简、高效的管理机构，按照轨道交通的客观规律和运行特点组织列车运行和客运服务，发挥城市轨道交通的优越性，满足城市居民的出行要求。

图 8-1 所示为客运值班员和地铁志愿者协同引导乘客进站情景。

图 8-1 客运值班员和地铁志愿者协同引导乘客进站情景

8.1.1 城市轨道交通的运营功能

城市轨道交通运营功能主要包括以下三大系统：

① **列车运行系统** 包括隧道、站台、线路、车辆、牵引供电、信号、通信、控制中心、车辆段等。

② **客运服务系统** 包括车站及其照明、售检票及计算中心、导向及预告措施、消防、环控、自动扶梯、电梯、车站服务等。

③ **检修保障系统** 包括为保障上述设备性能良好，能随时起动并重新投入运行而具备的检修手段及检修能力等。

8.1.2 运营组织机构及岗位设置

1. 轨道交通运营公司组织机构

随着轨道交通建设的快速发展，大、中型城市轨道交通线路交织盘错成交通网络，城市轨道交通形成多投资主体、多运营商、多集成商的运营管理模式，这种网络化运营管理使轨道交通综合协调能力增强，实现多线路、多运营主体的控制指挥功能。某市地铁运营公司组织机构如图 8-2 所示。

2. 城市轨道交通的运营指挥体系

城市轨道交通是一个复杂联动大系统，所涉及的专业多，自动化程度高，运营安全可靠度要求高，要想实现安全可靠运营，提供快捷、舒适、正点、大客运量服务，需要各项作业和部门协同工作。城市轨道交通运营企业按照"统一领导，分级管理"的原则组织行车工作，由交通控制中心实行统一指挥，组织和协调日常运营生产活动。行车指挥体系如图 8-3 所示。

交通控制指挥机构是城市轨道交通日常运营组织工作的指挥中心，是城市轨道交通运营系统信息收发中心和通信联络中心，凡与列车运行有关的各部门，都必须在该机构的统一组织和指挥下进行。

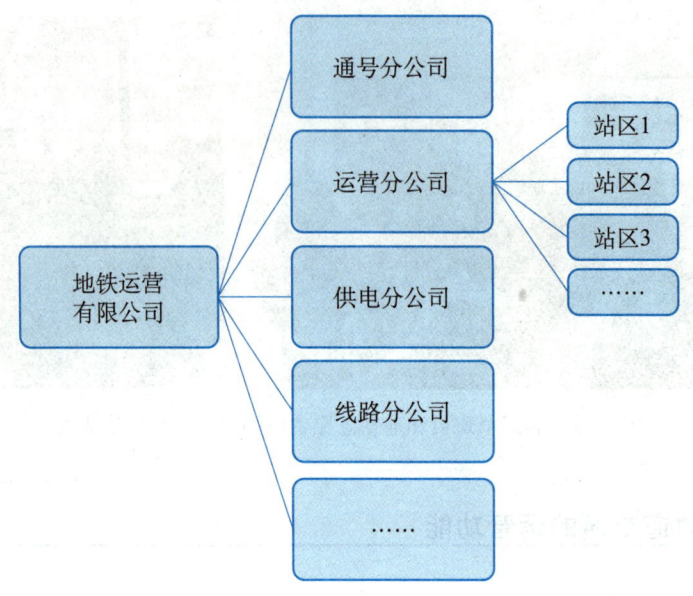

图8-2 某市地铁运营公司组织机构

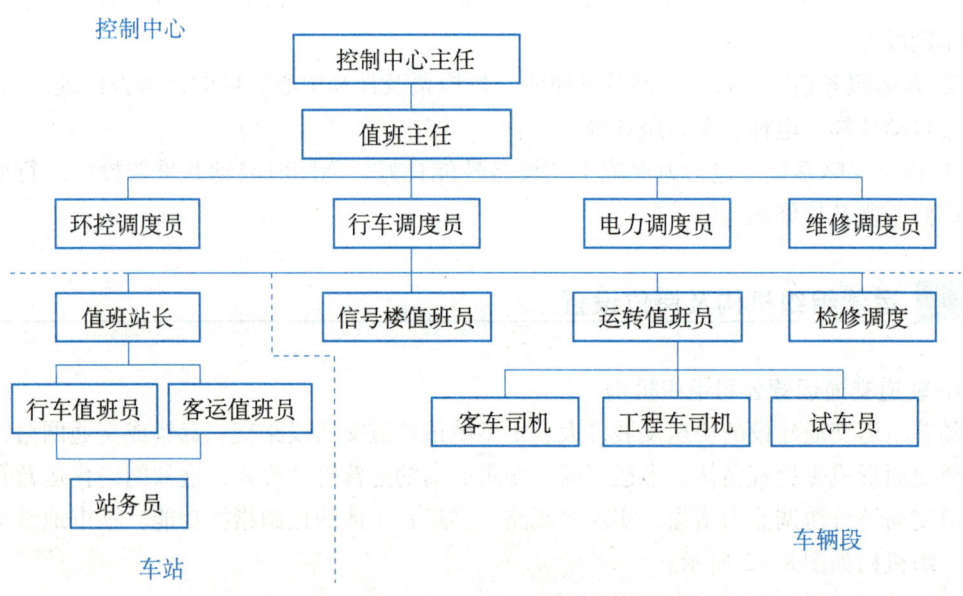

图8-3 行车指挥体系

在国内城市轨道交通运营企业中,控制中心是较常见的行车调度指挥机构。控制中心实行分工管理原则,将整个运输生产活动按业务性质划分为若干部分,设置不同的调度工种,分别管理一定的工作。如在控制中心通常设有环控调度、电力调度和行车调度等调度工种,在车站设置值班站长、值班员、站务员等工种。

图8-4所示是北京市轨道交通指挥中心,图8-5所示是其中央控制室布局图。

图 8-4 北京市轨道交通指挥中心

图 8-5 中央控制室布局图

3. 各部门主要工作岗位及职责

1）控制中心主要工作岗位及职责

（1）值班主任

控制中心的值班主任是调度班组工作的组织者和领导者，其主要工作职责是传达、贯彻和执行上级有关文件、命令及指示，负责完成本班组各项运输指标，主持接班会，布置有关事项，检查安全生产情况，掌握列车运行图执行情况，负责施工和救援工作的把关，主持事故分析会议。

（2）环控调度员

环控调度员主要监控通风、空调、给排水等与环境相关的各种设备，及时调节所管辖区段内的温度、湿度、空气流动速度、含尘量等各种参数，保证环境质量，满足乘客的出行需要。

（3）行车调度员

行车调度是运输调度工作的核心，行车调度员是列车运行的统一指挥者，担负着指挥列车运行、贯彻安全生产、实现列车运行图、完成运输计划的重要任务，负责以下工作：

① 监控或操纵列车运行控制设备，掌握列车运行、到发情况；

② 发布调度命令，检查各站、各段执行和完成行车计划情况，在列车晚点或运行秩序紊乱时采取有效措施尽快恢复按图行车；

③ 发生行车事故时迅速采取救援措施，并向上级和有关部门报告，填写各种报表。

（4）电力调度员

电力调度员主要监控变电所、接触网等与供电相关的各种设备，及时采集各种数据，保证各个车站、列车供电的可靠性与安全性。

（5）维修调度员

维修调度员负责各线机电设备的维修管理。

2）车站主要工作岗位及职责

车站是城市轨道交通运输工作的基层单位，是供乘客乘降列车的处所。车站的运营管理人员通常包括站长、值班站长、值班员、站务员等，车站的运营管理工作通常采用值班站长负责制。

（1）站长

城市轨道交通车站的站长全面负责车站行政管理工作，对车站的安全管理、票务管理、服务管理、培训组织、人员管理及班组建设等工作负责,组织本站人员完成车站行车、票务和客运服务工作及特殊情况下的应急组织。

（2）值班站长

城市轨道交通车站的值班站长直接对站长负责,服从行车调度员的生产指挥,对本站的行车、客运、票务、培训及人员管理等具体事务进行管理和落实。值班站长的具体工作如下：

① 值班站长必须掌握车站的近期工作计划、生产计划及当天的生产工作重点,制定工作措施,合理组织和开展工作,对持续性工作做好交接班并跟踪完成情况；

② 当车站发生设备故障或紧急情况时,担任事故处理主任,组织指挥现场人员按照应急处理预案的要求进行处理；

③ 值班站长在日常工作中要负责对本班工作人员的管理,对车站值班员、站务员的工作进行监督、检查、指导和考评管理,负责对维修人员、商铺人员、施工人员等外单位人员进行属地管理。

（3）值班员

城市轨道交通车站的值班员是车站落实行车组织和客运组织的关键岗位,在值班站长的领导下,根据行车和客运组织要求,按照工作流程开展工作,并对当班站务员的工作进行监督指导。值班员根据所负责业务的不同通常又细分为行车值班员和客运值班员岗位。

① 行车值班员（见图8-6）主要负责车站的行车工作,包括监控列车运行情况,管理行车备品,监控车站各类设备运行状态,进行施工管理,接收、传达和执行调度命令,将各类信息向相关部门汇报等。

② 客运值班员主要负责车站的票务工作和客运服务工作。票务工作包括：

● 车站的车票、票款管理；

● 组织站务员完成售检票任务,以及车站票务营收数据的统计、报表填写和保管工作。

客运服务工作主要包括：负责解决并处理乘客票务、服务问题；在发生设备故障或紧急情况时,协助值班站长进行处理。

图8-6 行车值班员

（4）站务员

城市轨道交通车站的站务员直接面向乘客提供服务，包括售检票业务、接发列车、组织乘客乘降、回答乘客问询及对车站设备设施运营状态进行巡视检查等具体工作。

3）车辆段主要运营管理人员

车辆段是城市轨道交通系统中对车辆进行运用管理、停放、维修及保养的场所。车辆段与运营管理相关的人员主要包括信号楼值班员、车辆检修调度员和派班员、调车员等。

（1）信号楼值班员

信号楼值班员的主要职责如下：

① 接收并执行行车调度员的接发列车、调车作业计划；

② 负责车辆段内行车指挥、进路排列和列车接发工作；

③ 操控微机设备，实现微机联锁设备的功能。

（2）车辆检修调度员

车辆检修调度员的主要职责如下：

① 全面负责车辆的计划维修、故障抢修、事故处理、调试、改造作业安排及组织实施；

② 监视所有车辆技术状态，提供运行图所规定的列车数上线服务，并确保其状态良好、符合有关规定；

③ 负责车辆检修内务管理及协调、调配车辆部各中心的生产任务。

（3）派班员

派班员的主要职责是：

① 安排司机出勤、退勤；

② 编制、实施司机的排班计划；

③ 遇突发事件时及时调整交路，安排好司机的出勤、派班工作；

④ 负责与车辆检修调度员交接检修及运用列车、与出/退勤司机交接运营列车，向行车调度员通报司机的配备情况；

⑤ 管理司机日常事务，检查落实各项管理制度和作业安全规定。

（4）调车员

调车员负债车辆段内机车车辆移动的现场指挥，通常由工程车司机或副司机担任。工程车司机的工作安排及主要职责如下：

① 工程车开行，由两名司机担任，一名司机负责驾驶列车，另一名司机担任车长；

② 工程车开行时，车长负责指挥列车运行，检查、监视车辆调车作业的安全；

③ 工程车推进运行时，车长负责引导瞭望。

（5）司机

车辆段根据列车配置数和运行图的要求配置若干司机。司机包括客车司机和工程车司机。

① 客车司机　负责列车的运行工作，依据列车运行计划的要求，根据行车调度员的指示、命令完成客车驾驶，并使客车在各车站完成乘客乘降作业。

② 工程车司机　根据调车员的指挥，负责车辆段工程车的开行工作。

8.2 行车组织

行车组织是城市轨道交通生产活动的核心，是综合运用各种专业设备协调组织运输活动的技术业务，是安全、正点、优质、高效地完成乘客运输任务的保证。城市轨道交通行车组织采取各种技术手段保证列车运行系统、客运服务系统、检修保障系统的专业设施、设备的正常、合理运转，从而安全、舒适、快速、准时、便利地运送旅客，满足乘客出行的需要。

8.2.1 运输计划

城市轨道交通是由线路、信号、车辆、车站等组成的复杂的、技术密集型的公共交通系统，只有各部门、各工种、各项作业之间相互协调配合，才能保证列车运行安全，提高运输效率。为保证运输任务的顺利完成，通常需要制订运输工作计划，对运输工作做出安排，以协调城市轨道交通各部门之间的工作。

由于城市轨道交通的用户主要是乘客，所以运输计划的制订需要考虑乘客的需求特性及变化规律，合理编制运输计划、组织列车运行、实现按运输计划运营。城市轨道交通系统的列车运行计划一般包括客流计划、全日行车计划、车辆配备计划及日常列车交路计划等内容。

1. 客流计划

客流计划是对运输计划期间轨道交通线路客流的规划。编制客流计划一般分为新运营线路和既有线路两种情况，建成新线投入运营的情况下，客流计划根据客流预测资料进行编制；在既有运营线路的情况下，客流计划根据客流统计资料和客流调查资料进行编制。

2. 全日行车计划

全日行车计划是营业时间内各个小时开行的列车对数计划。编制全日行车计划要综合考虑营业时间内各个小时的最大断面客流量、列车定员人数、车辆满载率和服务水平。

3. 车辆配备计划

车辆配备计划是为完成全日行车计划而制订的车辆保有量安排计划。编制车辆配备计划要推算运用车辆数、在修车辆数和备用车辆数，确定在一定类型的设备和行车组织方法条件下，为完成一定的运输任务而必须保有的车辆。

4. 列车交路计划

列车交路计划规定了列车的运行区段、折返车站和按不同列车交路运行的列车对数。列车交路可分成长交路、短交路和长短混合交路3种。

长交路是指列车在线路上全线运行；短交路是指列车在线路的某一区段内运行，在指定的车站折返；长短混合交路是指线路上长、短两种交路并存的列车运行。列车交路图如图8-7所示。

(a) 长交路　　　(b) 短交路　　　(c) 长短混合交路

图 8-7　列车交路图

8.2.2　列车运行图

列车运行图是城市轨道交通系统的综合计划，是运输计划在实际行车工作中的具体体现，既是城市轨道交通行车组织工作的综合性计划，也是行车组织工作的基础，它规定了各次列车占用区间的顺序和时间、列车在各个车站的到发及通过时刻、区间运行时分、停站时分、折返站列车折返作业时分、列车出入车辆段时分、设备保养维修时间和驾驶员作息时间等，列车运行图示例如图 8-8 所示。

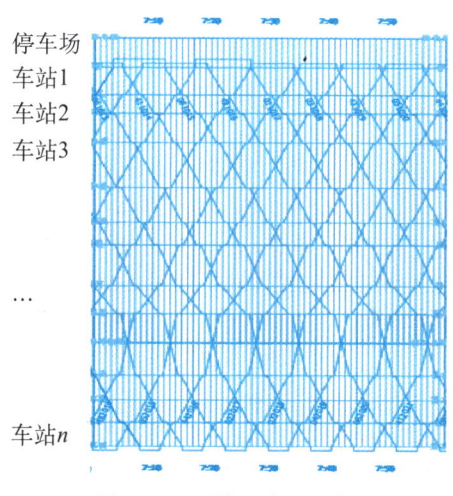

图 8-8　列车运行图示例

1. 列车运行图的形式

① 横轴　列车运行图的横轴表示时间，水平线是一簇平行的不等分线，表示各车站的中心线，即站名线。一般以细线表示中间站，以较粗的线表示换乘站或折返站。

② 纵轴　列车运行图的纵轴表示距离，竖直线是一簇平行的等分线，表示时间轴的划分。

③ 斜直线　列车运行图的斜直线表示列车的运行，称为列车运行线，（其中，上斜线代表上行列车，下斜线代表下行列车。上、下行的方向一般由地铁公司根据线路位置及城市地理位置的具体情况而定）。

④ 车次　列车运行图上每次列车规定有自己的车次。一般来说，上行为偶数，下行为奇数。

2. 列车运行图的分类

1）按时间轴刻度划分

① 一分格运行图　它的横轴以 1 min 为单位用细竖线加以划分，十分格和小时格用

较粗的竖线表示，如图 8-9（a）所示。一分格运行图主要在编制新运行图和调度指挥时使用。

② 二分格运行图　它的横轴以 2 min 为单位用细竖线加以划分，如图 8-9（b）所示。

③ 十分格运行图　它的横轴以 10 min 为单位用细竖线加以划分，半小时格用虚竖线表示，小时格用较粗的竖线表示，如图 8-9（c）所示。十分格运行图主要供在日常指挥工作中绘制实绩运行图时使用。

④ 小时格运行图　它的横轴以 1 h 为单位用竖线加以划分，如图 8-9（d）所示。

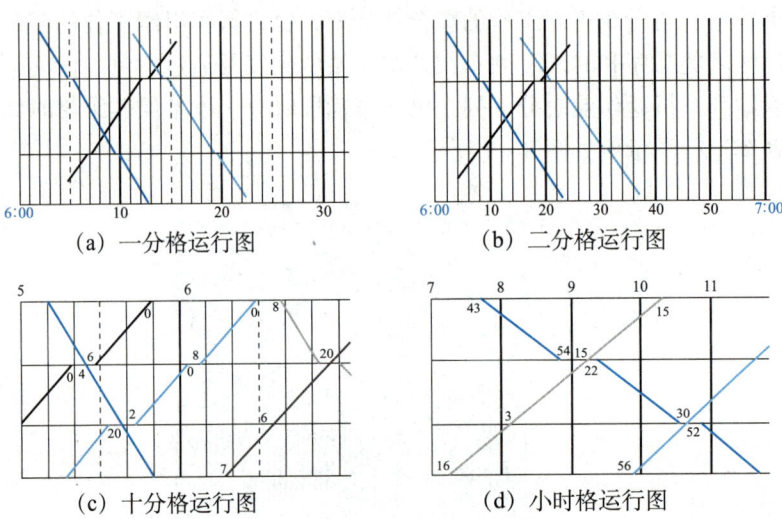

图 8-9　列车运行图

2）按区间正线数划分

① 单线运行图　在单线区段，上、下行方向列车都在同一正线上运行，因此两个方向列车必须在车站上进行交会。

② 双线运行图　在双线区段，上、下行方向列车在各自的正线上运行，因此上、下行方向列车的运行互不干扰，可以在区间内或车站上交会，但列车的越行必须在车站上进行。

③ 单双线运行图　在有部分双线的区段，单线区间和双线区间各按单线运行图和双线运行图的特点铺画运行线。

3）按上、下行方向列车数划分

① 成对运行图　这是上、下行方向列车数相等的列车运行图。

② 不成对运行图　这是上、下行方向列车数不相等的列车运行图。

4）按同方向列车运行方式划分

① 连发运行图　在这种运行图上，同方向列车的运行以站间区间为间隔。单线区段采取这种运行图时，在连发的一组列车之间不能铺画对向列车。

② 追踪运行图　在这种运行图上，同方向列车的运行以闭塞分区为间隔，在装有自动闭塞的单线或双线区段上采用。

8.2.3 列车驾驶模式

在不同的控制方式和设备功能条件下，列车运行采用不同的驾驶模式。城市轨道交通列车在日常运行中主要有五种驾驶模式：列车自动驾驶模式（ATO 模式）、列车自动折返模式（AR 模式）、受监控的人工驾驶模式（SM 模式）、受限制的人工驾驶模式（RM 模式）和非限制的人工驾驶模式（URM 模式）。

1. 列车自动驾驶模式（ATO 模式）

ATO 模式是最高优先级的驾驶模式，通过 ATC 信号系统实现。该种模式下，两站间的列车自动运行，列车的运行不取决于司机。司机负责监督 ATP/ATO 指示，列车状况，所要通过的轨道、道岔、信号的状态，必要时加以干预。

2. 列车自动折返模式（AR 模式）

AR 模式包括列车的自动换向和有折返轨的自动折返。其中有折返轨的自动折返又可分为人工折返和无人折返。

3. 受监控的人工驾驶模式（SM 模式）

SM 模式是次优先级的驾驶模式。正常情况下培训时采用，或当 ATO 设备故障，但车载和轨旁的 ATP 设备良好时必须采用。在 SM 模式下，司机必须根据显示屏显示的推荐速度驾驶列车，当实际速度在推荐速度 −1 km/h 到推荐速度 +4 km/h 范围时，会有声音报警，当实际速度大于推荐速度 4 km/h 时，ATP 系统产生紧急制动，司机要负责监督列车状况，所要通过的轨道、道岔、信号的状态。

4. 受限制的人工驾驶模式（RM 模式）

RM 模式是较低级的驾驶模式。在该模式下，列车由司机驾驶，司机负责监督 ATP/ATO 指示显示，列车状况，所要通过的轨道、道岔、信号的状态，列车速度不能大于 25 km/h，ATP 系统只提供 25 km/h 的超速防护。

5. 非限制的人工驾驶模式（URM 模式）

URM 模式是故障级驾驶模式。在该模式下，列车的运行完全由司机负责，没有 ATP 的监控。国内部分地铁车辆采用 URM 模式时，列车前进最高速度可达 80 km/h，后退最高速度可达 10 km/h。

8.2.4 行车闭塞法

1. 超速防护闭塞法

超速防护闭塞法为基本闭塞法，可由行车调度员集中办理，也可由车站下放办理。超速防护闭塞法将区间划分为若干个闭塞区段，借助列车自动防护系统和列车自动驾驶系统自动完成闭塞功能的行车组织方式，它由两大部分组成：①地面 ATP；②车载 ATP。地面 ATP 将当前的速度码发送到车载 ATP 中；车载 ATP 接收地面 ATP 发送来的速度码。若列车的实际速度超过目标速度，系统将实施制动来保证列车的运行安全。其闭塞区间即为超速防护闭塞分区，列车采用 ATO 自动驾驶模式，行车凭证为车载信号的绿色灯光相对应的速度值。

超速防护闭塞法实现了行车指挥自动化和列车运行自动化，实现闭塞分区最小运行间隔列车追踪运行，提高了列车通过能力，减轻了司机的劳动强度，进一步保证行车安全，升级了行车组织的效率。

2. 进路闭塞法

进路闭塞法是代用闭塞法的一种，当基本闭塞法因故不能使用时，通过设备自动转换或人工操作改为进路闭塞法，进路闭塞的闭塞区间为同方向相邻两架信号机间的区段（包括出站信号机、防护信号机、顺向阻挡信号机等）。这时行车组织不能恢复原闭塞法行车，司机根据地面的信号机显示驾驶列车，行车凭证为信号机稳定的绿色或黄色灯光。

使用进路闭塞法行车的情况有：ATP 车载设备故障时；ATP 地面设备故障时；站线轨道电路故障时（对后方站出站信号机没有影响）；列车推进运行时；未安装 ATP 车载设备的列车运行时；进行车载 ATP 设备调试的列车运行时。

3. 站间闭塞法

站间闭塞法是代用闭塞法的一种，当基本闭塞法因故不能使用时，通过车站行车值班员的操作人工转换为站间自动闭塞，站间自动闭塞的闭塞区间为出站（段）、进站（段）信号机或区间内指定的位置。这时行车组织不能恢复原闭塞法行车，司机根据地面的信号机显示驾驶列车，站间闭塞法的行车凭证为车站出站信号机或分界点信号机闪动的绿色灯光。

使用站间闭塞法行车的情况有：车载 ATP 设备故障时；未安装 ATP 车载设备的列车运行时；需要超过 ATP 允许速度进行试验时；列车推进运行时；列车推进救援时。

4. 电话闭塞法

电话闭塞法被作为一种最终的备用闭塞法，只能由车站行车值班员办理。相邻两端车站行车值班员利用行车专用电话办理联络手续，以电话记录的方式共同确认闭塞区间空闲后，准列车进入该闭塞分区。电话闭塞的闭塞分区为车站出站信号机至前方相邻出站信号机之间；车辆段与车站间；其他特殊区间。为保证同一区间在同一时间内不会用两种闭塞法，在停用基本闭塞法改按电话闭塞法或恢复基本闭塞法时，均需行车调度员下达调度命令。

电话闭塞通过人工完成，所以闭塞区间的空闲需人工确认。电话闭塞区间分为接车区间、接车线路、发车区间三部分。接车站需确认接车区间、接车线路空闲。发车站需确认发车区间空闲。

使用电话闭塞法行车的情况有：ATP 地面设备严重故障时；站间区间轨道电路严重故障时；列车反方向运行时；列车推进运行时；出站信号机、分界点信号机严重故障时；列车在特殊区段运行时。

8.3　行车调度组织

城市轨道交通行车调度组织工作主要由控制中心实施，实行"高度集中，统一指挥，逐级负责"的行车调度原则,使各个环节紧密配合,协调工作,保证列车安全、正点运行。行车调度工作是城市轨道交通运营管理工作的核心,它的好坏直接关系到客运任务的完成情况。

8.3.1 行车调度工作的基本任务

行车调度工作的基本任务如下:
① 组织指挥各部门、各工种严格按照列车运行图工作;
② 监控列车到达、出发及途中运行情况,确保列车运行秩序正常;
③ 当列车运行秩序不正常时,及时采取措施,尽快恢复正常运行秩序;
④ 及时、准确地处理行车异常情况,防止行车事故的发生;
⑤ 随时掌握客流情况,及时调整列车运行方案;
⑥ 检查、监督各行车部门执行运行图情况,发布调度命令;
⑦ 当发生行车事故时,应按规定程序及时向上级主管部门汇报,并采取措施防止事故扩大,积极参与组织救援工作。

8.3.2 行车调度控制方式

城市轨道交通行车组织不同于干线铁路,基本上只从事列车运行组织和接发车两项作业,主要有控制中心和车站两级部门完成。城市轨道交通系统的基本行车调度控制方式主要有行车指挥自动化、调度集中和调度监督三种,车站控制是在特殊情况时采用的辅助方式。采用何种行车调度控制方式与采用的行车调度指挥设备类型有关。

1. 行车指挥自动化

城市轨道交通基本都采用了列车自动控制(ATC)系统,行车调度方式为行车指挥自动化。在行车调度员监控下,由双机冗余计算机组等设备构成的列车自动监控(ATS)系统完成列车运行指挥任务。ATC系统中通常还配有列车自动防护(ATP)系统和列车自动驾驶(ATO)系统,三个系统分工协作,使ATC系统具有列车运行自动化和行车指挥自动化功能。

行车指挥自动化控制方式适合在ATC系统正常运转、常规行车调度组织方式时使用,有利于发挥高智能、全自动化轨道交通设备的优势,组织客流密集、连续发车的行车组织任务。在ATS系统因故不能使用时,改用调度集中控制。

2. 调度集中

调度集中设备是指挥列车运行的一种远程遥控设备,由控制中心的调度集中总机、进路控制终端、显示盘和列车运行记录仪、闭塞设备、调度集中分机、数据传输设备及联锁设备等组成。

调度集中的主要功能包括:行车调度员可直接控制车站的信号机、道岔,排列列车进路。控制中心能实时显示车站信号机、道岔的状态、进路占用情况、列车车次和列车运行状态等;绘制实绩列车运行图和生成运营统计报告。

行车调度员通过调度集中控制设备控制所管辖线路上的信号和道岔办理列车进路，组织和指挥列车运行，这时列车运行以司机操纵为主。在调度集中因故不能实现时，改为车站控制。行车值班员在行车调度员的指挥下，办理列车进路接发列车。

3. 调度监督

调度监督设备是指挥列车运行的一种远程监控设备，由控制中心的调度监督设备、显示盘、闭塞设备、车站终端、数据传输设备及联锁设备等组成。

调度监督的主要功能包括：控制中心能实时显示车站信号机、道岔的状态、进路占用情况、列车车次和列车运行状态等；打印实绩列车时刻表和生成运营统计报告。

调度监督与调度集中的区别是：调度监督只能监督、间接控制，不能直接控制，控制权由控制中心转到车站。行车调度员通过调度监督设备监控所管辖线路上的行车作业，行车值班员在行车调度员的指挥下办理行车作业。

提示：我国的城市轨道交通系统基本都配置有 ATC 系统，所以在行车设备正常的情况下，行车调度方式为行车指挥自动化，在 ATS 系统故障时，才采用调度集中方式，在调度集中因故不能实现时，改为车站控制，由车站行车值班员配合行车调度员，人工指挥行车。

8.3.3 正常情况下行车组织

城市轨道交通系统一般执行双线单向行车，按右侧行车规则运行，通过设备或人工控制列车按闭塞分区或站间分区保持列车间隔距离。列车获取行车凭证——速度码，能够追踪前一列车行进，实行行车指挥自动化控制。通常，线路上的行车工作由行车调度员统一指挥，车站工作由车站值班员组织，车辆段行车组织工作由信号楼值班员组织，车站值班员、信号楼值班员由行车调度员指挥，共同完成行车组织工作。

城市轨道交通在正线运行中的行车组织以行车指挥自动化为基本调度方式。在行车指挥自动化条件下，ATC 系统正常运转，ATP 系统、ATO 系统、ATS 系统协同运行组织行车作业。ATP 系统保证列车和地面之间不间断地交互数据信息，通过移动闭塞分区方式，使追踪列车之间保持安全距离。在 ATP 系统保护下，ATO 系统控制列车牵引、巡航、制动、追踪运行，最大限度地提升列车在区间中的通过能力。ATS 系统自动获取列车在行进中的位置坐标、速度信息，监控列车的运行状态和整条线路的情况，实现列车自动运行，提升线网运输能力。

8.3.4 信号故障条件下行车组织

一般情况下，信号设备出现故障时的行车组织工作，分为 ATC 出现故障而联锁正常时的行车组织和联锁故障时的行车组织两大类。图 8-10 所示是信号设备故障条件下人工指挥行车的场景。

图 8 – 10　信号设备故障条件下人工指挥行车

1. ATC 出现故障而联锁正常时的行车组织

目前，城市轨道交通基本都采用列车自动控制（ATC）系统控制列车运行，且一般在 ATC 之外还后备一套较简易的信号系统，具备基本联锁功能，ATC 出现故障时可全线降级到后备联锁模式组织行车，即车站、联锁站排列行车进路，列车采用人工驾驶模式按地面信号显示行车。

在后备联锁模式下，人员介入的程度增加，列车运行因没有 ATP 保护而使安全风险大大增加。这种情况下，合理安排好人员组织行车，控制好安全关键点，确保行车安全，是城市轨道交通车站值班站长的首要任务。

2. 联锁故障时的行车组织

信号设备基本联锁功能故障时，通常采用电话闭塞法或电话联系法等人工方法组织行车，该类人工行车方法效率很低，安全性较差。作为车站的值班站长，须统观大局，合理安排岗位，对行车关键环节做好盯防，在确保安全的基础上尽量提高行车效率。

8.4　客运组织管理

城市轨道交通客运组织是指通过合理布置客运有关设备、设施，对客流采取有效分流或引导措施，来组织客流运输的过程。客运组织工作应以"乘客安全、舒适"乘车为前提，既要高质量完成客运任务，又要经济合理地使用客运设备。

8.4.1　站务管理

1. 车站客流管理

不管是高架车站、地面车站还是地下车站，进站乘客最基本的流线都一样：进站—过检票机—购票—检票—通过楼梯到达站台（侧式站台地面站一侧的乘客可直接进入站台）—乘车（见图 8-11）。出站客流则相反（见图 8-12）。进、出站流程是两个完全对称的逆向过程。因此，城市轨道交通的客流组织应把握好购票、进闸、乘车三个环节。

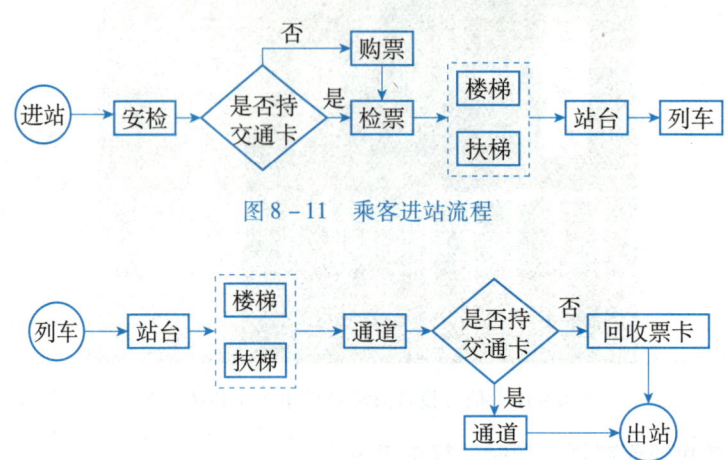

图 8-11　乘客进站流程

图 8-12　乘客出站流程

换乘站一般设于商业中心区，换乘站客流情况与出站时类似。通常情况下，列车在到达换乘站时，换乘客流突发式增长。换乘结束后，换乘设备再次恢复至换乘之前的空闲状态。在客流管理方面，应尽量避免客流的交叉、对流，因为客流的交叉、对流会减缓乘客出行的速度，同时也不利于车站的管理。乘客换乘流程如图 8-13 所示。

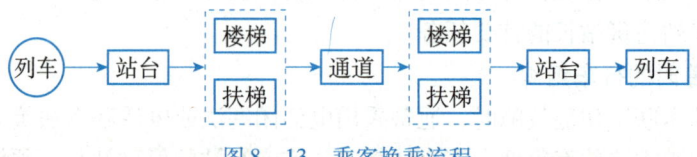

图 8-13　乘客换乘流程

2. 车站客运组织

城市轨道交通车站作为运输乘客乘降列车的处所，客运组织是最基本的业务，也是最重要的业务之一。城市轨道交通主要通过合理的客运组织来完成其大容量的客运任务。

1）客运组织的原则

城市轨道交通客运工作的特点，决定客运组织应以保证客流运送的安全、客流运送过程的畅顺、尽量减少乘客出行的时间、避免挤拥、便于大客流发生时的及时疏散为目的。

为此，在进行客运组织时应遵守以下两方面的原则：

① 合理安排售检票设备、出入口、楼梯位置，行人流动线应简单、明确，尽量减少客流交叉、对流，保证乘客在换乘其他交通工具时连接顺利；

② 完善诱导系统，应快速分流、减少客流聚集和拥挤现象；应满足换乘客流的方便性、安全性、舒适性等一些基本要求，如适宜的换乘步行距离、恶劣天气下的保护、为残障人士专门设计的无障碍通道、良好的照明、开阔的视野及突发事件应急预

案等。

2）日常客运组织

城市轨道交通车站要根据本车站的客流特点及设备设施的设置情况，制定日常的客流组织方案，确保客流顺畅，尽量使进、出站客流不交叉，使车站设备设施得到充分利用。进行客流组织时要坚持的基本原则一般为"安全、及时、有序"；现场遵循"能疏导，不控制"的原则。

3）突发大客流的客运组织

在节假日或社会重大活动中，城市轨道交通车站通常会发生一些突发性大客流。为此，车站需要提前做好客流组织的预案，制定大客流的组织方案。发生此类突发事件时，车站应及时向控制中心（operation control center，OCC）汇报，由OCC统一指挥。启动大客流应急预案后，由车站根据现场情况进行客流控制，限制客流进站。

4）换乘站的客运组织

换乘站客运组织以"安全、可控、统一"为原则，紧急情况下现场应遵循"谁故障，谁为主"的原则，即故障车站的值班站长担任整个换乘站的指挥者。

换乘站客流控制遵循"由下至上，由内至外"和"先控制进站，再控制换乘"的原则，具体表现为：

① 确保站台安全性，确保换乘顺畅；

② 实现设施、导向、广播、告示、人员服务标准一体化；

③ 当站台客流量达到容量临界点时，车站实施一级客流控制；

④ 由于运输能力不匹配或出现故障，导致一条线站台客流激增时，可在故障线路的站厅实施一级控制；

⑤ 如一级客流控制仍无法缓解客流压力时，则实施二级、三级客流控制，同时通知控制中心下达命令，要求列车或其他车站播放引导乘客通过其他方式或其他车站进行换乘的引导广播。

发生突发大客流时，一般采取三级客流控制措施：第一级为控制站台客流（见图8-14），控制点在站厅与站台的楼梯（或电动扶梯）口；第二级为控制付费区客流，控制点在入闸机处（见图8-15）；第三级为控制非付费区客流，控制点在车站出入口处（见图8-16）。

图8-14 地铁站台候车客流

图8-15 闸机客流

图 8-16 车站入口客流

在日常客流组织过程中，很多车站的付费区面积较小，客流缓冲能力不足，且付费区主要功能为疏导乘客到站台候车，乘客滞留时间较短，如果在控制客流过程中，将付费区、站台作为独立部分考虑，容易延误客流控制时机、引发安全隐患。因此常将三级客流控制简化为二级客流控制：

① 第一级为控制站台客流，控制点在入闸机处；

② 第二级为控制非付费区客流，控制点在车站出入口处。

当发生突发事件时，需在第一时间按生产程序汇报。具体可根据情况报控制中心、直接上级以及110、119和120等。

由于突发大客流对车站的正常运营会造成很大的影响，所以需要对突发大客流的车站进行支援。根据按车站所受突发客流影响的大小，应急支援的先后次序为：事发车站、换乘站、需清客车站、大客流车站。

3. 车站服务

一般来说，城市轨道交通车站服务按内容不同可以分为票务服务、导乘服务、行车服务、问询服务、特殊服务、应急服务等几大类别。

1）票务服务

凡是涉及车票、票务政策等票务内容的服务一般都可以叫作票务服务。

2）导乘服务

导乘服务主要是指通过轨道交通车站的各种导向标志、导乘广播、各种信息的发布等为乘客提供的导向服务。图 8-17 所示为客运值班员引导乘客进站情景。

3）行车服务

城市轨道交通的运营时间应根据当地居民的出行规律及其变化来确定和调整，调整前应及时公示。当由于事故或其他原因引起临时行车计划改变时，应根据客流变化合理调整，调整后应通过公告牌、广播等及时向乘客公布。

4）问询服务

为了方便乘客对城市轨道交通的了解，加强乘客与轨道交通运营企业之间的沟通，城市轨道交通运营单位应在互联网上开通官方网站，公布相关的行车信息、票务政策，开设乘客信箱；应设有乘客服务中心，开通咨询、投诉热线，安排专人接听电话，解答乘客问

图 8-17　客运值班员引导乘客进站情景

题，解决乘客投诉事件，在车站票务处、站厅等安排人员提供现场问询服务。

北京地铁西二旗站服务台如图 8-18 所示。

图 8-18　北京地铁西二旗站服务台

5）特殊服务

城市轨道交通属于公共交通系统，有其公益性的一面，应当承担社会公益责任。因此，在为老、幼、病、残、孕等特殊群体服务时，应该完善相关的服务，制定相关的政策及特定的服务措施，提高服务质量。

6）应急服务

城市轨道交通还应提供协助寻人、寻物等附加服务，例如：

① 发现走失的儿童，应带领其至安全场所，并通过广播等方法联系其监护人或报警；

② 接到失散人员的求助，应通过本站广播帮助寻找；

③ 捡到乘客丢失的物品时，应暂时代为保管，并尽快寻找失主，如无人认领，则须交公安机关处理；

④ 城市轨道交通车站应设有简易药箱及担架等救护物品，当遇到乘客身体不适时，应进行简单救治，或拨打 120 等救助电话。地铁急救箱如图 8-19 所示。

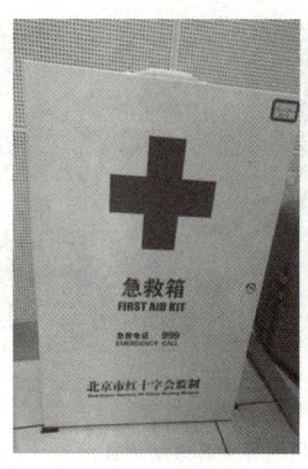

图 8 – 19　地铁急救箱

8.4.2　票务管理

1. 城市轨道交通票务系统

城市轨道交通票务系统是城市轨道交通票务收入和结算的基础，随着系统功能外延的不断扩展，票务系统也承担起对营运状况进行监控管理的职责。

现代城市轨道交通票务系统的业务管理主要借助于自动售检票系统来实现，其主要内容有票卡管理、规则管理、信息管理、账务管理、模式管理、运营监督等。

① **票卡管理**　票卡是乘客使用的车票，用于记载乘客的出行和费用信息，是乘车的有效凭证。票卡管理是对票卡的发行、使用、更新等全过程进行的有效管理。图 8 – 20 所示客运值班员指导乘客自动购票情景。

图 8 – 20　客运值班员指导乘客自动购票情景

② **规则管理**　为保证票务系统能够在多部门和多环节高效运行，就必须制定一整套科学、严密的规则、流程，包括票价策略、结算规则、权限管理和操作流程等。

③ **信息管理** 信息化是自动售检票系统的一个基本特征,为进行有效的管理,并为决策提供可靠的信息支持,需要对自动售检票系统收集的基础数据进行深度挖掘、加工,开展统计分析并发布信息。

④ **账务管理** 账务管理是对系统内的票务收入进行汇缴、清算、入账等过程的管理,包括账户设置、票款汇缴、登账稽核、收益清算、资金划拨和对凭证进行有效管理等。

⑤ **模式管理** 模式管理是针对不同的运营条件所做出的相应操作行为的选择和实施,包括正常运营模式、降级运营模式及相配套的运营管理。

⑥ **运营监督** 运营监督是通过对系统设备及其所具有的完整、严密、及时的信息流对运营状况进行实时跟踪监督,以提高运营质量和服务水平,它包括信息传输状况监督、客流状况监督、车票调配监督、收款监督及收益监督等。

2. 票务作业

票务作业作为车站日常工作的重要组成部分,是城市轨道交通运营企业向乘客提供售检票服务、完成收益结算及实现财务管理的重要环节。售票作业主要有人工售/补票、自动售票两种,人工售/补票作业主要在各车站的售票处进行,特殊情况下,会增设临时售票点进行人工售/补票。

▶▶▶ 思考与练习 8 ◀◀◀

一、填空题

1. 城市轨道交通运营功能主要包括_____、_____和_____三大系统。
2. 列车运行计划主要包括_____、_____、_____、_____。
3. _____是指计划期间城市轨道交通系统线路客流的规划。
4. _____是指城市轨道交通系统全日分阶段开行的列车对数计划。
5. 列车运行图上用横坐标表示_____,纵坐标表示_____,水平线代表各车站_____,斜线称为_____。
6. _____是调度班组工作的组织者和领导者。
7. 城市轨道交通系统的基本行车调度控制方式主要有_____和_____两种。

二、问答题

1. 简述信号故障下行车组织方法。
2. 简述城市轨道交通运营管理体系的组织结构及各主要岗位的工作职责。
3. 城市轨道交通的运营时间受哪两方面因素制约?
4. 简述列车编组辆数的影响因素。
5. 简述影响列车交路计划的主要影响因素及各种交路的适用场合。
6. 为什么说列车运行图是行车组织的综合性计划?

参考文献

[1] 李建国. 城市轨道交通系统 [M]. 北京：机械工业出版社，2013.
[2] 朱爱华. 城市轨道交通设备 [M]. 北京：北京交通大学出版社，2011.
[3] 毛保华. 城市轨道交通概论 [M]. 北京：人民交通出版社，2012.
[4] 牛红霞. 城市轨道交通概论 [M]. 北京：化学工业出版社，2016.
[5] 王珏. 城市轨道交通概论 [M]. 北京：中国铁道出版社，2008.
[6] 地铁设计规范（GB 50157—2013）. 北京：中国计划出版社，2003.
[7] 李建国. 城市轨道交通系统概述 [M]. 北京：机械工业出版社，2009.
[8] 彭辉. 城市轨道交通系统 [M]. 北京：人们交通出版社，2008.
[9] 谭复兴. 城市轨道交通概论 [M]. 北京：中国水利水电出版社，2007.
[10] 宋瑞. 交通运输设备 [M]. 北京：中国铁道出版社，2003.
[11] 林瑜筠. 城市轨道交通运输设备 [M]. 北京：中国铁道出版社，2008.
[12] 吕刚. 城市轨道交通车辆概论 [M]. 北京：北京交通大学出版社，2011.
[13] 李伟，王珂. 城市轨道交通车辆构造 [M]. 北京：机械工业出版社，2017.
[14] 华平. 城市轨道交通车辆电气控制 [M]. 北京：机械工业出版社，2017.
[15] 雷晓娟，张天彤. 城市轨道交通车辆构造 [M]. 北京：中国铁道出版社，2012.
[16] 阳东，卢桂云. 城市轨道交通车辆检修 [M]. 北京：机械工业出版社，2013.
[17] 赵志熙. 计算机联锁系统技术 [M]. 北京：中国铁道出版社，1995.
[18] 贾文婷. 城市轨道交通通信与信号 [M]. 北京：北京交通大学出版社，2014.
[19] 李红莲. 城市轨道交通车站机电设备 [M]. 北京：机械工业出版社，2017.
[20] 朱济龙. 城市轨道交通车站机电设备 [M]. 北京：机械工业出版社，2015.
[21] 曾险峰. 城市轨道交通概论 [M]. 北京：中国电力出版社，2014.
[22] 于存涛，李良玉. 城市轨道交通概论 [M]. 北京：北京交通大学出版社，2015.
[23] 王晓飞，黄建中. 城市轨道交通车站设备 [M]. 合肥：中国科学技术大学出版社，2014.
[24] 田时沫，鲁放，杨柯，等. 2017年中国城市轨道交通运营线路统计与分析 [J]. 都市快轨交通，2018，31（1）：16-20.